Roswitha M. Renner
Wien, im Sept. 82

Herausgeber:
Schweizerisches Zentrum
für Umwelterziehung (SZU), Zofingen

Verlag:
WWF Schweiz, Zürich

Gestaltung:
Otmar Bucher, Zürich

Illustrationen:
N. Wüthrich, Zofingen

Fotolithos:
Repro Singer AG, Zürich

Satz und Druck:
Gebr. Fretz AG, Zürich

Einband:
Eibert AG, Eschenbach/SG

Printed in Switzerland
3. Auflage

ISBN 3 85988 007 1

ERNST ZIMMERLI

FREILANDLABOR NATUR

SCHULRESERVAT SCHULWEIHER NATURLEHRPFAD

SCHAFFUNG, BETREUUNG, EINSATZ IM UNTERRICHT

EIN LEITFADEN

Anmerkung: Beim Schweizerischen Zentrum für Umwelterziehung (SZU) des WWF, Rebbergstrasse, 4800 Zofingen, kann ein Verzeichnis der Lieferanten von Forstpflanzen, Kunststoff-Folien, Nummernschildern usw. bezogen werden.

2 Vorwort

Der vorliegende Leitfaden ist ein Nachschlagewerk für den Praktiker. Alle erwähnten Beispiele entstammen der Praxis. Wir haben uns bemüht, möglichst viele Ideen und Alternativen aufzuzeigen. Der Leser lasse sich dadurch nicht verwirren. Er trachte nicht darnach, alles oder möglichst viel von den Anregungen zu verwirklichen. Er prüfe die Vorschläge kritisch, wäge ab und wähle nur das, was sich für sein besonderes Vorhaben eignet. Bewusst haben wir in allen drei Hauptkapiteln des Buches neben ganz einfachen auch anspruchsvolle Projekte geschildert. So dürfte das Werk über die Schule hinaus allen im Naturschutz Tätigen dienen, die sich mit dem Schaffen von Reservaten, Weihern oder Lehrpfaden beschäftigen.

Unser Leitfaden gewährt dem Planen breiten Raum, weil wir verhindern möchten, dass jeder Anfänger die gleichen Fehler macht. Anderseits muss jeder Praktiker selbst Erfahrungen sammeln. Er orientiere sich vor allem an ähnlichen Naturobjekten seiner Umgebung, wenn er ein Reservat oder einen Weiher gestalten will. Er lasse die vorgegebenen Pflanzensukzessionen ablaufen und weitgehend die Natur walten.

Die drei Hauptkapitel des Leitfadens (Schulreservat, Schulweiher, Naturlehrpfad) sind im wesentlichen gleich gegliedert. Wir legten Wert darauf, eingangs die von uns verwendeten Begriffe genau zu definieren, weil in dem behandelten Sachgebiet noch keine Einheitlichkeit herrscht. An die Begriffsklärung schliessen jeweilen in chronologischer Reihenfolge die Abschnitte Projektierung, Realisierung, Betreuung/Pflege und Benützung/Unterricht an. Die drei Hauptkapitel greifen thematisch immer wieder ineinander über. Der vielen Querverbindungen wegen und um platzbeanspruchende Wiederholungen zu vermeiden, finden sich im Text zahlreiche Hinweise auf früher oder später Erwähntes. Daher haben wir auch die dezimale Einteilung gewählt, die dem Leser die Übersicht und das Nachschlagen bedeutend erleichtern dürfte.

Abgesehen von einigen wenigen Ausnahmen verzichteten wir darauf, bei Pflanzen und Tieren die internationalen Namen zu erwähnen. Bei den deutschen Pflanzennamen folgten wir der Flora von Binz/Becherer (s. Literaturverzeichnis unter 26 c). Bei den allgemein gebräuchlichen Tiernamen dürften kaum Missverständnisse entstehen. Das Literaturverzeichnis berücksichtigt einmal alle benützten Quellen, dann eine Auswahl von empfehlenswerter Literatur, die dem Praktiker an ganz bestimmten Stellen der beschriebenen Vorhaben weiterhilft. Da es uns nicht möglich war, alle die vielen Werke aufzuführen, beschränkten wir uns auf die von uns selbst erprobten. Weitere Literaturhinweise zum

Thema findet der Leser im Buch «Tragt Sorge zur Natur» (vgl. Literaturverzeichnis unter 5c).

Zum Schluss möchte ich allen herzlich danken, die zum Zustandekommen dieses Leitfadens beigetragen haben. Meinen verbindlichsten Dank verdienen:

- W. Naegeli, Panda-Redaktor, und Prof. E. Ruoss, Direktor der Schweizerischen Beratungsstelle für Umwelterziehung, Zürich, vom WWF-Schweiz, die sich als Promotoren des Werkes von Anfang bis zum Abschluss in mannigfacher Weise einsetzten.
- Der Aargauische Regierungsrat, vor allem Erziehungsdirektor Dr. A. Schmid, und A. Byland, Chefbeamter des Aargauischen Erziehungsdepartements, die mir einen bezahlten halbjährigen Urlaub ermöglichten.
- M. Broggi, Vaduz, Prof. Dr. J. Brun, Luzern, H. Fischer, Pratteln, Dr. A. Mittelholzer, Unterkulm, Dr. U. Schwarz, Riedholz, und seine Solothurner Kollegen sowie die beiden eingangs erwähnten Herren vom WWF-Schweiz, die die zeitraubende Arbeit auf sich nahmen, das Manuskript durchzusehen, und mir viele wertvolle Anregungen vermittelten.
- T. Gull, Oberengstringen, der das Manuskript durchsah und die alphabetischen Register erstellte.
- N. Wüthrich, Zeichnungslehrer, Zofingen, der in gekonnter Art die Textabbildungen sowie die Pflanzen- und Tiertafeln gestaltete.
- Die verschiedenen Fotografen (vgl. Verzeichnis 7.4), deren prächtige Aufnahmen das Werk schmücken.
- Meine Frau Irene sowie meine Söhne Stephan und Martin für das Verständnis, den vielbeschäftigten Gatten und Vater so manche Stunde entbehren zu müssen.

Zofingen, im Januar 1975 Der Verfasser

Seit fünf Jahren ist «Freilandlabor Natur» auf dem Büchermarkt. In dieser Zeit entstanden zahlreiche Reservate, Weiher und Lehrpfade, bei deren Planung und Realisierung der Leitfaden zu Rate gezogen wurde. Auch im Unterricht - so etwa in den Biotopschaffungskursen am SZU in Zofingen - hat das Werk seinen festen Platz gefunden. Möge die vorliegende überarbeitete zweite Auflage ebenfalls vielen Naturschutzpraktikern als Vademecum dienen.

Zofingen, im Januar 1980 Der Verfasser

3 Einleitung

Naturerkenntnis beginnt beim Experiment mit dem lebenden Objekt und gipfelt in Liebe zu den Lebewesen, in Achtung vor der Schöpfung.

3.1 Was bedeuten die Begriffe «Schulreservat, Schulweiher, Naturlehrpfad»?

Es scheint uns wichtig, gleich zu Beginn genau zu definieren, was wir im folgenden unter den drei Begriffen verstehen:

3.1.1 **Schulreservat:** Ein abgegrenztes kleineres oder grösseres Stück Land, das den Schulen einer Gemeinde (eines Bezirks oder Kantons) für Beobachtungen, Versuche und Untersuchungen zur Verfügung steht. Nach Möglichkeit versorgt es die Schulen auch mit Arbeitsmaterial (Pflanzen, Tiere) für den Naturkundeunterricht. Das Schulreservat dient in erster Linie erzieherischen Belangen. Der Schutz von seltenen Pflanzen und Tieren tritt vorerst zurück. Diese Aufgabe erfüllen die eigentlichen *Naturschutzgebiete.* Anderseits soll ein Schulreservat nicht als Erholungsgebiet benützt werden, in dem ganze Schulklassen Fangis oder Verstecken spielen. Es kann ja nur als Freilandlabor dienen (vgl. z. B. Tierbeobachtungen), wenn in ihm angemessene Ruhe herrscht und die Anlage (vgl. Pflanzenkleid) schonend benützt wird.
Zum Teil deckt sich unser Begriff «Schulreservat» mit dem des «Biologischen Schulgartens»; er ist indessen weiter gefasst und führt wohl weniger zu Missverständnissen (vgl. Schulgarten - Gemüsegarten). Andernorts wird unter «Lehrgebiet» (vgl. Naturlehrgebiet Ettiswil) etwa das gleiche verstanden. Wir ziehen bewusst die Bezeichnung «Schulreservat» vor. Dieser Begriff ordnet sich logisch in die allgemeine Klassifizierung der Schutzgebiete (vgl. Demonstrationstyp 4.1.5) ein. Daneben beinhaltet er, dass auf solchen Flächen neben pädagogischen auch naturschützerische Ziele verfolgt werden.

3.1.2 **Schulweiher:** Ein kleineres oder grösseres stehendes Gewässer, für das - sinngemäss abgewandelt - die unter 3.1.1 gemachten Ausführungen gelten. Ein Schulweiher mit Umgelände kann entweder selbst ein Schulreservat darstellen oder einen Teil eines solchen bilden.

3.1.3 **Naturlehrpfad:** Eine kürzere oder längere Strecke im Gelände, längs der Naturobjekte (vorwiegend Vorkommen von Pflanzen und Tieren) gekennzeichnet und vorgestellt werden (Vermitteln von Informationen). Der wohl bekannteste *Waldlehrpfad* führt durch einen Wald oder entlang einem Waldrand; er berücksichtigt vor allem Gehölze (Bäume und Sträucher). Neben den thematisch allgemeinen Naturlehrpfaden gibt es die fachspezifischen, wie die botanischen, geologischen, dendrologischen, ornithologischen oder historischen.

3.2 Wozu Schulreservate, Schulweiher und Lehrpfade?

Weite Bevölkerungskreise sind heute für den Natur- und Umweltschutz sensibilisiert. Es gilt, dieses Interesse wachzuhalten und das Naturverständnis der Menschen zu vertiefen. Leider wird dieser wichtige und verantwortungsvolle Erziehungsauftrag bei uns noch viel zu wenig wahrgenommen. Nach wie vor wickelt sich der überwiegende Teil des Naturkunde- und Biologieunterrichtes - selbst an der so wichtigen Ober- und Mittelstufe - im Schulzimmer ab. Noch bringen es viele «Fachlehrer» fertig, jahrelang anhand von Büchern, Präparaten und Modellen Lektionen zu erteilen, ohne ein einziges Mal mit ihren Klassen in die Natur hinauszugehen. Schulreservate, Schulweiher und Naturlehrpfade verfolgen vornehmlich das Ziel, der in angelsächsischen Ländern längst eingebürgerten «Outdoor Biology», der «Naturkunde im Freien», Auftrieb zu geben. Die Bedeutung dieser Lehrhilfen lässt sich wie folgt umschreiben:

3.2.1 Schaffung von Freilandlaboratorien mit möglichst vielfältiger Tier- und Pflanzenwelt.

3.2.2 Schaffung von Informations-, Beobachtungs- und Arbeitsmöglichkeiten in der freien Natur.

3.2.3 Schaffung von Bezugsquellen für lebende Tiere und Pflanzen für den Unterricht im Schulzimmer.

3.2.4 Handreichung für Lehrer, Jugendgruppenleiter und Eltern, die sich mit Naturkunde und Naturschutzerziehung befassen.

3.2.5 Aufklärung einer weiteren Öffentlichkeit über die einheimische Fauna und Flora im speziellen, über biologische Zusammenhänge, Natur- und Umweltschutzprobleme im allgemeinen.

3.3 Didaktisch-methodische Vorüberlegungen

In seiner Biologie-Didaktik (1a) schreibt Hans Grupe: «Der Biologieunterricht an Schule und Hochschule hat, wie jedes andere Fach auch, die doppelte Aufgabe, einmal den jungen Menschen zu kritischem Beobachten, selbständigem Urteilen und verantwortlichem Handeln zu erziehen, zum andern für die Welt von morgen vorzubereiten.» Mit einem verstaubten Schulzimmer-Naturkundeunterricht lässt sich ein solches Ziel kaum erreichen! Der moderne Biologieunterricht muss sich umorientieren, auf reine Vermittlung und Anhäufung von Wissen verzichten, auch wenn dies eine weitgehende Umstellung der traditionellen Lehrmethoden bedingt. Er sollte sich nach den untenstehenden Hauptforderungen ausrichten:

3.3.1 Im Zentrum des Unterrichtes steht die Mensch-Umwelt-Beziehung (anthropologische Biologie).

3.3.2 Der Unterricht geht nach Möglichkeit von den dringenden aktuellen Problemen unserer Umwelt aus (Aufzeigen ökologischer Zusammenhänge, Förderung des Natur- und Umweltschutzdenkens).

3.3.3 Die Schüler kommen in direkten Kontakt mit dem lebenden Objekt in dessen natürlicher Umgebung (Outdoor Biology; häufige Freilandbeobachtungen).

3.3.4 Die Schüler setzen sich selbsttätig und forschend mit dem Lehrstoff auseinander (Beobachtungsaufträge, Versuchsreihen, Gruppenarbeiten; Erarbeiten biologischer Grundeinsichten; Einsicht in biologische Zusammenhänge; Einführen in die naturwissenschaftlichen Erkenntnismethoden).

3.3.5 Die Schüler werden sich ihrer Verantwortung gegenüber der Natur bewusst (Pflege- und Betreuungsarbeiten; Haltung von Tieren und Pflanzen).

3.3.6 Auge, Ohr und Herz der Schüler werden für die Schönheiten der Natur (Landschaft, Pflanze, Tier) geöffnet (ganzheitliche Betrachtung von Naturobjekten; Einbezug von künstlerischen, kulturellen und historischen Belangen; Berücksichtigung guter Naturdarstellungen wie Naturbetrachtungen, Tiergeschichten, Gemälde, Fotos, Skulpturen, Musikstücke).

3.3.7 Die Schüler erwerben wichtige Fähigkeiten und Fertigkeiten (Untersuchungstechniken, Arbeitsweisen, Darstellungsmethoden).

3.4 Kopf, Herz und ... Hand

Schulreservat, Schulweiher und Naturlehrpfad helfen uns in einzigartiger Weise, die unter 3.3.3, 3.3.4 und 3.3.5 erhobenen Forderungen zu erfüllen. Denken wir an das Pestalozzi-Wort, dass wir «Kopf, Herz und Hand» (d.h. die kognitive, emotionale und pragmatische Dimension) der Schüler ansprechen müssen. Nun wird aber gerade der pragmatische Bereich im «konventionellen» Naturkundeunterricht sträflich vernachlässigt. Hier können die Unterrichtshilfen Schulreservat, Schulweiher und Naturlehrpfad wertvolle Dienste leisten. Sie bieten ideale Möglichkeiten, den Schülern nachstehende Fähigkeiten zu vermitteln und diese zu Fertigkeiten zu entwickeln.:

3.4.1 Beobachten, Erkunden (als Voraussetzung für Erkennen), Erforschen.

3.4.2 Bestimmen, Untersuchen, Experimentieren.

3.4.3 Messen, Wägen.

3.4.4 Sammeln, Präparieren.

3.4.5 Umgang mit biologischen Untersuchungsgeräten (Lupe, Mikroskop, Fernglas, Fernrohr, Fanggeräte, Pflanzenbesteck usw.).

3.4.6 Einrichten von Vivarien (Aquarien, Terrarien, Käfige, Gehege).

3.4.7 Betreuen von Tieren und Pflanzen (Füttern, Düngen, Begiessen, Reinigungsarbeiten).

3.4.8 Pflegearbeiten im Gelände (Jäten, Mähen, Zurückschneiden von Büschen und Bäumen, Überwachung).

3.4.9 Protokollieren, Beschreiben, Berichten.

3.4.10 Veranschaulichen (Skizze, Zeichnung, Foto, Kurve, Diagramm, Modell, Ausstellung von Arbeitsergebnissen).

3.5 Möglichkeiten für Arbeitsprojekte

Schulreservate, Schulweiher und Naturlehrpfade bieten eine Fülle von Möglichkeiten, im Rahmen des Biologieunterrichtes oder der Freizeitbeschäftigung (Jugendgruppen, biologische Arbeitsgemeinschaften, Kurse von Volkshochschulen) Beobachtungsreihen und Freilanduntersuchungen durchzuführen:

3.5.1 Bestandesaufnahmen (floristische, faunistische Untersuchungen): Bestimmungsübungen; Artenkenntnis; Verwandtschaft/Fragen der Systematik.

3.5.2 Wechsel der Jahreszeiten (phänologische Untersuchungen): Veränderung der Tier- und Pflanzenwelt im Laufe des Jahres; zeitliches Erfassen des Fortpflanzungsgeschehens; Tierwanderungen. Es empfiehlt sich, mit dem phänologischen Beobachtungsdienst der Agrarmeteorologischen Abteilung der Meteorologischen Zentralanstalt in Zürich Kontakt aufzunehmen.

3.5.3 Lebensgemeinschaften (soziologische Untersuchungen): z. B. Lebewesen einer Wiese, einer Hecke, eines Teiches; Besonderheiten, Ansprüche, gegenseitige Beeinflussung.

3.5.4 Lebewesen und Umwelt (ökologische Untersuchungen): Einfluss der Umweltfaktoren wie Klima, Boden, Exposition, Immissionen, Verschmutzungen, Gift, Lärm auf einzelne Lebewesen oder auf eine Lebensgemeinschaft; Ansprüche, Anpassung, Aussterben der Lebewesen.

3.5.5 Lebensvorgänge (physiologische Untersuchungen): Assimilation, Atmung; Saftstrom, Düngung, Nahrung; Keimung, Wachstum, Fortpflanzung, Tod.

3.5.6 Verhalten (ethologische Untersuchungen): innerartliches und ausserartliches Sozialverhalten; Fortpflanzung/Balz, Paarung, Jungenaufzucht; Revierverhalten, Nahrungserwerb, Feindverhalten, Wanderung/Zug.

3.5.7 Gesamtthemen, Vergleiche: Vermehrung/Verbreitung; Fortbewegung/ Laufen, Schwimmen, Fliegen; Atmung bei verschiedenen Organismen.

Eine Auswahl von konkreten Vorschlägen für Beobachtungsreihen und Freilanduntersuchungen in Schulreservaten, an Schulweihern und an Naturlehrpfaden findet sich jeweilen am Schluss der einschlägigen Kapitel.

Blütenstand des Gemeinen Leinkrautes; die schmucke Wildpflanze gedeiht an Wegrändern und steinigen Orten

4 DAS SCHULRESERVAT

4.1 Wahl des Standortes

Grundsätzlich kommt jedes verfügbare Stück Land als Schulreservat in Frage. Auch scheinbar ungeeignete Flächen lassen sich gemäss unseren Wünschen und Ansprüchen umgestalten. Bieten sich uns mehrere Möglichkeiten an oder geht es ganz allgemein darum, in der Wohngemeinde einen günstigen Platz zu suchen, entscheiden wir mit Hilfe der nachstehenden Beurteilungskriterien:

4.1.1 **Entfernung zum Schulhaus bzw. zu den Schulhäusern:** Vom Schulhaus bis zum Reservat sollten wir in der Regel nicht mehr als 15 bis 30 Minuten zu Fuss benötigen. Bei rechtzeitigem Planen lassen sich natürliche Biotope oft in unmittelbarer Nähe des Gebäudetraktes in neue Schulhausanlagen integrieren; vgl. z.B. die Vorschläge von Schwarz (1b). Solche Anlagen bieten verschiedene Vorteile:

- kein Zeitverlust für Hin- und Rückweg
- Möglichkeit zu täglichen Beobachtungen
- einfache Überwachung und Betreuung
- Möglichkeit für Gelegenheitsbeobachtungen während der Pausen ausserhalb des Naturkundeunterrichtes.

Doch vergessen wir nicht die Nachteile:

- Erschwerung des ungestörten Arbeitens durch Pausenlärm
- Verunmöglichung gewisser Tierbeobachtungen durch ständige Störungen
- Erlahmen des Interesses an einem alltäglich zu sehenden Objekt. Der Mensch neigt dazu, Dinge seiner nächsten Umgebung nicht mehr bewusst wahrzunehmen.
- Wegfallen der Spannung, die mit dem Aufsuchen eines entfernter gelegenen Reservates verbunden ist.

4.1.2 **Vielfalt des Lebensraums:** Ein Schulreservat sollte eine möglichst reiche Tier- und Pflanzenwelt beherbergen. Dieses Ziel kann meist mit Gestaltungsmassnahmen erreicht werden, was mit einem gewissen Aufwand an Arbeitszeit und Geld verbunden ist. Oft lassen sich indessen naturnahe Gebiete ausfindig machen, die unseren Vorstellungen weitgehend entsprechen. Zu solchen Biotopen gehören:

- Bach-, Fluss- oder Seeufer, Quellen und Tobel, Altarme (Altwasserläufe), Inseln
- Torfstiche, Tümpel, Teiche, Weiher, Kleinseen
- Grundwasseraufstösse, Sümpfe, Moore, Wässermatten, nasse Wiesen
- Trockenwiesen, Wiesenborde, Föhrenwälder, Steilhänge, Dämme
- Ödflächen, Kiesgruben, Steinbrüche
- Waldränder, Waldparzellen mit Lichtung, Auwälder, Feldgehölze, Hecken, Obstgärten mit alten Hochstämmen.

Eisvogel auf der Lauer; zum Überleben braucht er sauberes Wasser und einen ungestörten Brutort

4.1.3 **Immissionen:** Die Tier- und Pflanzenwelt eines Schulreservates sollte von schädlichen Immissionen verschont bleiben. Wir prüfen:

Boden: Liegen Intensivkulturen (Spritzungen, Düngungen!) in der Nähe? Vor allem oberhalb des Gebietes befindliche Anlagen wirken sich unvorteilhaft aus, da unerwünschte Stoffe ins Reservat geschwemmt werden.

Wasser: Fliessen dem Gebiet ungeklärte Abwässer (Haushaltungen, Landwirtschaft, Industrie) zu?

Luft: Liegt das Gebiet in der Hauptwindrichtung von Abgasen, Rauch-, Russ- oder Staubemissionen (Fabrikanlagen, Gruben, Verbrennungsanlagen, stark befahrene Strassen)?

Lärm, Licht: Beeinträchtigen irgendwelche Bauten das Gebiet, vor allem dessen Tiere? Wir klären die Nähe bestehender oder geplanter Siedlungen, Sportanlagen, Fabriken, Verkehrsadern und deren vermutlichen Einfluss ab (Erkundigungen bei der Regionalplanungsgruppe und den kommunalen Bauämtern; Konsultieren der Zonen- und Überbauungspläne, der Bauordnungen).

4.1.4 **Verfügbarkeit von Wasser:** Da Bach und Weiher (vgl. unter 5) ungewöhnlich reiche Lebensräume darstellen, sollten sie nach Möglichkeit in die Gestaltung eines Schulreservates einbezogen werden. Sind günstige Bodenvertiefungen vorhanden? Lässt sich mit vernünftigem Aufwand ein Teich ausbaggern, ein Bach stauen, Wasser eines Flüsschens oder einer Quelle zuführen?

4.1.5 **Konflikt Schulreservat – Naturschutzgebiet:** Wie wir unter 3.1.1 betonten, gehen im Schulreservat die erzieherischen Belange vor. Lehrer und Schüler wollen beobachten, experimentieren, praktisch arbeiten, was sich nicht immer mit dem Schutz seltener Tiere und Pflanzen verträgt. Ein solcher Schutz kann und soll mit den genannten Tätigkeiten verbunden werden, doch wird er im Schulreservat immer ein beschränkter sein. Nach Borisow (2) werden im internationalen Naturschutz nach Ziel und Aufgabe vier Grundtypen von Reservaten unterschieden, die wir uns bei unseren Erwägungen vor Augen halten wollen:
- Der *Kontrolltyp,* in dem jeglicher Eingriff des Menschen unterbleiben soll (Tabu-Gebiet) und der Bestandteil eines umfassenden ökologischen Indikatorsystems ist.
- Der *Rettungstyp,* zur Erhaltung von aussterbenden oder zurückgehenden Arten bzw. bedrohten Ökosystemen, in dem – ebenso wie im dritten Typ – Massnahmen zum Erreichen der Schutzziele durchgeführt werden.
- Der *Ressourcentyp,* in dem wertvolle, wirtschaftlich bedeutsame Pflanzen oder Tiere geschützt werden.
- Der *Demonstrationstyp* mit charakteristischer, aber nicht einzigartiger Naturausstattung zur pädagogischen Nutzung.

Schutzgebiete können gleichzeitig Aufgaben der verschiedenen Typen erfüllen.

Biologische Gartengestaltung (Wilde Karde und andere Schutt- und Wegrandpflanzen); Privatgarten von Dr. U. Schwarz, Riedholz SO

4.1.6 **Finanzielle Möglichkeiten:** Da Land heute bei uns knapp und teuer ist, planen wir in der Regel Schulreservate nicht in hochwertigem Bau- oder Kulturgebiet. Günstige Möglichkeiten bieten sich an folgenden Örtlichkeiten: Unwirtschaftliche Restparzellen, steile Hanglagen, Rutschflächen, Borde, Böschungen, Brach- und Ödland, Gräben, sumpfige Wiesen, feuchte Waldstellen. Die Aussichten eines Projektes hängen u. a. von den Besitzverhältnissen ab; ideal, wenn das ins Auge gefasste Gebiet der Gemeinde oder einem verkaufswilligen Schul- und Naturfreund gehört!

4.2 Projektierung

Haben wir einen geeigneten Standort gefunden, können wir die Projektierung des Schulreservates an die Hand nehmen. Mit Hilfe von Fachleuten arbeiten wir ein Rohprojekt (Landerwerb, Gestaltung, Schutzverordnung, Finanzierung) aus, das wir den zuständigen Behörden einreichen. Detailpläne erstellen wir erst später.

4.2.1 **Wichtige Kontaktpersonen bzw. Kontaktstellen:** Wir wenden uns am besten an das Schweizerische Zentrum für Umwelterziehung SZU des WWF, Rebbergstrasse, 4800 Zofingen, das uns wichtige Adressen gerne vermittelt. Je nach Art des Projektes ziehen wir zu Rate:

Privatpersonen: Botaniker, Zoologen, Geographen, Geologen, Vogelschützer, Naturschutzfachleute, Förster, Jäger, Lehrer, Landbesitzer

Gemeinde: Gemeindeammann, Gemeindeschreiber, Bauverwalter, Präsident der Schulpflege bzw. der Schulkommission, Gemeindeförster, Jagd- und Fischereiaufseher, Präsident des Natur- und Vogelschutzvereins

Region: Regionalplanungsgruppe, Kreisforstamt, Kreisingenieur, Grundbuchamt, Katasterbüro, Regionalvertreter von Natur- und Heimatschutzorganisationen, Schulinspektor

Kanton: Erziehungsdepartement, Fachstelle für Natur- und Heimatschutz, Jagd- und Fischereiverwaltung, Oberforstamt, Wasserbauamt, Gewässerschutzamt, kantonale Organisationen für Natur-, Vogel- und Heimatschutz

Schweiz: Bundesamt für Forstwesen, Sektion für Natur- und Heimatschutz, schweizerische Organisationen für Natur-, Tier-, Vogel-, Heimat- und Umweltschutz.

4.2.2 **Landerwerb:** Wir gehen wie folgt vor:

- Beschaffen des Katasterplanes (1:200, 1:500 oder 1:1000, je nach der Grösse des Objektes) beim Katasterbüro oder beim Bezirksgeometer
- Ermitteln der benötigten Fläche, allenfalls Neuvermessung durch ein Ingenieurbüro
- Einholen einer verbindlichen Verkaufsofferte vom Eigentümer
- Kaufvertrag durch Notar, Grundbucheintrag
- Übergang des Gebietes in den Besitz des Schutzträgers; bei diesem wird es sich in der Regel um die Gemeinde handeln; es kommen aber

auch Naturschutzorganisationen (kommunale, kantonale), der Kanton oder eine Stiftung in Frage.
- Privatpersonen oder juristische Personen (Firmen, Gesellschaften, Genossenschaften, Kraftwerke) können der Schule auch ein geeignetes Gelände verpachten (Pachtvertrag).

4.2.3 **Inventar der Gegebenheiten:** Wir stellen die im Gebiet vorkommenden Tiere und Pflanzen, Einzelbäume, Gebüsche, Hecken, Gehölze, Mulden, Böschungen, Hügel, Rutschstellen, Tobel, Quellen, Gewässer, Wege, Gebäude u.a.m. fest und tragen die Objekte - soweit nötig - auf die Katasterpläne (vgl. 4.2.2) ein.

4.2.4 **Eingabe an Behörden** (Schulpflege, Gemeinderat, kantonale Stelle für Natur- und Heimatschutz, allenfalls Forstamt; vgl. auch 5.4.): Die Eingabe sollte enthalten:
- Beschrieb des Objektes (Lage, Grösse, Bedeutung, Eigenheiten) auf Grund des Inventars (vgl. 4.2.3)
- Zielsetzung des Gebietes als Schulreservat
- Gestaltungsplan der zu erhaltenden oder neu zu schaffenden Biotope (vgl. 4.5.6), der Erschliessung (vgl. 4.5.7), der Abgrenzung (vgl. 4.7), der Schutzeinrichtungen (vgl. 4.8), der Beobachtungshilfen (vgl. 4.10), der Lehrhilfen (vgl. 4.11) mit Beschrieb und allfälligen Detailplänen
- Umschreibung der vorzunehmenden Arbeiten, wie Sanierungsmassnahmen, Erdbewegungen, Bauten, Rodungen, Bepflanzungen (vgl. 4.6), Einsetzen von Tieren (vgl. 4.9)
- Ausblick auf Benutzung (pädagogische Nutzung, Betreuung, Pflege)
- Kostenvoranschlag (Landerwerb, Projektierung, Ausgaben für Gestaltung und Bepflanzung, für Hilfseinrichtungen usw.)
- Kostenverteiler (mögliche Kostenträger: private Spender, Gemeinde, Kanton, kommunale und kantonale Natur- und Vogelschutzorganisationen, bei grösseren Projekten Bund, schweizerische Organisationen für Natur-, Tier-, Vogel- und Heimatschutz)

Der Leser findet ein Muster einer solchen Eingabe (Gestaltung der Kiesgrube «Esteracker»/Beinwil am See) im Anhang unter 7.1.1. Da die Verhältnisse je nach Zeit und Ort rasch wechseln, haben wir absichtlich Kostenvoranschlag und Kostenverteiler weggelassen. Solche Eingaben bilden die Grundlage für Gesuche um Subventionen (vgl. Kostenträger) und Bewilligungen (vgl. Amtsstellen unter 4.2.1).

4.3 Realisierung

Nach dem Sicherstellen der Finanzen, dem Eintreffen der nötigen Bewilligungen und dem Erstellen der letzten Detailpläne folgt die Zeit der Taten. Je nach der Art des geplanten Vorhabens werden sich die Arbeiten sehr verschieden abwickeln. Wir führen an dieser Stelle bloss die übliche Reihenfolge an:

4.3.1 Einfangen von bedrohten Tieren, Ausstechen von bedrohten wertvollen Pflanzen.

4.3.2 Allfällige Rodungen.

4.3.3 Erdbewegungen, wobei vorgängig Abschürfen und Deponieren der Humusschicht.

4.3.4 Sanierungsmassnahmen (Kanalisationsanschlüsse, Entrümpelung, Abgraben von Faulschlamm usw.).

4.3.5 Fundamente, Bauten.

4.3.6 Aufschüttungen.

4.3.7 Erschliessung (Wege)

4.3.8 Bepflanzung.

4.3.9 Umfriedung, Kennzeichnung.

4.3.10 Schutzeinrichtungen, Beobachtungs- und Lehrhilfen.

4.3.11 Einsetzen von Tieren.

Wichtig ist, dass ein Naturschutzfachmann die Arbeiten überwacht und dafür sorgt, dass auf schon vorhandene Naturobjekte Rücksicht genommen wird.

4.4 Die Schutzverordnung

Hat unser Schulreservat Gestalt angenommen, müssen wir für seinen Weiterbestand und eine schonende Nutzung sorgen. Das erreichen wir am besten mit einer gut durchdachten Schutzverordnung, die in der Regel folgende Punkte berücksichtigen sollte:

4.4.1 Bezeichnung des Reservates, Lage (Parzellennummer, Nummer des Katasterplanes, Nummer des Grundbucheintrages), Grösse in Aren, Abgrenzung laut beizulegendem Plan, Festhalten des Schutzstatus.

4.4.2 Schutzziele.

4.4.3 Gebote und Verbote.

4.4.4 Nutzung.

4.4.5 Pflege.

4.4.6 Betreuung.

4.4.7 Vollzugs- und Strafbestimmungen.

4.4.8 Zeit des Inkrafttretens.

Bei einem kleineren Gebiet mag in der Regel ein Beschluss des Gemeinderates, die Publikation des Schutzerlasses und das Aufstellen eines Pflichtenheftes für den Betreuer genügen. Ein Beispiel für diese Lösung bilden Schutzerlass und Pflichtenheft für das Schulreservat «Haldenweiher» in Zofingen (vgl. 7.1.2 und 7.1.4); ein Naturkundelehrer der nahen Bezirksschule übernimmt hier die Betreuung des Gebietes ähnlich wie ein anderes Schulamt (Lehrmittelverwaltung, Zahnklinik, Bibliothek) gegen eine bescheidene jährliche Entschädigung. Bei grösseren Reservaten empfiehlt sich der Erlass einer detaillierten Schutzverordnung (vgl. das Musterbeispiel «Reckholderhubel»/Reitnau 7.1.3). Dabei gehen wir wie folgt vor:

Oben: Heckenbrüter; ein Mönchsgrasmückenpaar (links das Männchen, rechts das Weibchen) füttert seine Jungen im Fichtendickicht

Unten: Röhrichtbrüter; zwischen Schilfhalmen haben die Drosselrohrsänger ihr Nest gewoben; ein Altvogel verfüttert ein Insekt

- Ein Kenner des Gebietes verfasst einen Entwurf
- Der Gemeinderat leitet den besprochenen Entwurf zur Vorprüfung an die kantonale Verwaltung weiter (z. B. Prüfung durch kantonale Stelle für Natur- und Heimatschutz, Rechtsabteilung des Baudepartements, Jagd- und Fischereiverwaltung, Forstdepartement, Wasserbauamt, Gewässerschutzamt)
- Öffentliche Auflage von Plan und Verordnung mit Einsprachemöglichkeit
- Beschlussfassung durch Gemeindeversammlung bzw. Gemeindeparlament
- Genehmigung durch den Regierungsrat (Staatsrat).

Da dieses komplizierte Verfahren recht viel Zeit beansprucht, empfehlen wir, den Erlass der Schutzverordnung parallel zum Reservatsausbau in Angriff zu nehmen.

4.5 Biotopgestaltung

Indem wir die natürlichen Gegebenheiten berücksichtigen, planen wir die Erhaltung bzw. die Schaffung möglichst verschiedener Lebensräume für Pflanzen und Tiere. Zu den wichtigsten Biotopen gehören:

4.5.1 **Nassbiotope** wie Wassergräben, Altläufe, Bachufer, Teiche, Tümpel: Ausheben von Gräben (Grabenfräse), teilweises Ausbaggern von Verlandungszonen, Umleiten von Bächen, Bachgestaltung (vgl. 5.7.5), Stauung von Bächen (5.7.3), Ausbaggern von Mulden, Gestaltung von Tümpeln und Teichen (vgl. 5).

4.5.2 **Feuchtbiotope** wie Wässermatten, feuchte Wiesen, Flachmoore (Sumpfwiesen), Hochmoore (Torfbeete): Ausheben von Gräben, Zuführen von Wasser (vgl. 5.7.3), Aufschütten von Torf.

4.5.3 **Trockenwiesen** wie magere Wiesenborde, Wegböschungen, sonnige Hänge: Unterbinden der Düngung, allenfalls Abgrenzen durch Graben gegenüber dem Kulturland, Aufschütten von Steinhaufen.

4.5.4 **Öd- und Brachland** wie Block- und Schutthalden, Rutschungen, Kies- und Sandflächen, Wände von Kiesgruben und Steinbrüchen, Steinhaufen, Höhlen: Aufschütten von grobem, eckigem Block- und Kiesmaterial, Bauen von Kleintierverstecken (Drainageröhren, Steinplatten), Entfernen der Vegetation an Teilen von Gruben- und Steinbruchwänden, Graben und Abstützen von Höhlen, Abgraben von Steilböschungen, Einfräsen von Geländeeinschnitten, Aufführen von Sand, Kies und Steinen.

4.5.5 **Hecken, Gehölze, Wäldchen** (siehe Bepflanzungsplan 4.6.10).

4.5.6 **Gestaltungsplan:** Wir überlassen es der Phantasie des einzelnen, weitere Kleinbiotope, die sich in der näheren und weiteren Umgebung des Reservates finden, der Natur nachzubilden. Die beiden nachstehenden Beispiele vermitteln einige Grundideen (vgl. auch Gestaltungsplan «Esteracker»/Beinwil 7.1.1).

1 Reservat «Kaltacker» Staffelbach AG

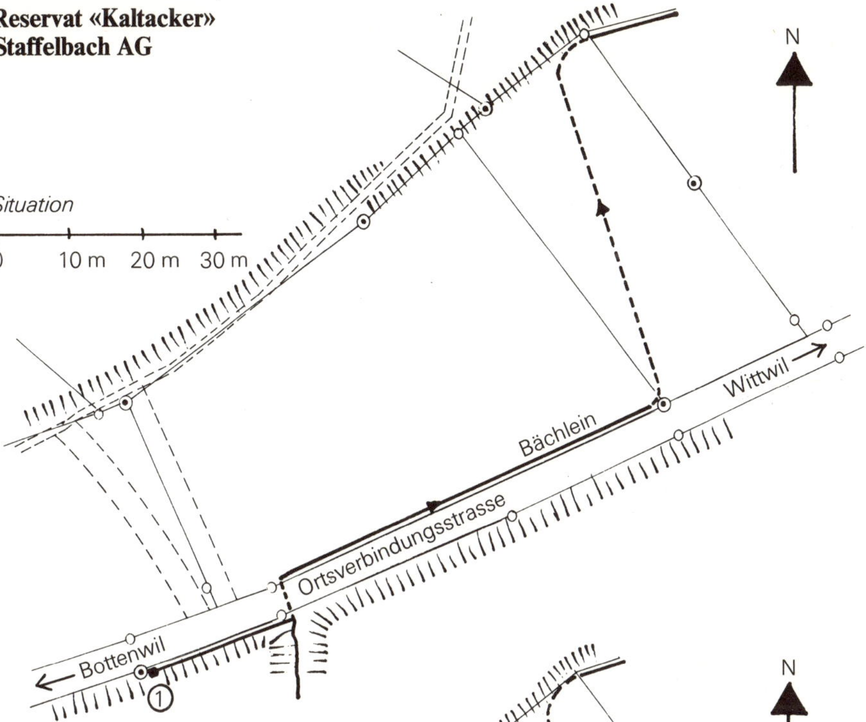

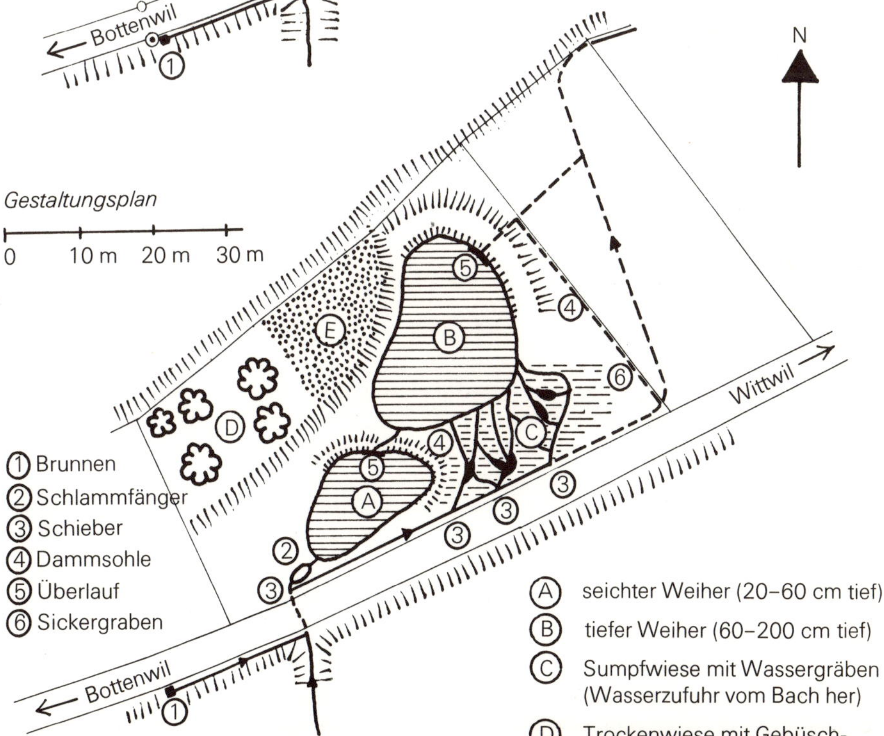

(A) seichter Weiher (20–60 cm tief)

(B) tiefer Weiher (60–200 cm tief)

(C) Sumpfwiese mit Wassergräben (Wasserzufuhr vom Bach her)

(D) Trockenwiese mit Gebüschgruppen und Steinhaufen

(E) Blockhalde

❶ **Gestaltungsplan Reservat «Kaltacker»/Staffelbach AG**
Grundidee: Die Parzelle im Halte von 28,3 Aren gliedert sich in eine ziemlich steile Böschung im NW und einen sanften, sich nach NO senkenden Hang. Ein zwischen der Ortsverbindungsstrasse Wittwil-Bottenwil und der Parzellengrenze verlaufender Bach ermöglicht eine gute Wasserzufuhr. Die erwähnte sumpfige Senke ist wie geschaffen dafür, zwei natürlich geformte Weiher aufzunehmen.

❷ **Gestaltungsplan Naturlehrgebiet «Buchwald»/Ettiswil LU**
Grundidee: Umgestaltung einer stillgelegten Kiesgrube in ein kantonales Naturlehrgebiet mit Schulungszentrum zur Durchführung von Klassenlagern mit Konzentrationsunterricht und naturkundlichen Lehrerbildungskursen. 456,30 Aren Fläche; Buchen- und Hagebuchenwald, Tannen- und Mischwald, Bachauenwald; Erlen- und Weidengehölz; artenreicher Waldmantel im SE; Ruderalflora, Wegrandpflanzen; Naturwiesen, Trittrasen; Bachsaumgesellschaften; Flüsschen, Amphibienweiher mit Röhricht, Verlandungszonen; Sandwälle, Geröll- und Steinhalden, Grubenwände.
Die Übersicht zeigt den Stand der Arbeiten nach der ersten Ausbauetappe: Waldflächen, acht neugeschaffene Teiche, Flüsschen Rot, Hügel und Halden, Treppen aus alten Eisenbahnschwellen, Erschliessungswege, alter Förderturm (T), alte Gebäulichkeiten (A).
In einer weiteren Ausbauetappe sind vorgesehen: botanische und zoologische Lehrpfade; Halb- und Trockenwiesen; Wässermatten, Riede, Moore; Sandwälle, Steinhalden; Kleinbiotope (Betonbehälter), Megalithstrasse (Blockserien); Beobachtungsstationen, Unterrichtsräume, Sammlung, WC (alter Förderturm); Materialdepot, Küche (Schuppen); offene Unterrichtshalle.

4.5.7 **Erschliessung:** Wir planen frühzeitig das Anlegen von Fusspfaden, die zu viel besuchten Beobachtungspunkten (vgl. 4.8 und 4.10) und zu Stellen führen, wo wir regelmässig Betreuungsarbeiten vornehmen (z. B. Weiherausläufe, Freilandterrarien). Wir belegen diese Wege mit grobem Kies oder bringen eine Reihe von Gartenplatten an. Anderseits sorgen wir für stille Winkel, in denen Brutvögel und Kleintiere ihr Wesen treiben können. Um auch dem Publikum etwas zu bieten, führen wir einen Spazierweg als Tangente der einen Reservatsseite entlang und schaffen von hier aus freien Einblick auf die wichtigen Teile der Anlage (z. B. offene Wasserfläche mit Seerosen, Freilandgehege).

4.6 Bepflanzung

4.6.1 **Grundsätzliche Überlegungen:** Beim Planen der Bepflanzung, die eine wichtige Grundlage des tierischen Lebens bildet, müssen wir mit Bedacht vorgehen und die verschiedensten Faktoren in Betracht ziehen:

Vorhandene Vegetation (vgl. Inventar 4.2.3): Allzustark wuchernde Pflanzen wie Brennesseln oder Brombeeren werden zurückgedrängt,

❷ Naturlehrgebiet «Buchwald», Ettiswil LU

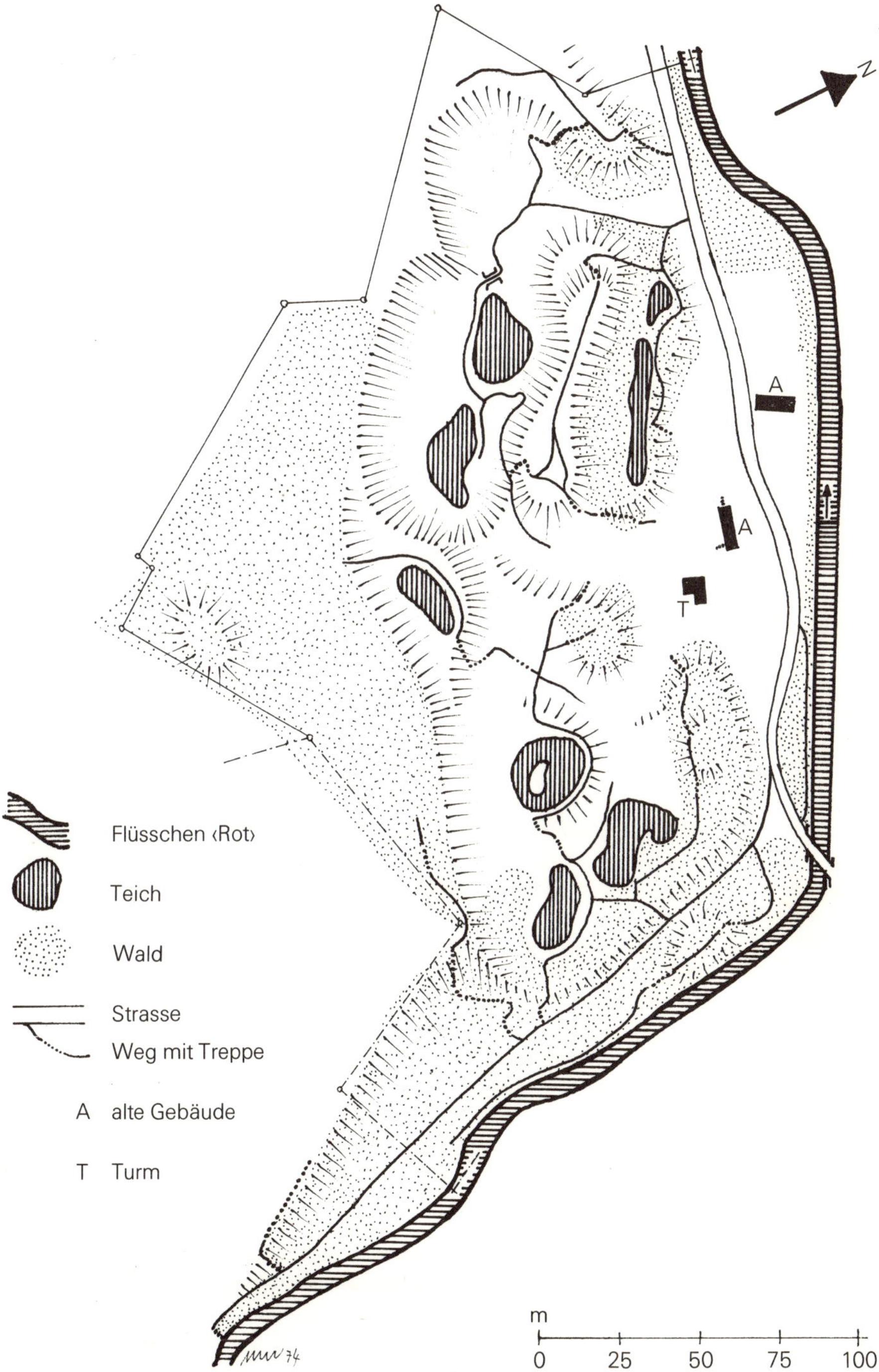

zuviel Schatten werfende Bäume und Sträucher zurückgeschnitten oder gerodet. Anderseits trachten wir darnach, möglichst viel der vorhandenen Vegetation zu erhalten, selbst wenn es sich um Kulturpflanzen (z. B. alte hochstämmige Obstbäume) handelt.

Herkunft: Grundsätzlich sollen in unserem Schulreservat nur einheimische Pflanzen wachsen, was wir bei Neupflanzungen strikte beachten. Schon vorhandene Exoten dulden wir, sofern sie das Gesamtbild nicht beeinträchtigen; wir sehen aber davon ab, sie später zu ersetzen.

Standortfaktoren: Jede Pflanze stellt ihre besonderen Ansprüche an den Standort: trocken-feucht; sauer-basisch; mager-nährstoffreich (z. B. Stickstoff!); sonnig-schattig; steinig-kiesig-sandig-lehmig-tonig-humusiert; steil-eben; Mulde-Hang-Kuppe; usw. Standortangaben vgl. Hess et alii (26 i).

Soziologische Faktoren: Pflanzen gedeihen - ohne menschliches Eingreifen - auf die Dauer nur in ganz bestimmten Gesellschaften (Assoziationen); Grundsätzliches über dieses Thema vgl. Knapp (3a). Diese Tatsache müssen wir vor allem beim Gestalten von Wiesen berücksichtigen. In offenem Wasser und in Gehölzen gelingt es uns leichter, mit gezielten Pflegemassnahmen Arten ausserhalb ihres Verbandes anzusiedeln, sofern dies - z. B. aus Demonstrationsgründen - überhaupt nötig und wünschenswert ist.

Schutzfaktoren: Vom Vorhandensein vieler Pflanzen hängt wiederum das Vorkommen gewisser Tierarten ab (vgl. Vogelbruten, Schmetterlinge, Käfer). Gerade im Schulreservat (vgl. Demonstrationsabsicht) werden wir besonders geeignete Pflanzen bevorzugen, auch wenn uns das zu wiederholten Eingriffen ins ökologische Gefüge zwingt. Nachstehend folgen einige - unvollständige - Pflanzenlisten, z. T. nach dem soziologischen, z. T. nach dem tierschützerischen Aspekt zusammengestellt. *Es geht nicht darum, nun alle genannten Arten in einem Schulreservat einzupflanzen!* Wir treffen eine Auswahl, indem wir die eingangs erwähnten Aspekte berücksichtigen. Achten wir darauf, dass wir vorwiegend Arten wählen, die an ähnlichen Standorten in der näheren Umgebung vorkommen. See- und Teichrosen, Rohrkolben und Schilf z. B. gehören nur in grössere Weiher, weil sie kleinere in kürzester Zeit überwuchern. Daneben werden wir selbst mit der eingebrachten Erde, Vögel (z. B. beerenfressende Arten, Wasservögel) und der Wind Samen oder Teile von weiteren Pflanzen ins Schutzgebiet tragen; je nach den herrschenden Bedingungen entwickeln sich dann Keimlinge und Sprösslinge oder nicht. Es ist sehr reizvoll, gerade die Aufeinanderfolge der natürlichen Pflanzengesellschaften (Sukzessionen) zu beobachten; mehr darüber siehe Knapp (3a). Lassen wir weitgehend die Natur walten, brauchen wir nur selten einzugreifen und ersparen uns zeitraubende Pflegearbeiten (vgl. z. B. Rasenpflege im Hausgarten!). Arten, die wir in mehreren Listen aufführen, zeigen den Übergang zwischen verschiedenen Gesellschaften an.

4.6.2 **Pflanzen der Verlandungszonen** (Nass- und Feuchtbiotope; vgl. 4.5.1 und 4.5.2): *Übersicht* abgeändert nach Wildermuth (3b).

Boden	*Pflanzenverband*	*Wasserstand*
Seekreide	Unterwasserwiesen Seerosenzone	tief ▲
Schilftorf	Binsenröhricht Schilfröhricht	│
Seggentorf	Grosseggenried	│
Bruchwaldtorf	Kleinseggenried Kopfbinsenried Besenried	▼
Hochmoortorf	Heidemoor	seicht

Pflanzen der Wasserzone (vgl. Tafel I, S. 202)

schwimmend	*untergetaucht*
Kleefarn	Armleuchteralgen
Schwimmendes Laichkraut	Laichkräuter
Flutendes Laichkraut	Nixenkräuter
Froschbiss	Wasserpest
Teichlinse, Wasserlinsen	Hornblätter
Sumpf-Knöterich	Wassersterne
Seerose, Teichrosen	Tausendblätter
Wasserhahnenfüsse	Wasserfeder
Wassernuss	Wasserschläuche
Teichenzian	

Pflanzen der Uferzone (vgl. Tafel II, S. 203)

Überall:

Gemeiner Froschlöffel	Wilder Reis
Rohr-Glanzgras	Kalmus

Echte Röhrichte:

Rohrkolben	Schilf, Grosses Süssgras
Igelkolben	Gemeine Seebinse
Pfeilkraut	Grosser Sumpf-Hahnenfuss
Schwanenblume	Tannenwedel

Bachröhrichte:

Faltiges Süssgrass	Geflügelte Braunwurz
Brunnenkresse	Bachbungen-Ehrenpreis
Kleiner Merk	Gauchheil-Ehrenpreis

Grosseggenrieder:

Schlamm-Schachtelhalm	Fuchsfarbene Segge
Sumpf-Rispengras	Gedrängtährige Segge
Sumpfried	Rispen-Segge

Steife Segge	Gelbe Schwertlilie
Schlanke Segge	Wasserschierling
Cypergras-Segge	Röhrige Rebendolde
Schnabel-Segge	Sumpf-Haarstrang
Sumpf-Segge	Strauss-Gilbweiderich
Ufer-Segge	Sumpf-Labkraut
Drachenwurz	

Pflanzen der Kleinseggensümpfe (vgl. Tafel III, S. 204)

Überall:

Bunter Schachtelhalm	Floh-Segge
Dreizack	Hirse-Segge
Alpen-Haarbinse	Gelbe Segge
Schmalblättriges Wollgras	Fieberklee

Schnabelried-Sumpf:

Moor-Bärlapp	Schlamm-Segge
Blumenbinse	Behaartfrüchtige Segge
Weisse Schnabelbinse	Mittlerer Sonnentau
Rotbraune Schnabelbinse	Langblättriger Sonnentau
Schlankes Wollgras	

Braunseggen-Sumpf:

Sumpfbinse	Blutauge
Sumpf-Straussgras	Sumpf-Veilchen
Igelfrüchtige Segge	Sumpf-Weidenröschen
Graue Segge	Wassernabel
Braune Segge	Kleines Helmkraut
Glänzende Segge	Schildfrüchtiger Ehrenpreis
Spitzblütige Simse	Sumpf-Läusekraut
Traunsteiners Orchis	

Kalksümpfe:

Schwärzliche Kopfbinse	Gemeine Liliensimse
Wenigblütige Teichbinse	Sumpf-Orchis
Breitblättriges Wollgras	Fleischrote Orchis
Zweihäusige Segge	Gemeine Sumpfwurz
Davalls Segge	Zwiebelorchis
Hosts Segge	Moorenzian
Stumpfblütige Simse	Gemeines Fettblatt

Pflanzen der Hochmoore (nach Zimmerli, 3d)

feuchte Stellen:

Torfmoose (Sphagnum-Arten)	Rundblättriger Sonnentau
Scheiden-Wollgras	Gemeine Moosbeere

trockene Stellen:

Steifer Widerton (Laubmoosart)	Rosmarinheide

Oben: Naturlehrgebiet Ettiswil LU; Teil der Kiesgrube mit natürlichen Pfützen; im Hintergrund das Dorf Ettiswil mit Kirche

Unten: Naturlehrgebiet Ettiswil LU; Weiher mit Schilfufern; der Weiher ist durch das Kieswaschen entstanden

Weiderich, Sumpf-Labkraut, Sumpf-Kratzdistel; Lungen-Enzian, Traunsteiners Orchis; Schlanke Segge, Gelbe Wiesenraute.

Quellnässezeiger: Stumpfblütige Simse, Rostrote Kopfbinse, Herzblatt, Mehl-Primel; Gemeines Fettblatt, Langblättriger Sonnentau.

Nässezeiger überschwemmter Böden: Steife Segge, Behaartfrüchtige Segge, Sumpf-Haarstrang, Gelbe Schwertlilie, Sumpf-Kreuzkraut, Dotterblume, Verkannter Wasserschlauch; Breitblättriges Wollgras, Schmalblättriges Wollgras, Fieberklee, Kleiner Sumpf-Hahnenfuss, Schlamm-Schachtelhalm.

Säure-Nässezeiger: Schnabel-Segge, Blutauge.

Säurezeiger: Knäuelblütige Simse, Mittlerer Klee.

Stickstoffzeiger: Sumpf-Storchschnabel, Beinwell, Zaun-Winde, Brennessel.

Pflanzen der Fettwiese

Ruchgras
Wolliges Honiggras
Glatthafer
Goldhafer
Knäuelgras
Gemeines Rispengras
Wiesen-Rispengras
Englisches Raygras
Wiesen-Sauerampfer
Grasblättrige Sternmiere
Gemeines Hornkraut
Scharfer Hahnenfuss
Wiesen-Schaumkraut
Wiesen-Platterbse
Rot-Klee
Kriechender Klee
Wiesen-Schotenklee
Wiesen-Kerbel
Bärenklau
Gemeine Brunelle
Wiesen-Salbei
Gamander-Ehrenpreis
Spitz-Wegerich
Gemeines Labkraut
Gänseblümchen
Wiesen-Margerite
Gemeine Flockenblume
Wiesen-Bocksbart
Löwenzahn
Wiesen-Pippau

Pflanzen der Magerwiesen (vgl. Tafel IV, S. 205)

Gemeines Bartgras
Zittergras
Kammgras
Aufrechte Trespe
Schlaffe Segge
Kleine Orchis
Ohnsporn
Riemenzunge
Sprossende Felsennelke
Küchenschelle
Knolliger Hahnenfuss
Kleiner Wiesenknopf
Berg-Klee
Wundklee
Hufeisenklee
Futter-Esparsette
Feinblättriger Lein
Gemeine Kreuzblume
Zypressen-Wolfsmilch
Gemeines Sonnenröschen
Möhre
Frühlings-Schlüsselblume
Wiesen-Salbei
Feld-Thymian
Gemeine Kugelblume
Gemeine Skabiose
Berg-Aster
Wiesen-Margerite
Stengellose Kratzdistel
Wiesen-Bocksbart
Langhaariges Habichtskraut

Larven einer Blattwanzenart auf der Unterseite eines Blattes; im Gegensatz zu den Imagines (erwachsenen Tieren) tragen die Larven noch keine Flügel

4.6.4 **Pflanzen der Ödflächen und Schuttstellen**

Hühner-Hirse
Blut-Hirse
Vogel-Knöterich
Weisser Gänsefuss
Weisse Waldnelke
Gebräuchliches Seifenkraut
Vogelmiere
Klatsch-Mohn
Schöllkraut
Gebräuchlicher Erdrauch
Acker-Täschelkraut
Acker-Senf
Acker-Rettich
Gemeine Winterkresse
Hirtentäschchen
Hungerblümchen
Gelbe Reseda
Weisser Honigklee
Gebräuchlicher Honigklee
Gelber Acker-Klee
Tauben-Storchschnabel
Schlitzblättriger Storchschnabel
Weicher Storchschnabel
Pyrenäen-Storchschnabel
Gemeiner Reiherschnabel
Wilde Malve
Kleine Malve
Acker-Stiefmütterchen
Gemeine Nachtkerze
Pastinak
Acker-Gauchheil
Acker-Winde
Natterkopf
Eisenkraut
Acker-Hohlzahn
Gemeiner Hohlzahn
Stengelumfassende Taubnessel
Acker-Taubnessel
Einjähriger Ziest
Feld-Thymian
Schwarzer Nachtschatten
Kleinblütiges Wollkraut
Grossblütiges Wollkraut
Kleines Leinkraut
Gemeines Leinkraut
Nüsslisalat
Wilde Karde
Echte Kamille
Gemeiner Beifuss
Grosse Klette
Kleine Klette
Lanzettblättrige Kratzdistel
Acker-Kratzdistel
Wegwarte

4.6.5 **Pflanzen des Föhrenwaldes**

Wald-Föhre
Wacholder
Aufrechte Trespe
Ästige Graslilie
Ragwurzarten
Handwurzarten
Küchenschelle
Mehlbeerbaum
Berg-Klee
Strauchwicke
Feinblättriger Lein
Gemeine Kreuzblume
Breitblättriges Laserkraut
Grossblütige Brunelle
Hügel-Waldmeister
Berg-Aster
Rindsauge

4.6.6 **Gehölze** (vgl. Tafeln V + VI, S. 206/207):
Alphabetisches Verzeichnis der empfehlenswerten Arten
(nach Zimmerli; 4)

Berg-Ahorn W, F
Brombeere I
Efeu W
Erle, Schwarz-, Grau- F
Esche F
Faulbaum F
Feld-Ahorn I, K
Feld-Ulme T
Fichte, Rottanne I
Hagebuche, Weissbuche I
Hagrose I
Hänge-Birke, Weiss-Birke I
Haselstrauch I
Himbeere W

Liguster I, K
Linde, Sommer- K, Winter- I
Nussbaum I (1)
Pfaffenhütchen I
Rote Heckenkirsche, Beinholz I
Roter Hornstrauch, Hartriegel I
Sanddorn (2)
Sauerkirsche I (4)
Süsskirsche I (4)
Schneeball,
Gemeiner, Wolliger I
Schwarzdorn T (3)
Schwarzer Holunder T (3)
Spitz-Ahorn W, K
Stiel-Eiche F
Trauben-Eiche T
Traubenkirsche F
Vogelbeerbaum, Eberesche I (3)
Wald-Föhre T
Wald-Geissblatt W
Waldrebe I
Weidenarten, besonders
Silber-Weide F, Sal-Weide I
Weissdorn, Eingriffliger und
Zweigriffliger I (3)
Zitter-Pappel, Espe I

K* = kalkliebend
W* = schattig, Waldnähe
T* = trocken
F* = feucht
I* = mehr oder weniger indifferent

* Die grobschematische Einteilung hebt bloss Grundtendenzen der Standortansprüche hervor!

(1) guter Boden, keine Frostlagen
(2) auf Kiesböden, vor allem in tiefgelegenen Föhntälern
(3) nicht zu empfehlen in der Nähe von Obstkulturen (Übertragungsgefahr für Feuerbrand und Sharka)
(4) nicht zu empfehlen in der Nähe von Kirschenkulturen (Übertragungsgefahr von Schädlingen)

Wir meiden in der Regel:
- Berberitze (Zwischenwirt des Getreiderostpilzes)
- Exoten wie Robinie, Platane, Rosskastanie, Thuja, Feuerbusch, Essigbaum, Flieder, Goldregen usw.

Bienenpflanzen

Nektarspender: Weiden, Weissdorn, Faulbaum, Linden, Vogelbeerbaum, Himbeere, Brombeere, Schwarzdorn, Süsskirsche, Berg- und Spitz-Ahorn.

Pollenspender: Weiden, Feld-Ulme, Vogelbeerbaum, Himbeere, Brombeere, Schwarzdorn, Süsskirsche, Berg- und Spitz-Ahorn, Efeu.

Deckungspflanzen (Vogelbruten, Kleintiere):

Weissdorn, Schwarzdorn, Rote Heckenkirsche, niedrig gehaltenes Fichtendickicht; rankende und schlingende Gewächse wie Efeu, Waldrebe, Wald-Geissblatt, Brombeere.

Nahrungspflanzen (vor allem für Vögel):

mit trockenen Früchten (Flugsamen, Nüsse, Eicheln): Esche, Birke, Erle, Hasel, Baumnuss, Buche, Eiche, einheimische Nadelbäume.

mit fleischigen Früchten
(Beeren, Scheinbeeren): Hagrose, Süsskirsche, Traubenkirsche, Holunder, Gemeiner Schneeball, Vogelbeerbaum, Liguster, Hartriegel, Himbeere, Brombeere, Pfaffenhütchen.

Wildäsungspflanzen (Reh, Hase)
Eiche, Esche, Hagebuche, Berg-Ahorn, Sal-Weide, Zitter-Pappel usw.

4.6.7 **Unterwuchs von Hecken und Gehölzen**

Blaustern
Vielblütige Weisswurz
Maiglöckchen
Grosses Zweiblatt
Grüne Nieswurz
Christophskraut
Busch-Windröschen
Scharbockskraut
Hohlknolliger Lerchensporn
Knoblauchhederich
Turmkraut
Nachtviole
Gemeine Nelkenwurz
Odermennig
Bunte Kronwicke
Vogel-Wicke
Zaun-Wicke
Wald-Platterbse
Ruprechtskraut
Gemeiner Sauerklee
Süsse Wolfsmilch
Mandelblättrige Wolfsmilch
Ausdauerndes Bingelkraut
Gemeines Johanniskraut
Weisses Veilchen
Wald-Veilchen
Berg-Weidenröschen
Gemeines Hexenkraut
Wald-Schlüsselblume
Kleines Immergrün
Zaun-Winde
Gemeines Lungenkraut
Gundelrebe
Goldnessel
Gefleckte Taubnessel
Wald-Ziest
Gebräuchlicher Ziest
Dost
Bittersüss
Echter Waldmeister
Kletten-Labkraut
Gebräuchlicher Baldrian
Ausläufertreibende Glockenblume
Nesselblättrige Glockenblume
Ährige Rapunzel
Mauerlattich

4.6.8 **Insektenpflanzen** (vgl. auch «Bienenpflanzen» 4.6.6)

Schmetterlinge und Käfer sind interessante Beobachtungsgegenstände. Sogar in verhältnismässig kleinen Schulreservaten besteht Gelegenheit, etwas für den Schutz dieser bedrohten Tiere zu tun. Weil der Landwirt die Wiesen stark düngt und immer intensiver nutzt, verschwinden die bunten «Blumen» (grossblütige, durch Blütenfarbe und -form auffallende Pflanzen) mehr und mehr. Gerade sie bilden aber – in erster Linie für die schönen Tagfalter – wichtige Nahrungsquellen (Nektarspender). Daneben braucht es natürlich Futterpflanzen für die Larven (Raupen, Engerlinge). Weite Teile des Mittellandes und der Sohlen der grösseren Alpentäler sind heute buchstäblich «schmetterlingsfrei». Schaffen wir auf einer Magerwiese von mindestens zwei Aren Fläche, die wir alljährlich wenigstens einmal mähen (am besten im Spätherbst) und die wir nicht mehr düngen, ein

Insektenparadies! Selbstverständlich verzichten wir hier darauf, Gift anzuwenden. Die wichtigsten Blumen werden sich meist von selbst einstellen, wenn das Düngen unterbleibt. Durch Einpflanzen von Stöcken und Ausstreuen von Samen (z. B. «Heublumen» von einer Jura-Magerwiese) helfen wir nach. Wir bevorzugen folgende Arten:

Nektarpflanzen (Reihenfolge der Wichtigkeit)

Tagfalter:
Feld-Witwenblume*
Gemeine Skabiose*
Gemeine Flockenblume*
Dost
Kartäuser Nelke*
Abbisskraut
Wiesen-Schotenklee*
Wiesen-Salbei

Nachtfalter:
Gebräuchliches Seifenkraut
Wald-Geissblatt
Winden
Nelken
Nachtkerzen
Liguster

* Es kommen auch nahe verwandte Arten in Frage.

Raupenpflanzen:
Wir bringen hier nur eine kleine Auswahl; weitere Hinweise finden sich in jedem guten Schmetterlingsbuch!
Weiden (Grosser Schillerfalter, Trauermantel, Abendpfauenauge, Grosser Gabelschwanz, Mondfleck, Ordensbänder, Weidenbohrer)
Birken (Trauermantel, Lindenschwärmer, Blaues Ordensband)
Eichen (Lindenschwärmer, Buchenspinner, Eichenspinner, Mondfleck, Blaues Ordensband)
Brennessel (Tagpfauenauge, Kleiner Fuchs, Admiral, C-Falter, Distelfalter, Gitterfalter, Brauner Bär)
Wiesen-Schaumkraut (Aurorafalter)
Vogelbeerbaum (Segelfalter)
Weissdorne (Segelfalter, Baumweissling)
Brombeeren (Kleiner Perlmutterfalter, Kaisermantel)
Schwarzdorn (Segelfalter)
Gelbe Kleearten, Esparsetten, Wicken (Postillon, Gelber Heufalter, Bläulinge, Ypsilon-Eule, Widderchen)
Wolfsmilcharten (Wolfsmilchschwärmer)
Linden (Lindenschwärmer, Mondfleck)
Acker-Stiefmütterchen (Grosser Perlmutterfalter)
Möhre (Schwalbenschwanz, Grosse Bandeule)
Faulbaum (Zitronfalter)
Tollkirsche (Totenkopfschwärmer)

Futterpflanzen für Käfer und Blattwanzen:
Weiden (Erzfarbener Buschkäfer, Moschusbock, Weberbock, Weidenbock, Blauer Blattkäfer und Verwandte)
Doldenblütler wie Wiesen-Kerbel, Bärenklau, Möhre (Streifenwanze, Blatthornkäfer, Junikäfer, Rosenkäfer, Pinselkäfer, Kleiner Fliegenbock, Schnürböcke, Roter Schmalbock)
Gemeine Skabiose (Blatthornkäfer, Pinselkäfer, Bockkäferarten)

4.6.9 Pflanzanleitung

Standortansprüche: Wir erinnern daran, dass jede Pflanze ganz bestimmte Ansprüche an den Standort stellt (vgl. 4.6.1), die wir bei der Platzwahl berücksichtigen müssen.

Pflanzzeit: Am besten wählen wir den Beginn oder das Ende der Ruheperiode der Vegetation, das heisst den *Spätherbst* (nach dem Laubfall, möglichst geraume Zeit vor Beginn der Frostperiode) und den *Vorfrühling* (vor dem Austreiben der Knospen, möglichst bald nach dem Auftauen des Bodens). In manchen Fällen (z. B. bei Birken) ist der Vorfrühling vorzuziehen, da bei frühzeitigen Frösten viele neu eingesetzte Pflanzen der sogenannten physiologischen Trockenheit (Unterbindung der Wasserzufuhr durch die Kälte) zum Opfer fallen.

Samen: Im Spätsommer und Herbst sammeln wir in Hecken, Trockenwiesen, Rieden, Brachflächen usw. allerlei Samen von Pflanzen, die im Reservat erwünscht sind, und streuen sie an geeigneter Stelle aus. Allenfalls bringen wir sie in Behältern auf einer Blumenerde/Torfmischung zum Keimen (feucht halten!) und setzen sie später ins Freie.

Stecklinge: Viele Gehölze (z. B. Weiden, Erlen, Hasel usw.) lassen sich durch Stecklinge vermehren. Wir stecken die zugespitzten Ruten direkt in den Boden oder bringen sie vorerst in ein Gefäss mit Wasser, bis sie kleine Wurzeln treiben. Bis sie richtig angewachsen sind, begiessen wir die eingepflanzten Stecklinge häufig.

Ausläufer, Brutzwiebeln, Brutknollen: Zahlreiche höhere Pflanzen vermehren sich nicht nur geschlechtlich (generativ) durch Samen (Blüte), sondern auch ungeschlechtlich (vegetativ). Indem wir sorgfältig ober- und unterirdische Ausläufer abschneiden oder vorsichtig nach Brutzwiebeln und Brutknollen graben, gelingt es uns oft, für unser Reservat interessante Neulinge zu gewinnen, ohne die Mutterpflanze zu schädigen.

Setzlinge: Wenn wir einen ganzen Stock oder Horst einer bestimmten Art mitnehmen möchten, stechen wir einen Rasenziegel von angemessener Breite (je nach Grösse der Pflanze) aus, den wir in einem grossen Plastiksack oder in einem wasserdichten geräumigen Behälter transportieren. Wir nehmen so nicht nur etwas vom geeigneten Erdreich mit, sondern auch einen kleinen Ausschnitt aus der richtigen Pflanzengesellschaft. Wir achten darauf, dass wir tief genug graben; ziehen wir die Pflanzen aus dem Boden, verletzen wir die feinen Wurzelhaare, die beim Wasseraufnehmen eine grosse Rolle spielen. Wir versenken den ausgestochenen Rasenziegel in eine entsprechend grosse Grube, stampfen ringsherum den Boden fest und begiessen die Setzlinge fleissig, bis sie nicht mehr «trauern».

Schutz von Neupflanzungen: Bei Gefahr von Ausmähen, Zertrampeln usw. markieren wir niedriges Pflanzgut mit kräftigen, meterhohen

Oben: Uferschwalbenkolonie in Grubenwand; die Schwalben haben die Brutröhren selbst gegraben
Unten: Eine Uferschwalbe füttert am Eingang der Bruthöhre einen Jungvogel

Pfählen. Wildschaden (Verbiss durch Hase und Reh, Fegeschäden an Gehölzen durch Rehbock) verhindern wir, indem wir das Pflanzgut mit Maschendrahtzäunen, Drahtgeflechtkörben oder Stachelbäumchen schützen. Vergrabene engmaschige Drahtgeflechtkörbe halten unerwünschte Nager von Wurzeln, Zwiebeln und Knollen fern. Drahthütchen aus Fliegengitter verwenden wir wenn nötig als Schutz vor Schneckenfrass. Seltenheiten, die wir aus irgendwelchen Gründen nur in beschränkter Anzahl und auf kleiner Fläche hegen, pflanzen wir in grössere Gefässe (Plastik, Eternit) ein; so halten wir sie besser unter Kontrolle (vgl. Überwachsen durch konkurrierende Pflanzen; Schäden durch Insekten, Schnecken, Nager).

Pflanzart: Besonders beim Anpflanzen von Gehölzen, aber auch beim Gestalten von Wiesen und Weihern achten wir auf natürliche, nicht schematische Gruppierungen. Nicht in Reih und Glied einsetzen, sondern im Zickzack, mit unregelmässigen Rändern, wobei wir die verschiedenen Arten miteinander mischen! Dichte Horste sollen mit Lücken abwechseln. Bei Bäumen und Sträuchern dürfen wir die Abstände von Exemplar zu Exemplar nicht zu knapp bemessen (vgl. Schattenwurf); hier sparen wir absichtlich grössere Lücken aus; wir gliedern so das Ganze auf gefällige Art und schaffen zudem Zugang für Mensch (vgl. z. B. Unterhaltsarbeiten an Bächen und Weihern) und Tier (vgl. Tränken).

Bezugsquellen für das Pflanzgut: In der Regel finden wir den grössten Teil der gewünschten Pflanzen in der freien Natur. Sobald wir Ausgrabungen vornehmen oder viele Stecklinge schneiden möchten, holen wir uns vorher die Erlaubnis des Landbesitzers ein. Selbstverständlich halten wir uns an die Bestimmungen des Pflanzenschutzes; vgl. einschlägige Pflanzenschutzverordnungen (5). Wollen wir geschützte Pflanzen in unser Schulreservat einbringen, nehmen wir vorerst mit der kantonalen Fachstelle für Naturschutz Kontakt auf. Leider geht die Zerstörung natürlicher Biotope in unserem Land weiter. Anderseits bietet sich bei Überbauungen, Meliorationen und Güterzusammenlegungen oft günstige Gelegenheit, wertvolles Pflanzenmaterial zu bekommen und durch Wiederansiedeln einen Beitrag zum Schutz seltener Arten zu leisten. Falsch wäre es, das Pflanzgut aus Gründen der Bequemlichkeit in der nächsten Gärtnerei zu kaufen. Der Handel führt meist Zuchtformen (z. B. rotblühende Seerosen, Haselstauden mit roten Blättern, Osterglocken mit gefüllten Blüten usw.), nicht die unverfälschten Wildarten. Auch Gehölze (Jungpflanzen, Stecklinge) beziehen wir am besten aus der freien Natur oder – für grössere Anpflanzungen – beim Förster oder in einer Forstbaumschule. Diese Stellen beraten uns gerne beim Anlegen von Hecken-, Feld- und Ufergehölzen.

4.6.10 **Der Bepflanzungsplan:** Wie wir gesehen haben, bildet die Bepflanzung einen wichtigen Teil der Gesamtgestaltung des Schulreservates. In der Regel planen wir sie auf einem besonderen Blatt (vgl. Gestaltungsplan 4.5.6). Wie wir dabei vorgehen können, zeigen die nachstehenden Beispiele:

❸ Bepflanzungsplan Schulreservat «Haldenweiher», Zofingen

B Blockhalde

a 6 Weiden
b 4 Weiden
c 6 Fichten
d 1 Wacholder
e 5 Schwarzdorn
  5 Weissdorn
  5 Heckenkirsche
  5 Pfaffenhütchen
  5 Liguster

Sch Schlammfänger

f 2 Feldahorn
  2 Vogelbeerbaum
  5 Liguster
g 3 Liguster
  3 Schneeball
  3 Pfaffenhütchen
  3 Heckenkirsche

T Terrarium

h 2 Feldahorn
  2 Vogelbeerbaum
  2 Weissdorn
  2 Schwarzdorn
i 2 Vogelbeerbaum
  2 Weissdorn
  2 Schwarzdorn
  2 Heckenkirsche

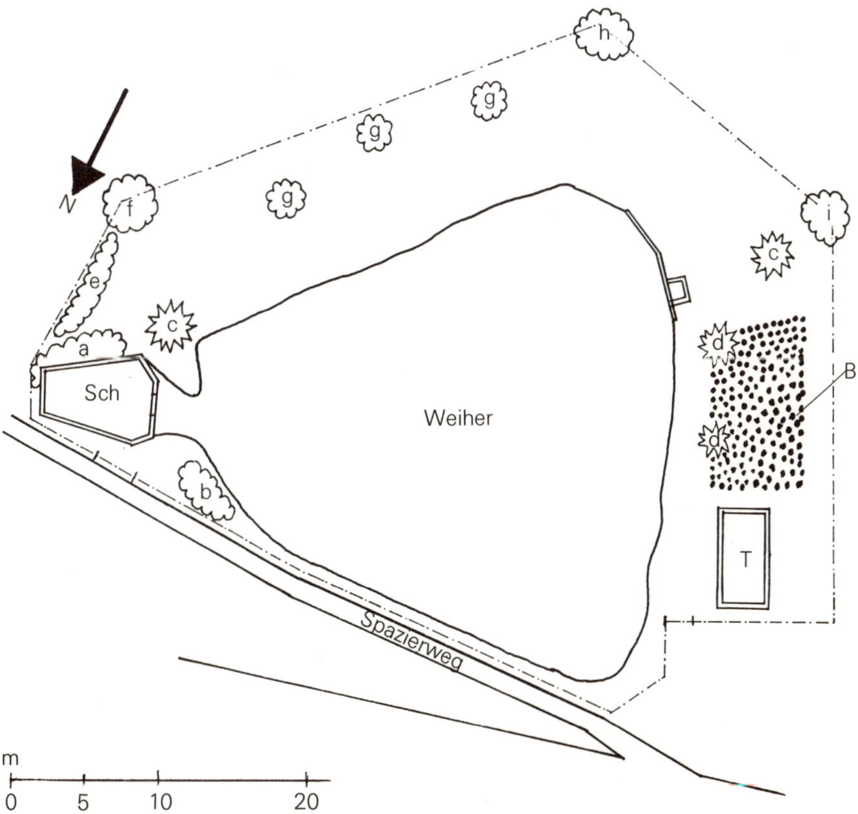

③ **Bepflanzungsplan Schulreservat «Haldenweiher», Zofingen** (nach Zimmerli; 6): Am Weihereinlauf sollen Reifweiden den gemauerten Schlammfänger möglichst verdecken; damit dieser gut entleert werden kann, ist die Strassenseite freigehalten und in der Umzäunung ein entsprechend grosses Tor eingeplant. Die beiden Fichtengruppen werden jedes Jahr zurückgeschnitten, so dass ein undurchdringliches, gut meterhohes Dickicht für buschbrütende Vögel entsteht. Die verschiedenen Horste setzen sich aus einheimischen Dorn- und Beerensträuchern zusammen, die ebenfalls - besonders am Anfang - stark zurückgeschnitten werden (Bilden von Seitentrieben, Nistquirlen, Dickicht); sie dienen als Niststätten und Futterpflanzen; zum Teil helfen sie mit, den Zaun zu verblenden (vgl. Anordnung). Diesen Zweck erfüllen auch die längs der Umzäunung gepflanzten Hundsrosen (Hagrosen; im Plan nicht eingetragen.). Abgesehen von den zwei Wacholdern soll die Blockhalde als Ödfläche vegetationsarm und nur einigen Schuttpflanzen vorbehalten bleiben, was alljährlich ein- bis zweimaliges Jäten erfordert. Die schon vorhandene natürliche Uferbestockung des Weihers (Grau- und Schwarzerlen, Haseln, Hagebuchen, Salweiden, Rote Hornsträucher usw.) ist auf dem Plan nicht eingezeichnet; sie musste zugunsten der Wasserpflanzen stark gelichtet werden.

④ **Bepflanzungsplan «Bützerberg», Sulz AG:** Das Reservat liegt an einem zum Teil recht steilen Hang im Jura. Die Wiesen wurden mit Mist gedüngt, zum Teil als Weide genutzt. Geplant ist das Ausmagernlassen des Bodens und das Schaffen von möglichst grossen Flächen Trockenrasen mit dem bekannten Blumenreichtum. Lockere Baumgruppen (Waldföhre, Wacholder, Mehlbeerbaum) sind u. a. als künftige Orchideenstandorte vorgesehen. Die artenreich zusammengesetzten Hecken entlang den Strassen schirmen das Gebiet ab; zudem ersparen sie im unteren Teil das an der Steilböschung sehr beschwerliche Mähen des Grases. Weiter oben ist die Mahd nötig, damit die vorgesehenen Trockenwiesen nicht verwalden. Das Rutschgebiet, das das Reservat durchzieht, bleibt weitgehend dem Walten der Natur überlassen; Teile davon sollen als Ödfläche vegetationsarm bleiben. Die vorhandenen lockeren Hecken, Kirsch-, Apfel- und Nussbäume werden vorläufig belassen, später - nach dem Aufkommen der Neupflanzungen - zum grossen Teil beseitigt. Allgemein richtet sich die Auswahl der Arten nach der Lage im Jura.
Weitere Hinweise über das Bepflanzen von Weihern findet der Leser unter 5.8!

4.7 Abgrenzung (Umfriedung, Kennzeichnung)

Jedermann sollte klar erkennen, wo unser Schulreservat beginnt und wo es aufhört. Dies ist für ein wirksames Überwachen und Betreuen nötig. Die Art der Abgrenzung richtet sich nach der Grösse des Schutzgebietes, der Nähe von Siedlungen und der Häufigkeit der auftretenden Schäden.

4 Bepflanzungsplan «Bützerberg», Sulz AG

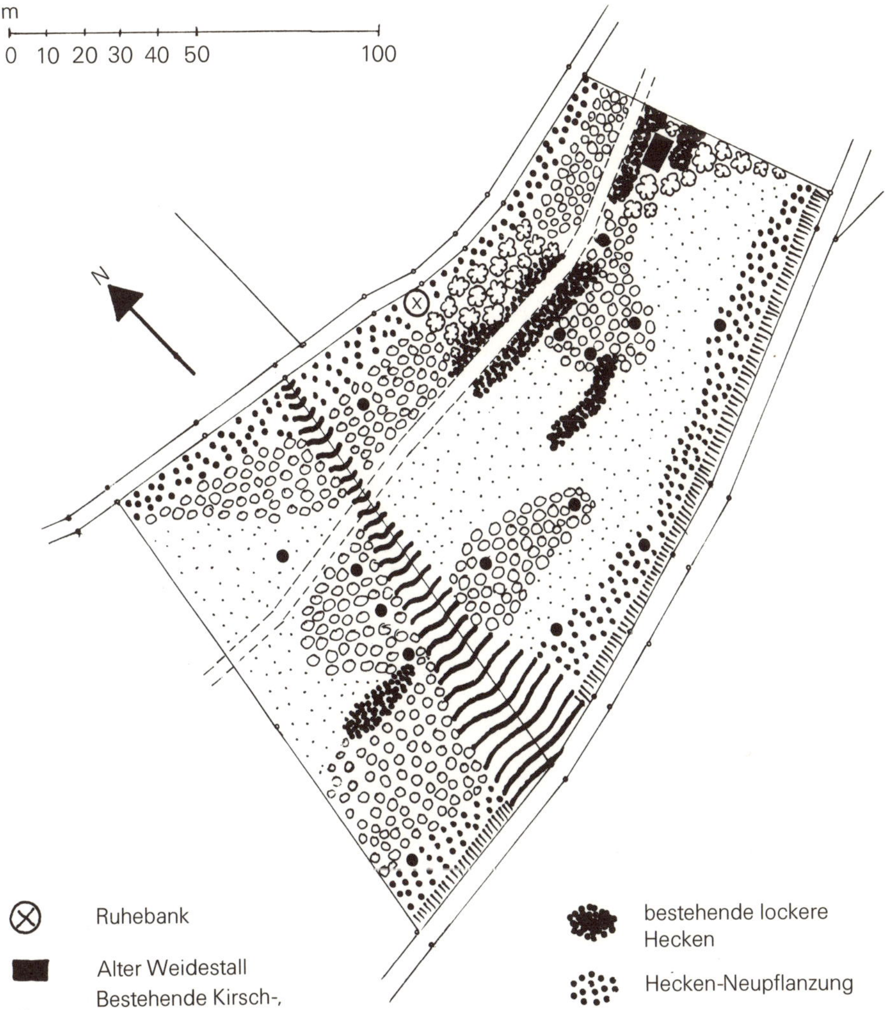

Ruhebank

Alter Weidestall

Bestehende Kirsch-, Apfel- und Nussbäume

Rutschgebiet (nicht bepflanzt)

steile Strassenböschung mit neuer Gehölzpflanzung

bestehende lockere Hecken

Hecken-Neupflanzung

Strauchwicke, Liguster, Weiss- und Schwarzdorn, Schneeball (beide Arten), Pfaffenhütchen, Heckenkirsche

Trockenwiese

vorwiegend Föhren und Wacholder (Neupflanzung)

Ahorn, Aspe, Mehlbeerbaum, Vogelbeerbaum, Hasel, Weissdorn (z.T. bestehend, z.T. Neupflanzung)

4.7.1 **Markierungspfähle:** Eingebürgert haben sich in der Schweiz rotweisse Jalons oder Pfähle, die in Abständen von 20 bis 50 Metern gut im Boden befestigt werden (allenfalls einbetonieren). Sind sie zu schwach oder zu wenig gut verankert, knicken jüngere und ältere Lausbuben sie um oder reissen sie aus. Versetzte Rohrstücke, gekennzeichnete Randbäume, Waldschneisen oder Wege können ein Reservat ebenfalls abgrenzen und die Markierungspfähle ergänzen bzw. ersetzen.

4.7.2 **Holzpfähle mit Spanndrähten:** Sie markieren das Reservat und bilden - zusammen mit Hinweis- und Verbotstafeln - eine «psychologische Schranke», die schon viele Leute vor dem Eindringen in das Schutzgebiet abhält. Wir raten davon ab, Stacheldraht zu verwenden (Verletzungen von Mensch und Wildtieren; Fragen der Haftung).

4.7.3 **Gehege aus Maschendraht:** Je nach der Maschenweite des Drahtgitters und der Höhe der Schranke halten wir Menschen, Hunde, Katzen und Kleinraubtiere fern. Vor dem Bau des Geheges sehen wir uns in Wildparks und zoologischen Gärten nach bewährten Lösungen um.

4.7.4 **Naturhecke:** Ein Lebhag, vorwiegend aus Dornsträuchern wie Weissdorn, Schwarzdorn, Wildrose und sperrigen Hagebuchen zusammengesetzt, in breitem Zickzack gepflanzt, bildet eine natürliche und undurchdringliche Schranke für Menschen und die meisten grösseren Tiere. Zudem schätzen ihn Kleinsäuger, Vögel, Reptilien, Amphibien, Insekten, Spinnen und Schnecken als willkommene Zufluchtsstätte. Ein Lebhag schützt das Reservat vor Strassenstaub, Lärm und anderen Immissionen. In manchen Fällen empfiehlt es sich, zuerst einen Zaun aus Maschendraht zu erstellen, der allmählich durch einen dichten heranwachsenden Gebüschmantel ersetzt wird.

4.7.5 **Wassergraben, Wall:** Wo genügend Grundwasser zur Verfügung steht, können wir das Schutzgebiet auf einer Seite oder ringsherum mit einem Wassergraben (Tiefe mindestens ein Meter, Breite mindestens zwei Meter) umgeben. Auf der Innenseite gepflanzte Dornsträucher verstärken die Schutzwirkung. Zudem kann ein aufgeschütteter Wall (vgl. Aushubmaterial) den Graben ergänzen oder an seine Stelle treten.

4.7.6 **Vor- und Nachteile einer Umfriedung**

Keine Umfriedung: Bei verhältnismässig ruhig gelegenen, grossflächigen Reservaten.

Vorteil: ästhetischere Lösung; uneingeschränkter Kontakt mit der Umgebung (Wild, Vögel).

Nachteil: erschwerte Überwachung und Betreuung; häufig Schäden.

Mit Umfriedung: Bei kleinen Reservaten in der Nähe von Siedlungen.

Vorteil: Schutz gegen Mensch und grössere Tiere; leichtere Überwachung und Betreuung.

Nachteil: Abkapselung gegen aussen; künstliche Schranken beeinträchtigen das natürliche Bild der Anlage.

4.8 Schutzeinrichtungen

Wir haben schon unter «Biotopgestaltung» (z. B. 4.5.4 Verstecke für Reptilien, Lurche und Kleinsäuger) und unter «Bepflanzung» (z.B. 4.6.8 Insektenpflanzen) darauf hingewiesen, wie wir mit gezielten Massnahmen gewisse Tierarten ansiedeln und fördern können. Weitere Ideen findet der Leser unter 4.9 (Einsetzen von Tieren), 5.12 (Weiher) und 6.4 (Lehrpfade). An dieser Stelle möchten wir vor allem die reichen Möglichkeiten streifen, die der Vogelschutz entwickelt hat:

Nistkästen aller Art; Nisthilfen für Freibrüter wie Aufschichten von Reisighaufen, Binden von Nisttaschen, Anbringen von Brutkörben für Wasservögel und Kunsthorsten für Greifvögel; Winterfütterungsgeräte für Singvögel, Spechte, Greifvögel und Eulen; Sitzkrücken für Greifvögel.

Wir verweisen grundsätzlich auf die einschlägige Literatur (7). Doch möchten wir nicht darauf verzichten, hier einige weniger bekannte Ideen zu propagieren.

4.8.1 **Brutröhren für Uferschwalbe und Eisvogel.** Beide Vogelarten graben ihre Brutröhren in von Lehm- oder Sandbändern durchzogenen Steilwänden. Wenn wir entlang von Gewässern oder in Gruben solche Steilpartien abgraben und von Vegetation freihalten, haben wir bereits etwas für den Schutz der beiden Arten getan. Noch besser ist es, wenn wir die Steilhänge befestigen (vgl. Skizze 5), die Brutröhren selbst vorgraben oder künstliche Brutröhren eingraben (vgl. die Masse auf Seite 46 und Skizze 6).

❺ **Verfestigte Steilwand mit Brutröhren nach Pauler (8):** Querschnitt durch die verfestigte Böschung. Die in der für Bruten günstigen Lehm-/Sandschicht eingelassenen Schalungssteine verhindern das natürliche Abflachen der Böschung während der Frostperiode. Ist die Lehm-/Sandschicht mindestens 30 cm hoch, können pro Laufmeter rund vier Uferschwalbenpaare angesiedelt werden. Eisvögel brüten nicht in Kolonien, unter Umständen aber ein einzelnes Paar zusammen mit Uferschwalben in derselben Wand. Um den Bruthöhlen ausreichend Schutz zu bieten, sollte die Höhe der Steilböschung von der Lehm-/Sandschicht weg nach unten zwei Meter oder mehr betragen. Die unmittelbare Nähe von Wasser ist nicht nötig.

❻ **Brutröhre mit Guckloch nach Cohen (9):** Aus Holz basteln wir nach den Massen auf Seite 46 künstliche Brutröhren, die wir an günstigen Stellen im obersten Bereich der Lehm-/Sandschicht (vgl. Skizze 5) eingraben. Die Höhe des Guckschachtes richtet sich nach der Mächtigkeit der Humusschicht. Die künstliche Brutröhre verschafft uns günstige Möglichkeiten zum Beobachten und Fotografieren. Der vordere Teil kann auch durch eine Tonröhre (Drainageröhre) von entsprechendem Durchmesser ersetzt werden.

	Länge	*Weite (elliptisch, evtl. rund)*	*Nestmulde (am Ende der Röhre, kugelig)*
Uferschwalbe	60–70 cm	4 x 3 cm	10 x 10 x 10 cm
Eisvogel	60–70 cm	6 x 5 cm	15 x 15 x 15 cm

Die Brutröhren müssen von vorn nach hinten leicht ansteigen, damit sich in der Nestmulde kein Wasser ansammelt.

4.8.2 ❼ **Nistkasten für Wasseramsel und Stelzen:** Diese Nisthilfen sollen vor allem am fliessenden Wasser angebracht werden. Nach Jost (10) schlagen wir hier zwei Typen vor:

Typ 1: zum Befestigen unter Brücken; Einflug von vorne; mit Dach und Rückwand: unter feuchten Brücken (A); ohne Dach und Rückwand: unter Betonbrücken (B)

Typ 2: zum Befestigen an freien Stellen an Mauern; Einflug von unten; Ansichten schräg von vorn (fehlende Dachbretter gestatten Einblick ins Innere; A); von der Seite (B); von unten (C).
Je nach der Breite des Baches oder Flusses ist ein Wasseramsel- oder Stelzenrevier eines Brutpaares mehr oder weniger lang; als Mindestabstand von Kasten zu Kasten schlagen wir 25 Meter vor.

4.8.3 **Schutz von Kleintieren** (Kleinsäugern, Reptilien, Amphibien):
Steinhaufen: Aus grobem, eckigem Material; innen Verstecke aus flachen, grossen Steinen; aussen kleinkörniges Material als Schutz; freie Zugänge (allenfalls Drainageröhren) führen ins Innere.

Reisighaufen: Innen und unten dickes, grobes, aussen und oben feineres Material; sperrige Äste vom Zurückschneiden der Bäume oder Hecken, die wir kreuz und quer übereinanderschichten. Oben und auf den Seiten verwenden wir schützende Äste mit Dornen (Schwarzdorn, Weissdorn, Brombeerranken).
Stein- und Reisighaufen müssen eine Mindestgrösse (Grundfläche rund 150 x 200 cm, Höhe 150 cm) aufweisen. Erst dann bauen Wiesel und Spitzmäuse darin ihre Nester, legt eine Ringelnatter ihre Eier ab oder suchen Geburtshelferkröten Unterschlupf. Gefällige Lösungen erhalten wir auch, wenn wir solche Anlagen – allenfalls durch Bruchsteinmäuerchen gestützt – in einen sonnigen Hang einbauen; dann werden sich vor allem Eidechsenarten einstellen.

4.8.4 **Schutz von Fledermäusen:** Der Bestand an Fledermäusen nimmt erschreckend ab. Wahrscheinlich setzt diesen interessanten Insektenjägern das überall in Gartenbau und Landwirtschaft verwendete Gift zu, indem es ihre Nahrungsgrundlage schmälert. Ferner gehen ihnen durch die moderne Bauweise die meisten Tageseinstände verloren, die sie in der Regel auch als Wochenstuben benötigen. Auf verschiedene Arten schaffen wir solche Quartiere:

5 **Verfestigte Steilwand mit Brutröhren**

(nach Pauler)

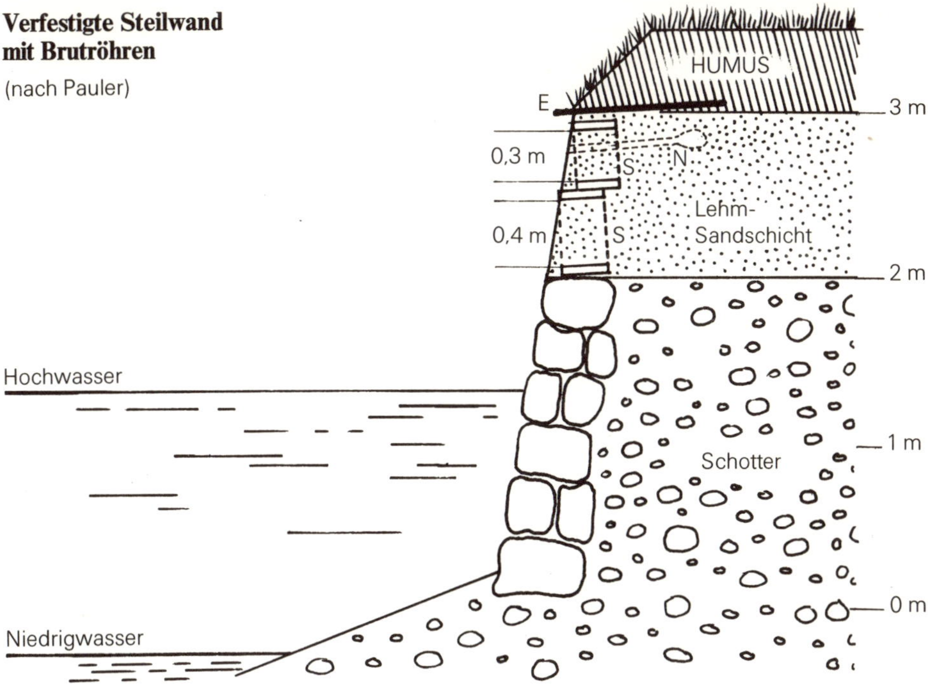

E Eternitplatte N Niströhre S Schalungssteine

6 **Brutröhre mit Guckloch**

(nach Cohen)

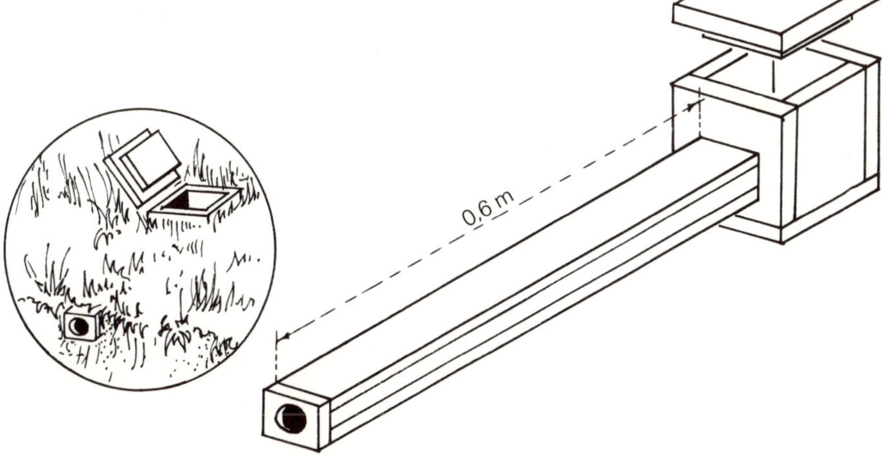

- Wir bauen nach Zimmerli (7f) Meisenkästen, deren Vorderwand wir verkehrt - Flugloch nach unten - einsetzen; oder - besser - spezielle Fledermauskästen (Baupläne beim SZU erhältlich; s. S. 10).
- Wir graben in geeigneten Böschungen geräumige Höhlen; gewinkelte Eingänge sorgen für das nötige Dämmerlicht. Allenfalls stützen wir die Decke etwas ab. Querbalken werden gerne als Aufhängevorrichtung angenommen.
- Wir reservieren den Estrich des Reservatszentrums (vgl. 4.11.2) als Fledermausstube, wo die Flattertiere Tag und Nacht freien Zugang haben und dunkle Winkel vorfinden.

4.8.5 **Raupenschutz:** Wir schützen die Raupen von seltenen und interessanten Schmetterlingsarten (vgl. 4.6.6) vor Vogelfrass und Befall von Schlupfwespen.

Kräuter: Wir stülpen über die Futterpflanze einen aus Fliegengitter geformten Hut oder einen mit Fliegengitter bespannten, bodenlosen Käfig.

Gehölze: Wir binden befallene Äste locker mit Gazestoff ein.
Selbstverständlich müssen wir die Raupenkolonien fleissig kontrollieren und sie periodisch umsiedeln, wenn sie den Futtervorrat aufgezehrt haben.

4.9 Einsetzen von Tieren (vgl. auch 5.9 Weiher)

Viele einheimische Tiere, die wir im Schulreservat beobachten möchten, werden sich von selbst einstellen. Im allgemeinen sind wir mit dem Einsetzen von Tieren zurückhaltend. Da diese direkt oder indirekt die Vegetation belasten, warten wir vorerst zu, bis sich unsere Anpflanzungen gut entwickelt haben. Die nachstehenden - unvollständigen - Listen enthalten Tiere, die die unter 4.5 beschriebenen Biotope besiedeln. Sollten einige Arten ausbleiben, überlegen wir, ob und wie wir sie ansiedeln könnten. Wir informieren uns anhand der Literatur (11) und in Gesprächen mit Sachverständigen über Ansprüche und Vorkommen der einzelnen Arten. Ferner beachten wir wie beim Bepflanzen die Schutzbestimmungen im Bundesgesetz über Natur- und Heimatschutz sowie im Bundesgesetz über Jagd- und Vogelschutz (12), weiter die recht abweichenden zusätzlichen kantonalen Bestimmungen. Wenn nötig, setzen wir uns mit der kantonalen Fachstelle für Naturschutz oder der kantonalen Jagd- und Fischereiverwaltung in Verbindung. Vögel werden sich - soweit es die Umstände gestatten - selbst einfinden. Das Aussetzen ausgestorbener oder bedrohter Arten wie Sumpfschildkröte, Biber, Fischotter überlassen wir Naturschutzfachleuten. In den folgenden Listen erwähnen wir keine «Problemarten», das heisst keine, die sich gerne übervermehren oder übermässigen Schaden stiften (vgl. Mäuse, Ratten, Sonnenbarsch, Katzenwels usw.).

❼ Nistkasten für Wasseramsel und Stelzen

(nach Jost)

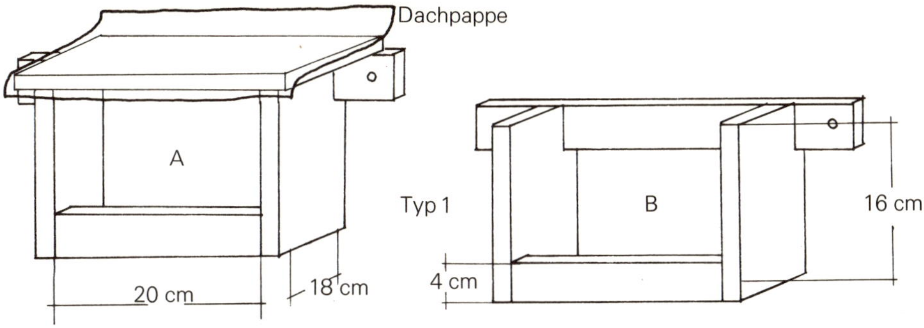

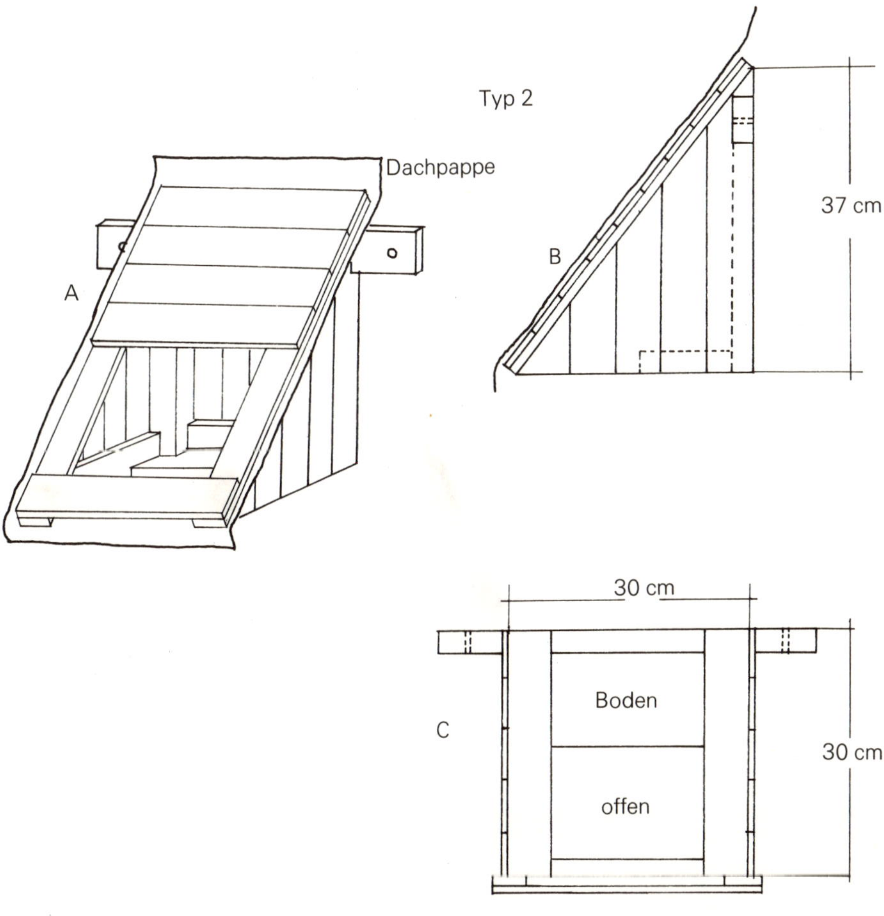

4.9.1 **Tiere der Nass- und Feuchtbiotope** (vgl. Tafeln VII–IX, S. 208–210)

Niedere Tiere: Süsswasserpolyp, Süsswasserschwamm, Wasseregel, Strudelwürmer, Kleinkrebse, Flusskrebs, Wasserassel, Wasserspinne, Wassermilben, Stein- oder Uferfliegen, Eintagsfliegen, Wasserwanzen, Wasserkäfer, Libellen, Mücken, Echte Fliegen, Schlammfliegen, Köcherfliegen, Süsswassermuscheln, Süsswasserschnecken.

Fische (Achtung auf Fischereibestimmungen!): Bachforelle, Karpfen, Blicke, Schleie, Bitterling, Elritze, Rotauge, Rotfeder, Stichling, Hecht.

Amphibien: Kamm-, Berg-, Faden- und Teichmolch; Feuersalamander; Laubfrosch, Wasserfrosch.

Reptilien: Ringelnatter, Vipernatter, Würfelnatter, Bergeidechse.

Säuger: Wasserspitzmaus, Iltis.

4.9.2 **Tiere der Trockenwiesen und Blockhalden** (vgl. Tafel X, S. 211)

Niedere Tiere: Blattwanzen, Schmetterlinge, Käfer, Schmetterlingshaft, Schnarrheuschrecken, Feldgrille, Ameisen, Bienen und Wespen, Spinnen.

Reptilien: Mauer-, Zaun- und Smaragdeidechse, Schlingnatter.

4.9.3 **Tiere der Kiesgruben, Steinbrüche, Steinhaufen, Höhlen, Kies- und Sandflächen** (vgl. Tafel XI, S. 212)

Niedere Tiere: Wie 4.9.2, dazu Ameisenlöwe, Sandläufer, Grabwespen, Erdspinnen.

Amphibien: Gelbbauchunke, Geburtshelferkröte, Kreuzkröte.

Reptilien: wie 4.9.2, dazu Blindschleiche.

Säuger: Grosses Wiesel, Spitzmäuse, Fledermäuse.

4.9.4 **Tiere der Hecken und Feldgehölze** (vgl. Tafel XII, S. 213)

Niedere Tiere: Blattwanzen, Fliegen, Schmetterlinge, Laubheuschrecken, Käfer, Spinnen, Schnecken.

Amphibien: Grasfrosch, Erdkröte.

Reptilien: Zauneidechse, Smaragdeidechse, Blindschleiche, Schlingnatter.

Säuger: Igel, Feldspitzmaus, Grosses Wiesel, Mauswiesel, Haselmaus, Gartenschläfer, Siebenschläfer.

Oben links: Der Zaunkönig brütet in dichtem Gebüsch oder unter überhängenden Böschungen, selten sogar in Halbhöhlen

Oben rechts: Die Wasseramsel baut ihr Nest in allerlei Nischen (in Ufermauern, unter Brücken, an Stauwehren usw.); mit Spezial-Nistkasten helfen wir der Taucherin, eine sichere Wohnung zu finden

Unten: Die Blindschleiche bewohnt Hecken, Waldränder, Wegborde usw.; gerne nimmt sie Steinhaufen als Unterschlupf an

4.9.5 **Haustiere:** In der Regel sollen nur einheimische Wildtiere unser Reservat bevölkern. Ist dieses aber sehr gross und haben die Schulkinder – zum Beispiel in städtischen Verhältnissen – wenig Gelegenheit, Tiere zu halten oder mit Tieren in Kontakt zu kommen, können wir ein von der übrigen Anlage deutlich abgegrenztes Stück Land für Haustiere aussparen, die wir in gut abgeschlossenen Gehegen mit Ställen und Käfigen pflegen. Es kommen vor allem in Frage: Zierenten, Zwerghühner, Zwergwachteln, exotische Singvögel, Goldhamster, Meerschweinchen, Kaninchen, Zwergziegen, Schafe, Ponys. Die Fachliteratur (13) gibt Auskunft, wie diese Tiere richtig zu halten sind. Bedenken wir aber, dass sich auf zu knappem Raum (vgl. Störungen!) zwei Ziele, die beide erstrebenswert sind, nämlich das Beobachten der heimischen Natur und die Pflege von Haustieren, nicht vereinigen lassen. Wir trachten eher darnach, Schulreservat und Schul-Tierfarm räumlich zu trennen.

4.10 Beobachtungshilfen (vgl. auch 5.12 und 6.4)

Im Schulreservat soll beobachtet und experimentiert werden. An günstigen Orten erstellte Einrichtungen erleichtern uns das Erforschen der Natur. Manche der nachstehend erwähnten Beobachtungshilfen gehören aber nur in recht geräumige Schutzgebiete, deren Gesamtaspekt sie nicht beeinträchtigen dürfen. Bei Platzmangel und engen Verhältnissen wollen wir auf sie verzichten!

4.10.1 **Wetterstation** (erhältlich im Handel): Sie ermöglicht uns, Lufttemperatur, Luftdruck, Luftfeuchtigkeit, Windstärke und Windrichtung in regelmässigen zeitlichen Abständen zu ermitteln. Diese Angaben spielen im Zusammenhang mit feldbiologischen Beobachtungen oft eine wichtige Rolle. Wir empfehlen, für das Beschaffen und das richtige Aufstellen der Instrumente einen Berufsmeteorologen beizuziehen.

4.10.2 **Versuchsgarten:** In einem am Rand des Reservates gelegenen Wiesenstück legen wir ein paar Beete an, wo wir Pflanzversuche (Keimen, Wachsen, Einwirken des Düngens, Kreuzungen usw.) anstellen oder interessante Arten für spätere blütenbiologische Untersuchungen ansäen. Diese Anlage darf aber nicht zu einem Gemüsegarten ausarten! Ein solcher gehört an einen anderen Platz.

4.10.3 **Der Steingarten:** An einem sonnigen Hang errichten wir mit Steinplatten und Trockenmäuerchen einen Steingarten für Pflanzen aus dem Jura und den Alpen. Wir achten auf die Bodenansprüche der einzelnen Arten und auf die Schutzbestimmungen!

4.10.4 **Das Torfbeet:** In einer Mulde führen wir Torf auf und sorgen für die nötige Feuchtigkeit (bei Hochmoorpflanzen nur Regenwasser verwenden!). Je nach unseren Plänen besorgen wir den Torf selber aus einem Flach- oder Hochmoor (vgl. Übersicht unter 4.6.2), um den richtigen Untergrund zu erhalten. Nun pflanzen wir die standortgemässen Arten ein. Achtung auf die Pflanzenschutzbestimmungen!

4.10.5 **Das Arboretum:** In einer günstigen Ecke des Reservates gestalten wir auf engem Raum eine Ausstellung lebender einheimischer Gehölze, die wir mit Schildern beschriften. Das Nebeneinander der verschiedenen Arten gestattet eine Reihe interessanter Vergleiche (Artenkenntnis, Wuchsform, Rinde, Blätter, Blüten, Früchte).

4.10.6 **Das Freilandterrarium:** Es leistet uns beim Beobachten von Fischen, Amphibien, Reptilien und Kleinsäugern gute Dienste. Im Sommer können wir es auch mit ausländischen Tieren (z. B. Land- und Wasserschildkröten) besetzen; für wärmeliebende Reptilien bildet eine Infrarot-Anlage während kühler Tage unschätzbare Vorteile. Wir decken das Terrarium gegen räuberische Katzen oder Krähen am besten mit von Maschendraht bespannten Bahnen ab. Als Beispiel folgt hier der Plan der Freilandanlage im Schulreservat «Haldenweiher» in Zofingen. Je nach den lokalen Verhältnissen und Wünschen können die Grösse, die Art der Umrandung, die Fläche des Landteiles im Verhältnis zur Fläche des Wasserteiles geändert werden. Weitere Hinweise finden sich in der Literatur (14).

8 Freilandterrarium Haldenweiher, Zofingen

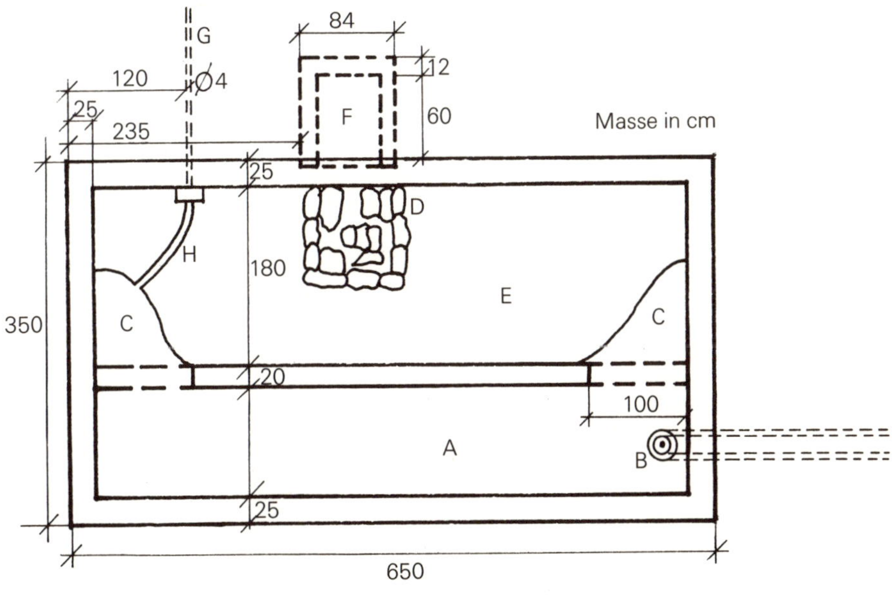

Legende zum Grundriss

A = Wasserteil
B = Überlaufsiphon, Entleerungsstöpsel
C = Seichtwasserbucht
D = Sommerversteck
E = Landteil
F = Winterquartier
G = Wasserzufuhr vom Hauptweiher
H = Trinkrinne, zugleich Zuleitung zum Wasserteil

❽ **Freilandterrarium «Haldenweiher», Zofingen** (nach Zimmerli; 6): An sonniger Lage wird im Abschlussdamm des Weihers der Aushub vorgenommen. Es entstehen Fundament und Umfassungsmauern. Letztere – aus armiertem Beton – sind verhältnismässig hoch, weil sie das Entweichen der künftigen Insassen, zum Teil gute Kletterer wie Schlangen und Eidechsen, verhindern müssen. Sie fallen senkrecht ab und tragen an den Innenwänden einen Feinverputz, der mit etwas angezogenem Zement und Spachtel abgeglättet worden ist. Der obere Innenrand springt 4 cm vor; auf seine Unterseite kleben wir mit Spezialleim Glasplatten, deren glatte Fläche für geschickte Ausreisser ein weiteres Hindernis bildet. Der Innenraum des Terrariums gliedert sich in einen bergseitigen Landteil (für Landschildkröten, Eidechsen, Schlangen, Amphibien, Kleinsäuger) und einen talseitigen Wasserteil (für Wasserschildkröten, Molche, schwanzlose Lurche, Wasserschlangen, Fische). Die Tiefe dieses Bassins nimmt von rund 80 cm auf rund 100 cm gegen den Ablauf hin zu; der Boden wölbt sich in der Mitte schalenförmig nach unten. Ein kleines, aus dem Hauptweiher zugeleitetes Rinnsal ersetzt das verdunstete Wasser und sorgt für eine gewisse Erneuerung. (Abstellhahnen im Hauptweiher beim Einflussrohr, Überlaufsiphon und Entleerungsstöpsel im Bassin; ein Drahtkreuz am Anfang des Einflussrohres setzt die Wahrscheinlichkeit von Verstopfungen herab.) Zwei seichte, langsam ansteigende Buchten auf den Seiten ermöglichen es den Schwimmern, mühelos zu landen; grobe auf den noch nassen Beton gestreute Kiesel rauhen hier die Sohle auf. Im Damm hinter der rückwärtigen Mauer liegt das etwa 50 cm hohe Winterquartier; es ist frostsicher und nur vom Innenraum des Terrariums aus zugänglich. In einer dicken Lage Torfmull und Laub können sich im Herbst die wechselwarmen Tiere verkriechen. Eine gute Isolation hält die Kälte fern; ein Boden aus durchlässigem Beton leitet eindringendes Wasser ab. Ein Grossteil des Bodens (Landteil) erhält eine Sand-, Splitt- und Kiesaufschüttung (warme trockene Unterlage besonders für Reptilien). Vor dem Winterquartier bauen wir aus Bruchsteinen ein lockeres Sommerversteck. Eine widerstandsfähige Vegetation (Zwergkonifere, Zwergwacholder, Cotoneaster, Fettkräuter), unregelmässig verteilte grosse Steine und knorrige Baumäste bewirken ein natürliches Bild und bieten zugleich den Bewohnern Unterschlupf- sowie Klettermöglichkeiten.

4.10.7 ❾ **Der Beobachtungsunterstand:** An einer günstigen Stelle – in einer Kiesgrube, gegenüber einer Vogeltränke, an einem grösseren Weiher, bei einer Futterstelle für Wild oder Vögel (vgl. 6.4) – bauen wir je nach den Verhältnissen einen grösseren oder kleineren Beobachtungsstand. Ein bewährtes Versteck schlägt Taunton (15) vor: Je nach Ansprüchen (Zahl der aufzunehmenden Personen, Gesamtgrösse des Versteckes, Verfügbarkeit von Material) ändern wir die angegebenen Masse ab. Der Fussboden des Versteckes sollte mindestens 75 cm über Grund liegen; wir bestimmen die optimale Höhe, indem wir uns vergewissern, von welchem Niveau aus wir den besten Einblick in den Beobachtungsort haben. Der Zugang (Treppe, Türe) führt von der abgewandten Seite her zum Unterstand. Unter den Beobachtungs-

9 Der Beobachtungsunterstand

(festes Versteck aus Holz nach Taunton)

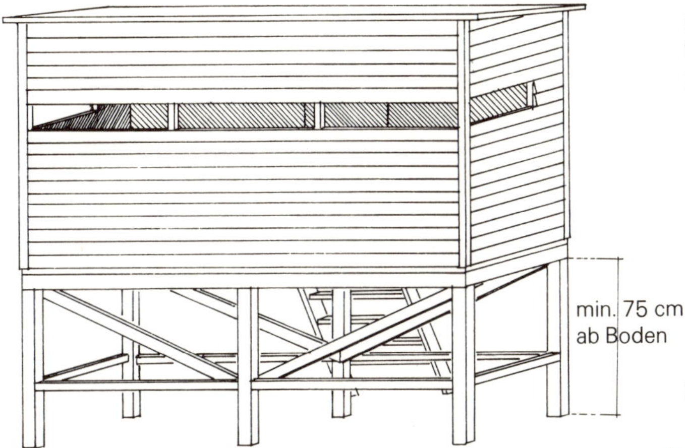

Querschnitt durch
Verschlussklappe
Massstab 1:10

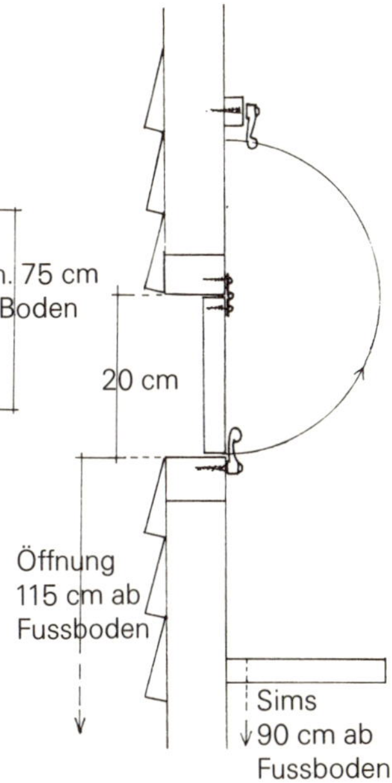

Grundriss Fussboden: Balken (10 cm x 5 cm), Bretter

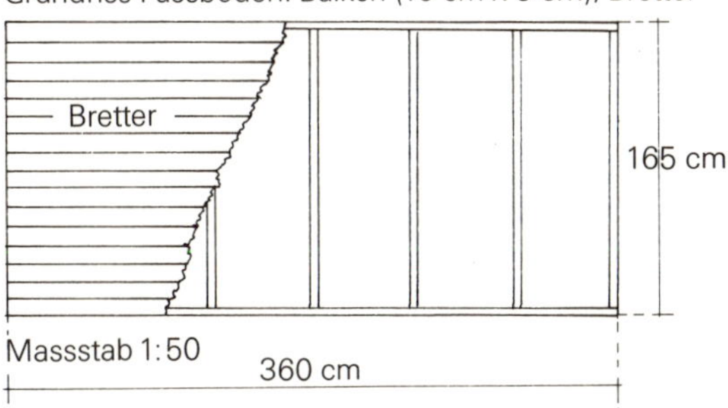

Dach aus
Brettern mit Dachpappe,
Wellblech oder Eternit

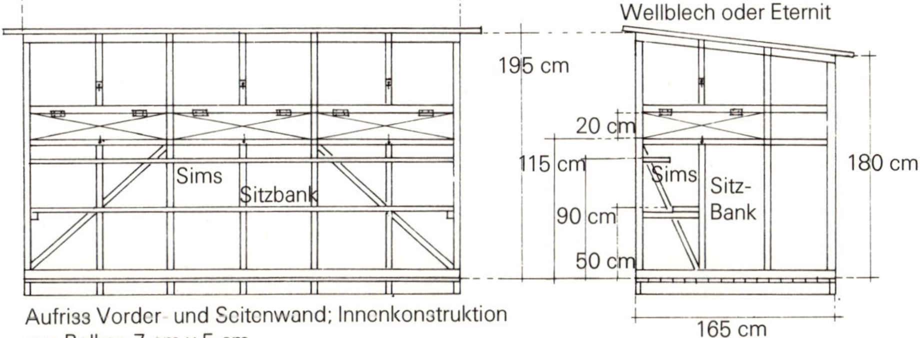

Aufriss Vorder- und Seitenwand; Innenkonstruktion aus Balken 7 cm x 5 cm

schlitzen sind Sitzbänke und Simse zum Aufstützen der Ellbogen (vgl. Beobachten mit Ferngläsern) angebracht. Schliessklappen verhindern bei Nichtgebrauch des Versteckes das Eindringen von Wasser; zudem bewirken sie, dass die Türe geöffnet werden kann, ohne dass die zu beobachtenden Tiere die Umrisse der eintretenden Menschen gegen das Licht wahrnehmen. Das Eternit- oder Wellblechdach ruht auf einer Unterlage von Brettern. Wir können anstelle von Holz auch für die Wände Eternit- oder Wellblechplatten, für das Gerüst allenfalls Metallstangen verwenden. Je nach Bedarf tarnen wir den Zugang zum Versteck mit Gebüschen oder Schilfmatten. Solche Unterstände schützen uns vor der Unbill der Witterung, bringen uns nahe an die Tiere heran und verschaffen uns sehr gute Möglichkeiten zum Beobachten und Fotografieren.

4.10.8 ⑩ **Kombination Futterhaus-Beobachtungsunterstand:** Wir erstellen nach Kirschner (16) das einst allbekannte Grosse Hessische Futterhaus. Gut geschützt können hier im Winter Vögel das ausgelegte Futter (Körner, Fett, getrocknete Beeren usw.) verzehren (vgl. auch 6.4.2). Zeitig im Frühling verkleiden wir die Wände des Häuschens mit bereitgestellten Hartfaserplatten. Auf diese nageln wir aussen einige Nistkästen, deren Rückwand aus einer abnehmbaren Glasscheibe besteht. In der Hartfaserplatte sägen wir ein entsprechendes Rechteck heraus. Eine einfache Türe führt ins Innere. Von hier aus können wir prächtig die brütenden und fütternden Nistkastenbewohner belauschen, die die ruhig im Dunkeln sitzenden Beobachter gar nicht wahrnehmen. Die meisten Arten nehmen es uns nicht einmal übel, wenn wir sie mit Blitzlicht fotografieren. Als weitere Bewohner der Nistkästen stellen sich vielleicht einmal Wespen, Siebenschläfer oder Fledermäuse (vgl. 4.8.4) ein. Im Oktober entfernen wir die Hartfaserplatten wieder, reinigen die Nistkästen und stellen alles für das nächste Jahr an einem geschützten Ort bereit.

4.11 Aufklärung/Lehrhilfen (vgl. auch 6.7)

Unter 4.7 haben wir schon darauf hingewiesen, dass die Grenzen eines Schutzgebietes gut sichtbar markiert sein müssen. Darüber hinaus sollten wir die Allgemeinheit über unsere Tätigkeit und Ziele aufklären. Wieweit wir das im Reservat selbst tun, hängt wieder einmal von dessen Grösse ab. Kleinere Flächen wollen wir nicht mit einem Tafelwald und Dutzenden von Hilfseinrichtungen bestücken. Auf grösseren Arealen hingegen nutzen wir die Möglichkeit, in dieser Richtung etwas zu wirken.

4.11.1 **Tafeln, Schilder:** Aufgestellte Tafeln mit der Aufschrift «Schulreservat» machen mit der Zweckbestimmung des Geländes bekannt. Tafeln und Aufhängevorrichtung (Stangen, Pfähle) müssen massiv sein (am besten Metall, allenfalls auf Hartholz geschraubte Hartplastiktafeln), sonst geben die stets wieder auftretenden Beschädigungen zu wiederholtem Ärger Anlass. Andere Tafeln weisen auf Gebote und Verbote oder auf interessante Tier- und Pflanzenvorkommen hin. Allenfalls beschriften wir längs dem Weg, der dem Reservat entlang führt, mit Schildern aus Metall, Hartplastik oder Email verschiedene Gehölze.

⑩ **Kombination Futterhaus-Beobachtungsunterstand** (nach Kirschner)

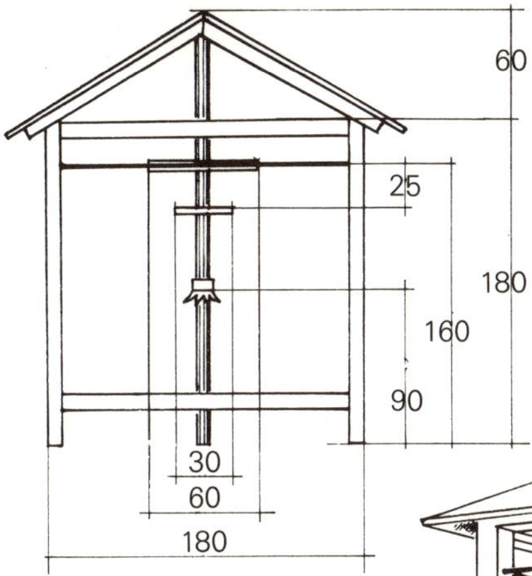

Masse in cm

Winter:
Futterstelle
für Wintergäste

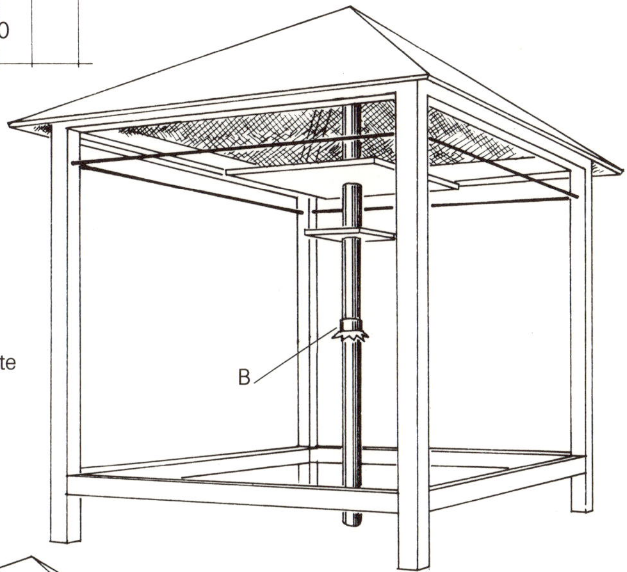

B = Gezackte Blechmanschette (Abwehr von Katzen und Mardern)

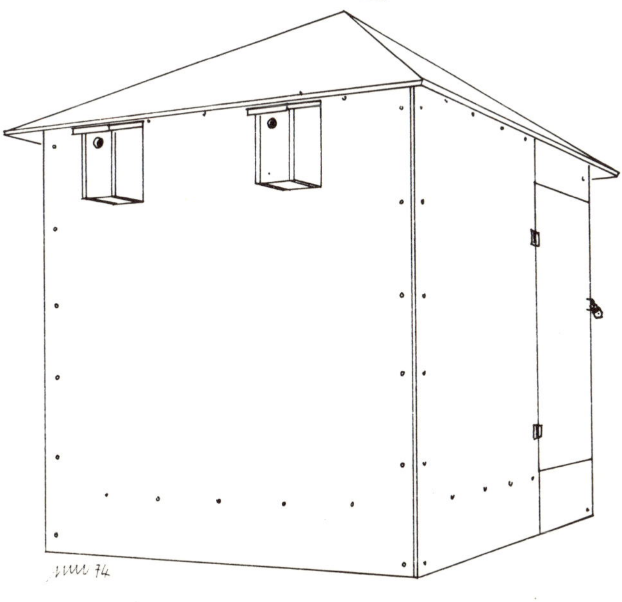

Sommer:
Möglichkeit für Brutbeobachtungen am Nistkasten; Aufbewahren von Messgeräten und Werkzeug

4.11.2 **Das Reservatszentrum:** In grösseren Reservaten - ab 15 Aren Fläche - können Reservatszentren vorgesehen werden, die verschiedene Möglichkeiten bieten:
- Gelegenheit, verschiedenes Material an Ort und Stelle zur Verfügung zu halten (vgl. Fanggeräte, Werkzeuge, Behälter usw.).
- Gelegenheit, in Schaukästen (an Aussenwänden angebracht) die Bevölkerung und Reservatsbesucher über verschiedene Belange zu orientieren (vgl. Zweckbestimmung des Reservates, Besucherordnung, Sehenswürdigkeiten, Resultate von Untersuchungen, laufende Versuche, Hinweise auf allgemeine Natur- und Umweltschutzprobleme).
- Gelegenheit, bei überraschenden Regengüssen unter Dach zu gehen.

⓫ **Kleines Reservatszentrum:** Jede der sechs Seiten trägt einen abschliessbaren Schaukasten (Metallrahmen, Sicherheitsglas, 100 x 140 cm). Es sind folgende Themen vorgesehen:
1 Plan des hier startenden Naturlehrpfades
2 Übersicht Schulreservat (Plan, Sehenswürdigkeiten)
3 Geschützte Reptilien und Amphibien (Bilder, Text)
4 Geschützte Pflanzen (Bilder, Text)
5 Vögel der Umgebung (Bilder, Text)
6 Naturschutzprobleme (Abfall, Gewässerverschmutzung, richtiges Verhalten in der Natur, Naturschutzorganisationen und ihre Tätigkeiten).

Die Themen 3 bis 6 werden periodisch ausgewechselt bzw. neu dokumentiert oder ersetzt. Eine der sechs Seitenwände ist zugleich Türe (Schloss im Schaukasten), die Zugang zum Innenraum (Geräteschuppen) verschafft. Das vorspringende Dach schützt Besucher vor Regen, die Schaukästen vor zu starker Sonnenbestrahlung. Die unteren Ecken der Träger sind mit denen des Daches durch eine Trennwand verbunden (Trennung der sechs Kojen; Sicht- und Lärmschutz bei Anwesenheit von Besuchergruppen).
Dieses Reservatszentrum war für das Schutzgebiet «Haldenweiher» in Zofingen geplant, aber wegen Knappheit der Geldmittel nicht ausgeführt worden. Dafür steht heute am Rande der Anlage - am Ausgangspunkt des nahen Vita-Parcours - ein Umkleidehäuschen, dessen einer Teil als Geräteraum für die Reservatsbetreuung dient.
In Verbindung mit dem Reservatszentrum können wir einige Sitzgelegenheiten (Ruhebänke), eine Picknick-Ecke schaffen. Vergessen wir dann nicht, auch Abfallbehälter anzubringen, die regelmässig geleert werden müssen!
In grossen Reservaten - ab 200 Aren Fläche - könnte die Idee eines «Field-Centre» verwirklicht werden. Solche Reservatszentren, in denen Schulklassen, Jugendgruppen, Teilnehmer von Volkshochschulkursen naturkundliche Weekends oder Studienwochen verbringen, gibt es vor allem in Grossbritannien und in den USA. Die Gebäude enthalten Schlafstätten, Aufenthaltsräume, Küche, Toiletten, Labors, Schul- und Vortragsräume, Bibliothek, Sammlungen, Ausstellungen usw. (vgl. Kantonales Naturlehrgebiet «Buchwald», Ettiswil, 4.5.6).

⓫ Kleines Reservatszentrum

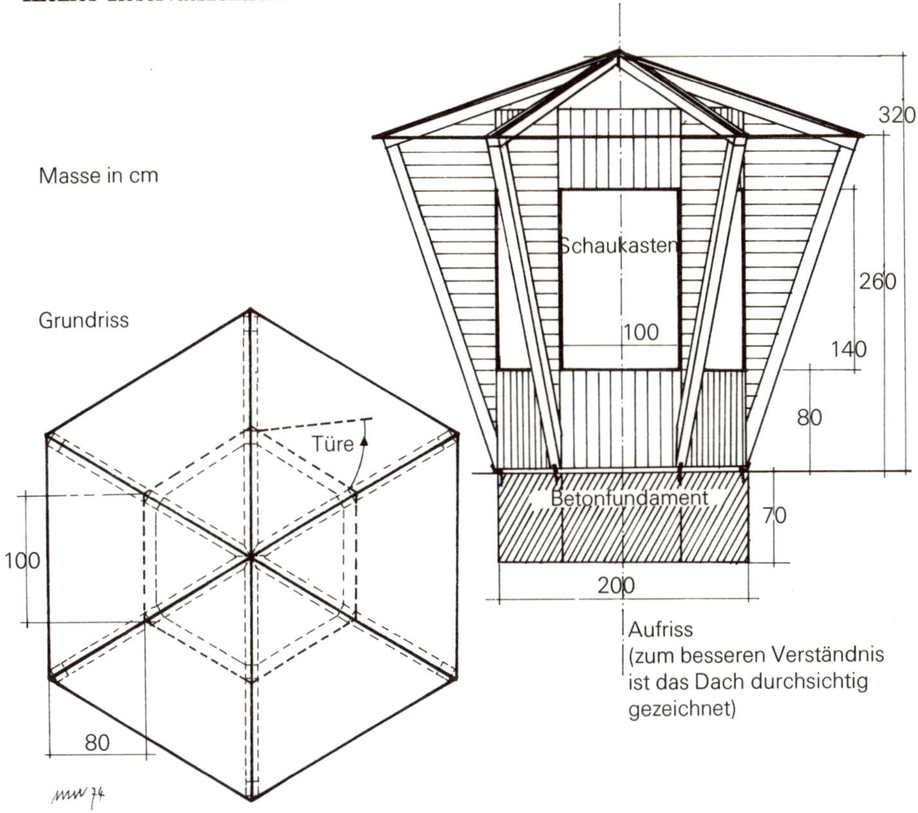

⓬ Schneiden von Nistquirlen

(nach Pfeifer)

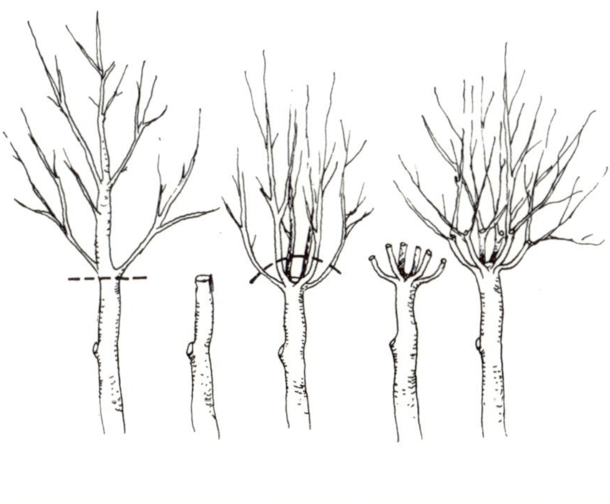

4.11.3 **Prospekt, Führer** (vgl. auch 6.7.5). Statt mit Tafeln oder Schaukästen orientieren wir die Reservatsbesucher mit einer Broschüre. Deren Grösse und Ausstattung (Zeichnungen, Fotos, Farben) richten sich nach der Bedeutung des Schutzgebietes und nach den finanziellen Möglichkeiten. Wir können schon auf einem einfachen vierseitigen Faltprospekt, den wir auf dem Umdrucker der Schule vervielfältigen, wichtige Informationen vermitteln. Je nach dem zur Verfügung stehenden Raum halten wir fest:

- Besonderheiten des Reservates (Lage, Grösse, Entstehungsgeschichte, Besitzer, Schutzträger)
- Übersichtsplan mit den vorhandenen Einrichtungen
- Besucherordnung, Adresse des Betreuers
- Schutzziele, Schutzverordnung
- Vorkommende Pflanzen (allenfalls mit Bildern)
- Vorkommende Tiere (allenfalls mit Bildern)
- Resultate von Untersuchungen, laufende Projekte, Betreuungsprobleme
- Aufforderung zur Naturschutzarbeit (Spenden für Reservatsunterhalt, Beitritt zu lokalen, kantonalen oder schweizerischen Natur- und Umweltschutzorganisationen).

4.11.4 **Arbeitsblätter** (vgl. auch 6.8.3). Wir bereiten Arbeitsblätter vor, auf denen die Schüler die im Reservat an Pflanzen und Tieren gemachten Beobachtungen eintragen (Erkennen von Arten anhand von Abbildungen, Skizzen ergänzen, Zeichnungen ausmalen, Fragen beantworten, Tabellen ausfüllen usw.). Wir geben die Lehrhilfen durch eine zentrale Stelle (z. B. Rektorat, Ortspolizei, Forstverwaltung) heraus. Vgl. weiter 7.2.2!

4.11.5 **Lehrpfade:** Schon in Schutzgebieten von mittlerer Grösse bilden permanente Lehrpfade für Schüler aller Stufen eine wertvolle Unterrichtshilfe. Weiteres über dieses Thema siehe unter 6!

4.12 Unterricht im Schulreservat

Unter 3.5 haben wir bereits die grundsätzlichen Möglichkeiten für Arbeitsprojekte im Schulreservat erörtert. An dieser Stelle führen wir einige praktische Beispiele auf, ohne sie bis ins Detail darzustellen. Wer zusätzliche Anleitung und Anregung sucht, greife zur einschlägigen Literatur (17)!

4.12.1 **Gestaltungsarbeiten**

- Ausmessen des Geländes, Erstellen von Planunterlagen
- Entwerfen von Gestaltungsplänen (vgl. 4.5 und 4.6.10)
- Mithilfe bei Gestaltungsarbeiten wie Jäten, Lichten, Roden, Erdarbeiten, Aufführen von Material, Aufschichten von Steinen oder Ästen, Bepflanzen (vgl. 4.5 und 4.6)
- Mithilfe beim Beschaffen von Pflanzen und Tieren (vgl. 4.6 und 4.9)
- Mithilfe beim Planen und Erstellen von Schutzeinrichtungen (4.8), Beobachtungs- (4.10) und Lehrhilfen (4.11).

4.12.2 **Betreuungsarbeiten**

- Jäten von Blockhalden und Ödflächen
- Umgraben oder Umpflügen von Flächen für die Neubesiedlung durch Pionierpflanzen
- Schnitt von Trockenwiesen im September/Oktober
- Auslichten von überhandnehmenden Pflanzenbeständen (z. B. Goldruten, Brennesseln, Brombeeren)
- Zurückschneiden von Bäumen und Büschen
- Schneiden von Nistquirlen.

⓬ **Schneiden von Nistquirlen nach Pfeifer** (7e): Viele Gehölze bilden von selbst reichlich Nistquirle. Andere können wir durch besonderen Schnitt dazu anregen: Wir stutzen Mittel- und Seitentriebe über den am Übergang vom ein- zum zweijährigen Trieb sitzenden «schlafenden Augen» (Knospen). Wenn diese austreiben, entsteht eine geeignete Nestunterlage für Freibrüter.

- Reinigen von Einläufen/Ausläufen (z. B. bei Teichen), von Wassergräben
- Ausheben von Gräben, von verlandeten Tümpeln
- Abgraben von Faulschlamm in Weihern und Teichen
- Entfernen der Algendecke auf stehenden Gewässern
- Abschöpfen von Wasserlinsenteppichen auf stehenden Gewässern
- Überwachen des Wasserstandes von stehenden Gewässern, Bedienung von Schleusen und Schiebern
- Zusammenlesen von Abfällen, Entrümpelungen
- Bewachen von Vogelbruten, Tiervorkommen
- Anbringen von Schutzeinrichtungen gegen Katzen, Marder und andere Nesträuber nach Zimmerli (5c)
- Übernahme von Bewachungsaufgaben wie Aufsicht an schulfreien Nachmittagen, an Wochenenden
- Nistkastenreinigen und -instandstellen im Oktober/November
- Fütterung von Tieren (Winterfütterung, Freilandterrarium, Gehege), Betreuung von Tieren (Ausmisten usw.).

4.12.3 **Beobachtungen** (Messungen, Zählungen, Phänologie)

- Messungen von Lichtintensität, Temperatur, Luftfeuchtigkeit, Luftdruck, Windstärke, Windrichtung
- Höhe verschiedener Exemplare der gleichen Pflanzenart an verschiedenen Standorten
- Bestimmen von Baumhöhen
- Blüh- und Fruchtkalender von Kräutern, von Gehölzen
- Herbstfärbung der Blätter
- Blütenbesucher verschiedener Pflanzen
- Wachstum und Zahl der Häutungen bei Raupen
- Kartierung der Blattlauskolonien (oder der Standorte anderer Tierarten) und Feststellen der Feinde
- Flugzeiten verschiedener Insektenarten
- Tauchzeiten und Tauchtiefen von Wasserinsekten, von Molchen

- Singhäufigkeit von Singvögeln
- Fütterungsfrequenzen von Höhlen- und Freibrütern
- Eintragen der Niststellen und der Singwarten verschiedener Vogelarten auf dem Reservatsplan
- Zeitlicher und mengenmässiger Verlauf des Ein- und Wegzugs von Vögeln
- Vogelbestand im Winter
- Vogeluhr am Morgen und Abend (Beginn bzw. Ende der Gesangstätigkeit der verschiedenen Arten)
- Aktivitätsdiagramme von Tierarten (was macht eine Ameise, ein Kohlmeisenpaar während einer Stunde, während eines Morgens?).

4.12.4 Untersuchungen

- Bestimmen von Pflanzen, Tieren, Spuren, Fährten, Losungen, Frassbildern
- Analyse der Bodenverhältnisse
- Untersuchungen von Wasserproben
- Aufnahme der Pflanzengesellschaften verschiedener Biotope (im Wasser, auf dem Wasser, am Wasser, Uferbestockung, Trockenwiese usw.)
- Vertikale Schichtung der Vegetation
- Die Hahnenfussgewächse (bzw. andere Pflanzenfamilie) des Schulreservates (Vorkommen, Merkmale, Unterschiede, Ansprüche an Biotop)
- Wegweiser für die Bestäubung (Farbe, Form, Duft- und Saftmale)
- Anpassung der Pflanzen ans Leben im Wasser, auf dem Wasser, am Wasser
- Besiedlung von Ödflächen (Pionierpflanzen)
- Trittrasen (Anpassung der Pflanzen an das Betretenwerden)
- Schutz vor Einstrahlung und Austrocknung bei Pflanzen
- Verbreitungseinrichtungen bei Pflanzen (Flugfrüchte, Klettenfrüchte usw.)
- Blattschäden und ihre Verursacher (Frass, Gallen, Rost)
- Tiere der Laubstreue, Tiere unter Steinen
- Spinnenarten und Netzformen
- Entwicklung von Insektenlarven wie Eintagsfliegen, Köcherfliegen, Stechmücken, Libellen, Schmetterlingen
- Libellenarten des Reservates (Lebensweise, Gemeinsames, Unterschiede)
- Bestandesaufnahme der Insektenfauna (Weiher, Ufer, Trockenwiese, Hecke)
- Fische des Weihers (Zahl, Aufenthalt, Wanderungen im Laufe des Tages, des Jahres, Nahrung, Vermehrung)
- Entwicklung von Amphibienarten (Zeit und Ort des Laichens, Wassertemperatur, Wassertiefe; Schlüpfen, Wachsen; Wanderungen im Teich; Abnahme der Zahl, Feinde; Verwandlung, Abwanderung)

Oben: Naturlehrgebiet Ettiswil; Schüler beim Tümpeln an einem künstlich erstellten Weiher (Plastikweiher)

Unten: Naturlehrgebiet Ettiswil; offene Schulhalle für Demonstrationen und Unterricht (z. B. bei heissem oder regnerischem Wetter)

- Wanderung der verschiedenen Lurcharten (zum Teich, vom Teich; Wanderung der alten und jungen Tiere, Zeitpunkt, Wetterbedingungen; Lage Laichplatz, Futterrevier, Winterquartier; Gefährdung)
- Aufenthaltsorte von Reptilien (Arten; Vegetation, Temperatur; Vergleiche mit Orten ohne Reptilien)
- Die Brutvogelwelt des Reservates und ihre Siedlungsdichte
- Die Brutbiologie der Amsel (Balz, Wahl des Nistortes, Nestbau, Eiablage, Brüten, Aufzucht, Ausfliegen, Führungszeit, Bruterfolg, Arbeitsteilung Männchen/Weibchen)
- Bestandesaufnahme der Kleinsäuger (Aufenthaltsorte, Nahrung, Feinde)
- Futterbedarf, Art der Nahrungsaufnahme bei verschiedenen Tierarten
- Nahrungsketten
- Kälteschutz bei Tieren
- Bewegung verschiedener Tiere (Schwimmen, Tauchen, Gehen, Fliegen)
- Analysieren und Vergleichen von Bewegungsvorgängen (Filmen-Zeitlupe)
- Analysieren von Lautäusserungen von Tieren (Vergleich von Tonbandaufnahmen, Klangspektrogramm)
- Lebensgemeinschaften (Weiher-Hecke-Trockenwiese-Sumpfwiese), ihre Teile und deren Zusammenwirken.

4.12.5 Versuche

- Keimen und Wachsen von Pflanzen unter verschiedenen Bedingungen (Licht, Temperatur, Feuchtigkeit, Düngung)
- Vegetative Vermehrung von Pflanzen: Bei welchen Arten entwickeln sich Tochterpflanzen aus Blättern (z. B. Wiesenschaumkraut), aus Stecklingen (Weiden)?
- Zersetzung, Verwesung: Auslegen einer toten Maus. Was passiert?
- Schutzverhalten: Was macht eine Köcherfliegenlarve, wenn wir sie aus ihrem Köcher ziehen und sie zusammen mit kleinen Holzstückchen und Steinchen in einen Wasserbehälter bringen?
- Versuche mit Lichtquellen in der Nacht: Welche Tiere werden angelockt, abgeschreckt?
- Bioakustische Versuche: Anlocken bzw. Stimulieren der Gesangstätigkeit von Vögeln durch Abspielen (Tonband) des arteigenen Gesangs; Anlocken von Lurchen; Abschrecken von Vögeln durch Aussenden arteigener Warn- oder Angstrufe
- Versuche mit Sexuallockstoffen, mit gekäfigten Weibchen: Anlocken von Bienen- und Hummelmännchen, von Männchen der Nachtschwärmer
- Attrappenversuche mit Präparaten von Kuckuck, Habicht, Waldkauz; Parallelversuche mit künstlichen Attrappen (Modelle) und Präparaten anderer Vogelarten (Feindbild, Feindverhalten, Rivalität)
- Futtervorliebe bei Vogelarten, bei Insekten: Auslegen verschiedener Futterarten; welche werden angenommen, welche am häufigsten?

- Farbvorliebe bei Vögeln, bei Insekten: Anbieten von Futter in verschiedenfarbigen Gefässen; Anbieten verschiedenfarbiger Nistkästen.

4.12.6 **Sammeln, Bestimmen, Beschriften**

- Zapfen von Nadelhölzern
- Samen und Früchte
- Blätter von Gehölzen
- leere Muschelschalen und Schneckengehäuse
- Knospen von Gehölzen
- Blätter mit Frassspuren
- Mineralien und Gesteine
- Vogelfedern
- Gras- und Seggenarten.

4.12.7 **Aufklärungsarbeiten**

- Erstellen und Austeilen von Flugblättern «Schont unser Schulreservat», «Schützt unsere Lurche» usw.
- Presseberichte «Im Schulreservat blühen die Seerosen», «Im Haldenweiher brüten Stockenten» usw.
- Ausstellungen «Unser Schulreservat», «Untersuchungen im Schutzgebiet Haldenweiher», mit Plänen, Fotos, Zeichnungen, Filmen, Tonbildschau, Belegexemplaren von Pflanzen usw.

5 DER SCHULWEIHER

5.1 Einleitung

Weiher, Teiche und Tümpel sind in unserer ausgeräumten Landschaft nicht nur gesuchte Mangelbiotope, sondern auch erstrangige Lehr- und Forschungsobjekte. Auf und in dem Wasser, vor allem aber dort, wo Wasser und Land sich begegnen - in der Uferzone -, entwickelt sich eine unvergleichliche Vielfalt hoch spezialisierter Lebewesen, die zu beobachten und zu erforschen für jedes unverdorbene Kind ein echtes Erlebnis bedeutet. Wo immer sich die Möglichkeit bietet, wollen wir in einem Schulreservat einen Weiher anlegen. Die Wasserfläche sollte allerdings nie weniger als zwei Quadratmeter betragen. Wird sie grösser, nimmt in der Regel auch die Zahl der sie bevölkernden Pflanzen- und Tierarten zu.

5.1.1 **Gibt es verbindliche Richtlinien?** Mit Weihern und Teichen verhält es sich wie mit Menschen: Jedes Gewässer hat seine Eigenarten. Es stellt ein Individuum dar, das auf äussere und innere Einflüsse auf seine besondere Art reagiert. Heusser (18) schreibt treffend: «Jeder Teich ist ein Individuum für sich, das sich sehr autonom gebärden kann und es auch tun wird, sofern es gesund ist. Man sieht das bald, wenn man zuviel planen will oder sich im Prognosenmachen übt. Die ineinandergreifenden Wachstums- und Ausbreitungsvorgänge der Pflanzen- und Tierarten sind derart komplex, dass es meistens anders herauskommt, als im Programm vorgesehen war.»

Wohl jeder Weiher-Praktiker wird diese Worte unterstreichen. Wie ein Lebewesen durchläuft ein neugeschaffener Weiher Entwicklungsstadien und kann krank werden (vgl. 5.10). Lassen wir daher die Natur walten und greifen wir nur hie und da in Notlagen lenkend ein. Anderseits ist es unnötig, dass jedermann bei Neuanlagen dieselben Fehler macht. Unter diesem Blickwinkel seien die nachstehenden Ausführungen betrachtet. Wir wollen auch immer bedenken, dass je nach den Gegebenheiten eine Massnahme, die an einem Ort zum Erfolg geführt hat, an einem andern Ort versagt.

5.1.2 **Begriffe:** Wir Schweizer bezeichnen stehende Gewässer mit den Wörtern «See», «Kleinsee», «Altarm» (Stillwasser), «Weiher», «Teich» und «Tümpel», wobei wir «Weiher» und «Teich» meist als Begriffe gleicher Bedeutung (als Synonyme) verwenden (z. B. «Fischweiher», «Fischteich»), obwohl «Teich» (=Stauweiher) eigentlich einen künst-

Naturlehrgebiet Ettiswil LU; Blick über verschiedene Biotope des Reservates; in der Mitte ein künstlich erstellter Weiher (Plastikweiher)

lichen Eingriff des Menschen beinhaltet (ein Gewässer, das aufgefüllt und entleert werden kann). Wir folgen dem allgemeinen Sprachgebrauch und schlagen untenstehende Einteilung vor:

Stehende Gewässer

Natürliche		**Künstliche**	
über 8 m tief:	*weniger als 8 m tief:*	*über 8 m tief:*	*weniger als 8 m tief:*
See Kleinsee	Altarm Weiher, Teich Tümpel	Stausee	Weiher Teich Tümpel

Seichte stehende Gewässer
(weniger als 8 m tief)

immer Wasser enthaltend:	zeitweise austrocknend:
Weiher, Teich	Tümpel

Tümpel sind in der Regel entweder wenig tief oder kleinflächig oder beides zusammen.

5.2 Vorbild Natur

Wenn wir einen neuen Weiher planen, suchen wir zunächst möglichst natürliche Vorbilder:

5.2.1 **Seeufer:** Vor allem seichte, von Wellenschlag verschonte, stille Buchten mit reichem Pflanzenwuchs und Verlandungszonen.

5.2.2 **Altwässer** (vgl. Namen wie «Stille Reuss», «Tote Reuss», «Alter Rhein»): Flussarme, die seit Jahrzehnten vom Fliessgewässer abgeschnitten sind, stellen meist eigentliche Pflanzen- und Tier-Eldorados dar.

5.2.3 **Moorweiher, Torfweiher:** Meist steilufrige Gewässer, durch Torfstechen entstanden, arm an Nährstoffen und Pflanzen (nur Zufuhr von atmosphärischem Wasser), am Rande oft mit Schwingböden.

5.2.4 **Muldenweiher, Stauteiche:** Gespeist von Grundwasser, Quelle oder Bach; meist auf lehmig-tonigem Boden; nährstoff- und pflanzenreich; auch als Feuerweiher, Fabrikweiher oder Fischteich wertvoll, wenn mit flachen Ufern und mit genügend Wasser während der Vegetationsperiode.

5.2.5 **Waldweiher, Waldteiche:** In Geländevertiefungen, meist an Waldbächen; oft schattig und mit saurem, nährstoffarmem Wasser (Laubfall).

5.2.6 **Baggerseen, Teiche am Grunde von Kiesgruben und Steinbrüchen:** Meist nährstoff- und pflanzenarme Gewässer, zum Teil aber mit interessanten Tieren; oft günstig als Bezugsquellen für Pflanzen und Tiere

13 Wassertiere in gesundem und krankem Wasser

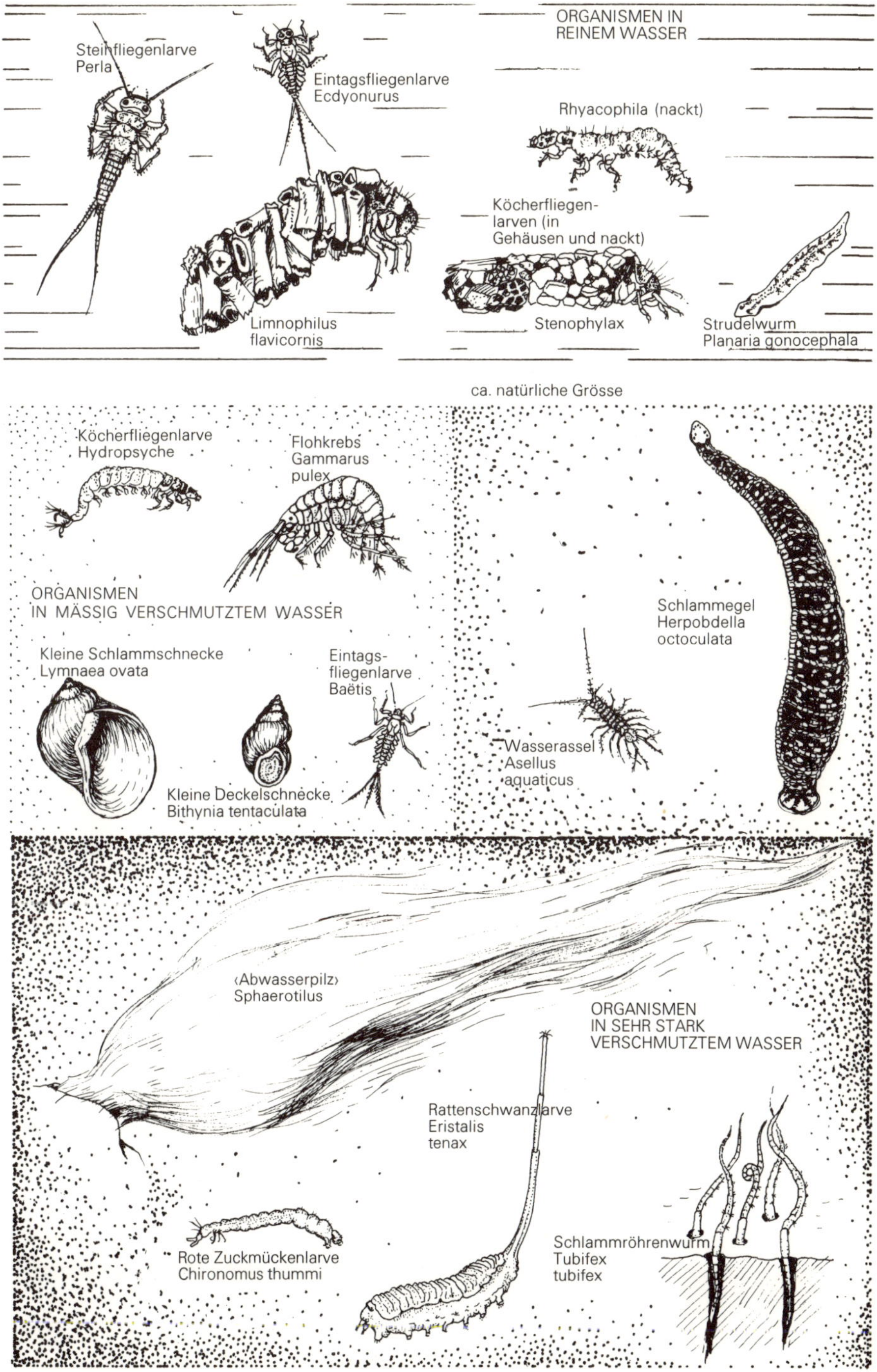

(z. B. Rettungsaktionen bei Auffüllungen, bei fortschreitendem Abbau) oder als Ausgangspunkt für die Umgestaltung zu einem Reservat.

5.2.7 **Weiher und Tümpel in Lehm- und Gipsgruben:** Nährstoff-, pflanzen- und tierreiche Gewässer; dank dem undurchlässigen Boden sind meist alle Varianten vom grösseren Weiher bis zum austrocknenden kleinen Tümpel vorhanden.

5.2.8 **Versickerungsteiche, Bewässerungsgräben, Geschiebefänger:** Wegen des stark wechselnden Wasserstandes meist nährstoff- und pflanzenarm; oft aber interessant, wenn bleibende Restwassermengen und flache Uferstellen vorhanden.

5.3 Wahl des Standortes

Bei der Standortwahl stellen wir grundsätzlich die gleichen Überlegungen an wie beim Gründen eines Reservates (vgl. 4.1). Wir beachten besonders:

5.3.1 **Wasser:** Die Nähe von fliessendem Wasser (Quelle, Bach, Wasserleitung, Gartenschlauch) ist immer von Vorteil (Speisen des Weihers, Verdunstungsausgleich, Reinigungsarbeiten). Vgl. auch 5.7!

5.3.2 **Licht, Wärme:** Sonnige, warme Orte sind in der Regel vorzuziehen (Entwicklung der Pflanzen und Tiere). Schattige Weiher (z. B. Waldweiher) können auch eine interessante (aber meistens weniger vielfältige) Lebewelt beherbergen.

5.3.3 **Abwässer:** Sie dürfen nicht geduldet werden. Wir müssen die Wasserqualität der zuführenden Gewässer mehrmals und zu verschiedenen Zeiten untersuchen. Verschiedene Lebewesen zeigen als Bioindikatoren den Grad der Verschmutzung an:

⓭ **Wassertiere in gesundem und krankem Wasser** (nach Walder; 19): Wichtig ist, dass wir unser Urteil nicht auf das Vorkommen einer einzigen Tierart, sondern auf die ganze Lebensgemeinschaft abstützen. In Zweifelsfällen wenden wir uns ans kantonale Gewässerschutzamt.

5.3.4 **Geschiebe:** Führt ein Bach viel Geschiebe (Kies, Sand, Schlamm), führen wir ihn seitlich am Weiher vorbei (vgl. 5.7.3).

5.3.5 **Strassen:** In unserem Schulweiher sollen bestimmt interessante Lurche wohnen. Gewisse Arten (Erdkröte, Grasfrosch, Molche) unternehmen oft kilometerweite Wanderungen:

Jagdgebiet ◄──► Laichgebiet ◄──► Winterquartier

Führen zwischen diesen verschiedenen Aufenthaltsorten stark befahrene Strassen durch, finden vor allem im Frühjahr während der

Laichwanderung Hunderte von Lurchen den Verkehrstod. Wir wollen mit unserem Schulweiher keine Lurchenfalle erstellen (Schutzmassnahmen vgl. 5.9.3)!

5.4 Projektierung, Realisierung

Im wesentlichen gilt das unter 4.2 und 4.3 für das Schulreservat Gesagte. Bei allen Weiher- und Bachbauten begrüssen wir besonders:

5.4.1 **Wasserbauamt**

5.4.2 **Gewässerschutzamt**

5.4.3 **Fischereiorgane** (Fischpächter, kantonale Fischereiverwaltung)

5.4.4 **Wasserberechtigte** (Erkundigungen beim kommunalen Bauamt bzw. bei der Gemeindekanzlei).

5.5 Gestaltung

5.5.1 **Grösse:** Grundsätzlich können wir vom einige Quadratmeter messenden Gartenteich bis zum mehrere Aren umfassenden Schulweiher alle Möglichkeiten ins Auge fassen. In der Regel sind zwei bis mehrere kleinere Gewässer einem einzigen grösseren vorzuziehen. Wir haben dann Gelegenheit, verschiedene Tierpopulationen (z. B. Nebeneinander von Lurch- und Fischteich) aufzubauen. Zudem bieten mehrere getrennte Weiher Vorteile bei nötigen Rettungsaktionen (vgl. Verschmutzungen, Auslaufen usw.).

5.5.2 **Tiefe:** Schon nur wenige Zentimeter tiefe Teiche stellen wichtige Laichgewässer für bestimmte Lurche (z. B. für Geburtshelferkröten) dar; sie müssen aber während der ganzen Fortpflanzungszeit, die über ein Jahr dauern kann, Wasser führen. Allgemein bedenken wir die folgenden Punkte:

Frostgrenze: Sollen Tiere (Fische, Lurche) frostsicher im Weiher überwintern, muss das Wasser an der tiefsten Stelle mindestens einen Meter tief sein.

Pflanzengrenzen: Untergetauchte Pflanzen gedeihen bis rund drei Meter unter der Wasseroberfläche (weitere Angaben vgl. 5.8.1).

Winkel der Uferböschung (vgl. auch 5.7.4): Steilböschungen sind in der Regel lebensfeindlich, ganz abgesehen davon, dass zum Beispiel Lehmwände bei über 30 Grad Neigung abfliessen. Da wir vorwiegend flache Ufer schaffen wollen, können wir kleinere Weiher nicht beliebig tief machen:

⓮ **Weihergrösse und Wassertiefe**

Dichtung: Je weniger der Weiher abdichtet, desto grösser und tiefer sollte er sein (vgl. genügend grosser Wasservorrat für Trockenzeiten).

Verlandung: Je kleiner und seichter ein Weiher ist, desto schneller schreitet die Verlandung voran.

Zusammenfassend sei festgehalten: Wir schaffen im Weiher Flachufer mit Zonen aller möglichen Wassertiefen (vgl. 5.8.1). Grössere Weiher tiefen wir mindestens auf einen Meter, noch besser auf 2 bis 3 Meter ein. Eine Tiefe von über drei Metern bringt wenig Vorteile.

5.5.3 **Form:** Wir passen die Form des Weihers dem Gelände an. Streng geometrische Umrisse wirken unnatürlich und unschön. Anderseits lässt sich zum Beispiel eine eisenarmierte Betonweiherschale mit geraden Wandteilen einfacher erstellen und ist bei Hanglagen oft die einzige realisierbare Lösung. Durch Aufstauen des Wassers bis zur oberen Mauerkante sowie durch geschicktes Bepflanzen der Uferzone versuchen wir hier, die Nachteile weitgehend zu beheben.
Wichtig für viele Pflanzen und Tiere ist der Grenzbereich von Wasser und Land. Daher trachten wir darnach, mit Buchten und Halbinseln die Uferlinie zu verlängern und Verstecke zu schaffen. In grösseren Weihern errichten wir Inseln, auf denen gerne Wasservögel (Stockenten, Bless- und Teichrallen) brüten. Anderseits sorgen wir dafür, dass ein grösserer Teil der Wasserfläche offen bleibt.

⑮ **Gestaltung eines grösseren Weihers** (nach NC; 20): Das Steilufer kommt als Brutplatz für Uferschwalbe und Eisvogel in Frage (vgl. 4.8.1).

5.5.4 **Rand:** Machen wir nicht den häufigen Fehler, den oberen Weiherrand mit Beton- oder Gneisplatten abzudecken! Erstens wirkt ein solches Ufer künstlich. Zweitens ertrinken so viele Tiere – oft sogar Lurche –, besonders wenn die Platten nach innen über die Wasserfläche ragen. Wir gestalten den Uferrand natürlich mit Erde, Feldsteinen und Pflanzen (z. B. mit dem überhängenden Pfennigkraut). Wir erhalten auch eine gefällige und praktische Lösung, wenn wir auf Teilpartien den Innenrand (z. B. an einem Steilufer) bis auf den Grund mit einer Packung aus Natursteinen versehen. Auf Sand verlegte Gartenplatten oder eine Schüttung von Kieseln (grobes rundes Material) leisten uns dort gute Dienste, wo wir häufig beobachten oder Tiere herausfangen.

5.5.5 **Sohle:** Wir lassen die Sohle allseitig zu einem tiefsten Punkt, dem Ablauf, absinken; eine Eintiefung vor dem Ausfluss sichert eine kleine Restwassermenge für die Kiemenatmer (vgl. 5.7.6).

5.5.6 **Schwellen:** Wir bauen – bevorzugt an engen Stellen, die benachbarte Weiherteile trennen – eine bis mehrere Bodenschwellen, die bis etwa 20 cm unter den Normalwasserstand reichen. Diese Schwellen schneiden vom Hauptweiher Nebenweiher ab, die bei sinkendem Wasser voneinander geschieden werden. Das bringt folgende Vorteile:

- Leichteres Auffinden von undichten Stellen (vgl. 5.6.6)
- Möglichkeit, getrennte Pflanzen- und Tierbestände aufzubauen
- Möglichkeit, kühlere Weiherteile (mit Wassereinlauf) und wärmere Teile (ohne Wassereinlauf) zu gestalten
- Reservebecken für Rettungsaktionen beim Auslaufen eines Weiherteils oder für Betreuungsarbeiten (Reinigungen, Ausbesserungen, Neupflanzungen).

⓮ Weihergrösse und Wassertiefe

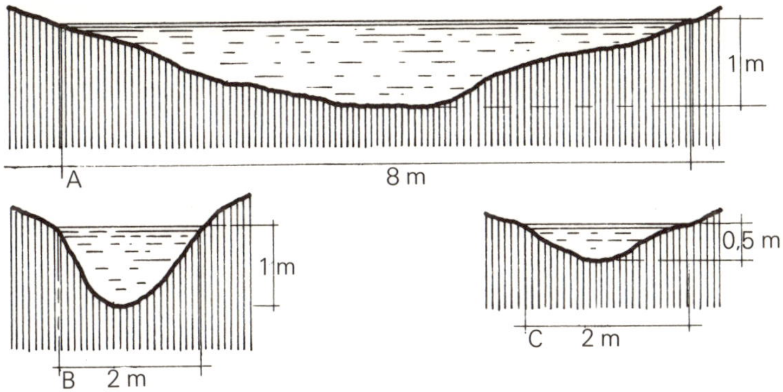

A 1 m Tiefe auf 8 m Länge: dauerhafte Böschung
B 1 m Tiefe auf 2 m Länge: unbrauchbar
C 0,5 m Tiefe auf 2 m Länge: angemessen

⓯ Gestaltung eines grösseren Weihers

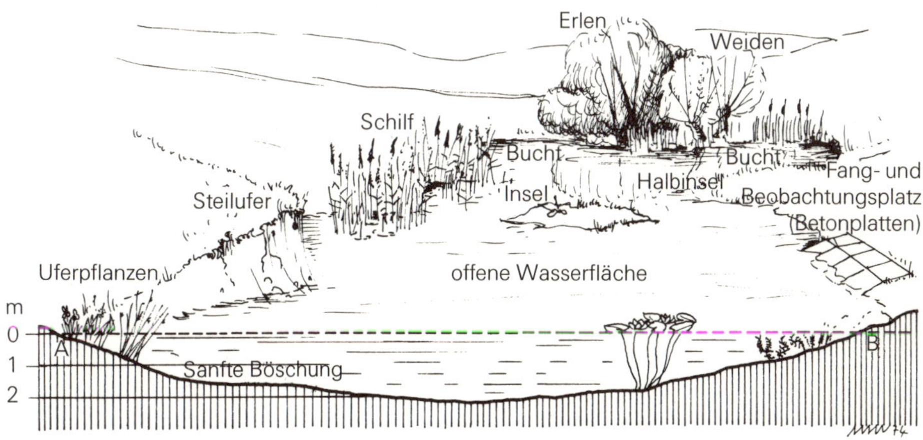

Situation mit Schnitt

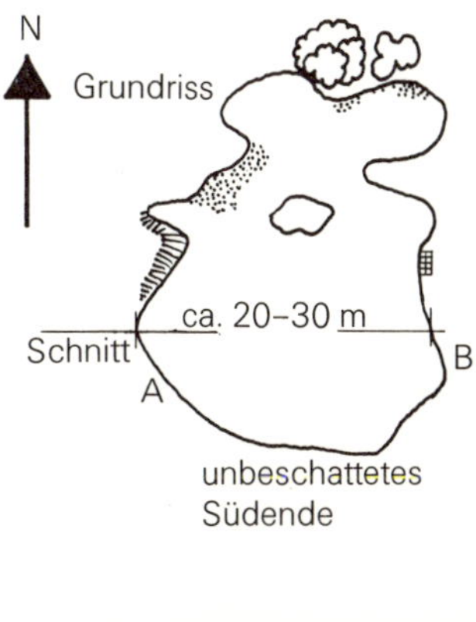

16a Lehmgrube Kölliken

Situation

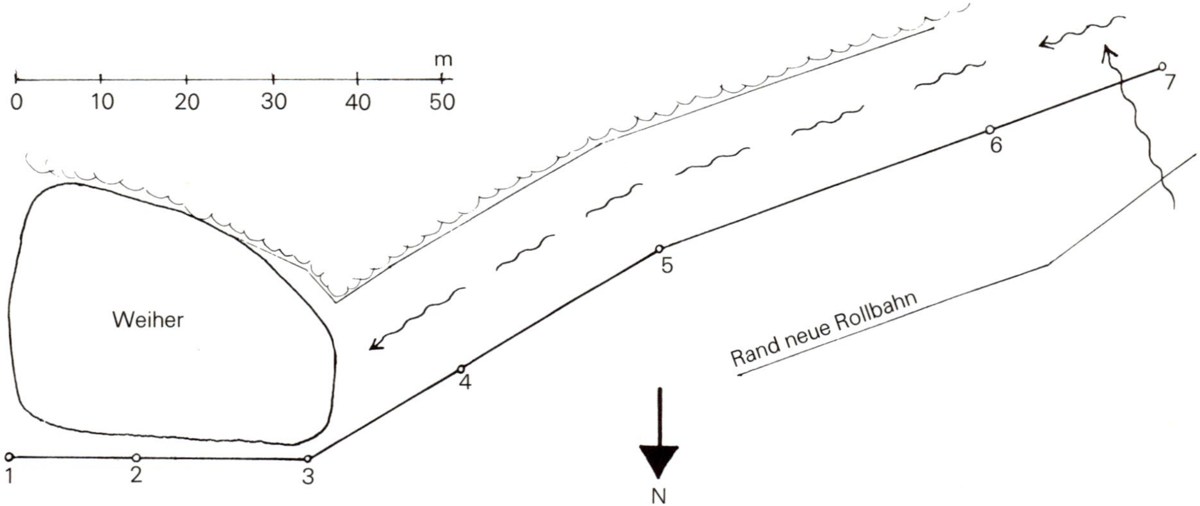

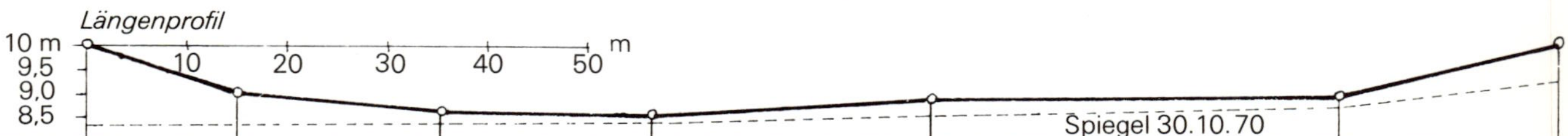

Punkt	1	2	3	4		6	7
Distanz	15,2	20,2	20,6	28,0	40,9	22,3	
Station	0,0	15.2	35.4	56.0	84.0	124.9	147.2
Höhe	10.00	9.01	8.66	8.62	8.95	9.05	10.04

16 b Lehmgrube Kölliken

Gestaltungsvorschlag

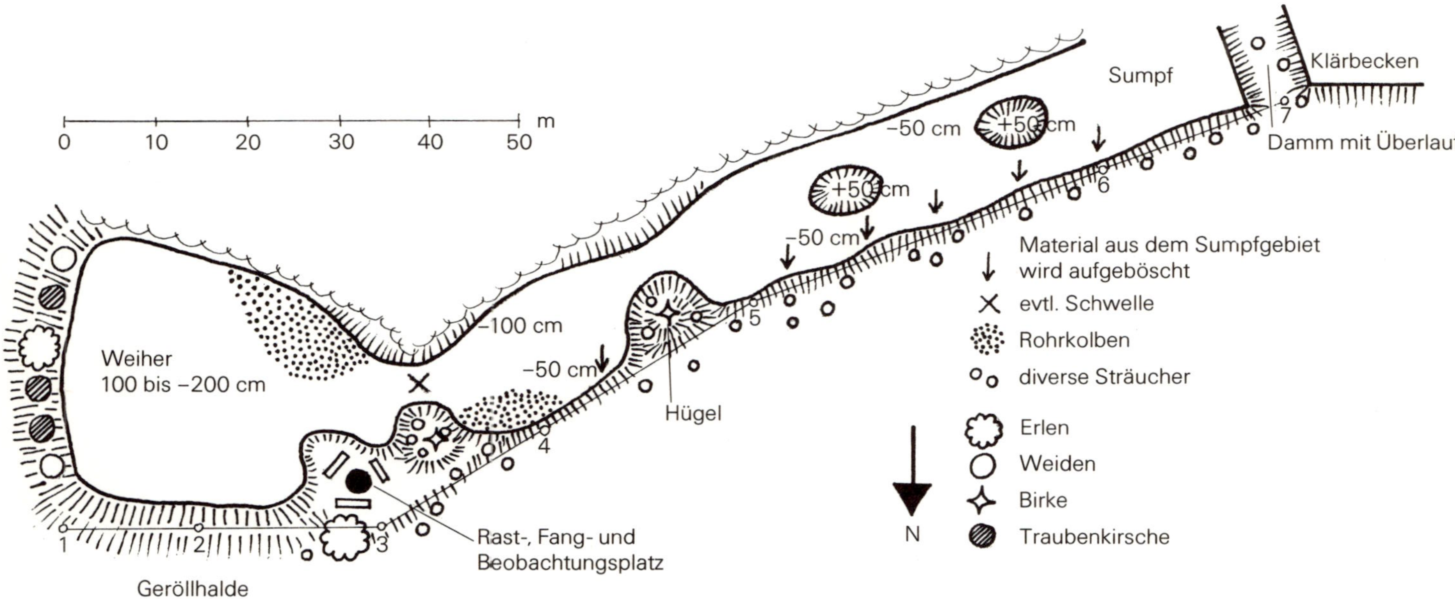

5.5.7 **Aushub:** Der zu einem Hügel aufgetürmte Aushub kann verschiedene Aufgaben erfüllen:

- Schattenspender, wenn im Süden eines stark besonnten Weihers errichtet
- Unterschlupf für Lurche (bemooste Nordseite) oder Kriechtiere (Südseite), besonders wenn mit einer Blockschüttung (vgl. 4.5.4 und 4.8.3) versehen
- Standort für verschiedene Pflanzen
- Beobachtungsort (gute Übersicht).

5.5.8 **Gestaltungsplan:** Es empfiehlt sich, schon beim Projektieren von Weihern mittlerer Grösse Gestaltungspläne (Situation, Profile) zu zeichnen. Besonders wichtig sind solche Unterlagen, wenn ein Unternehmer mit Bagger und einer Arbeitsgruppe den Aushub besorgt. Zudem brauchen wir die Pläne in den meisten Fällen für Eingaben an die Behörden (vgl. 4.2, 4.3 und 5.4). Bei komplizierten Geländeverhältnissen müssen wir das Terrain zuerst ausnivellieren (vgl. Skizze 16). Vielleicht hilft uns ein Förster oder ein Geometer bei dieser Vermessungsarbeit. Ideen für die Weihergestaltung vermitteln die Skizzen 1, 2, 15, 16, 26, 27 und 50.

⑯ **Lehmgrube Kölliken AG:** Das Areal gehört der Ziegelei Kölliken. Im abgebauten ältesten Teil der Grube besteht bereits ein grösserer Weiher. Daneben hat sich eine Reihe grösserer und kleinerer Tümpel gebildet. Eine recht artenreiche Lurchpopulation bevölkert das Gebiet. Das abwechslungsreich gegliederte Gelände grenzt im Süden an ein Gehölz, das die Anlage gegen die nahe Landstrasse schützt. Das Projekt sieht vor, die ganze Längsmulde etwas auszubaggern: Ein Sumpf grenzt an den Damm beim Klärbecken. Dann folgen von Westen nach Osten verschiedene Flachstellen (bis 50 cm Wassertiefe). Der Hauptweiher weist Tiefen von 1 bis 2 m auf. An seinem Rand liegt ein Rast-, Beobachtungs- und Fangplatz. Anschliessend bietet eine Geröllhalde Amphibien und Reptilien Schlupfwinkel. Gegenüber dem bestehenden Wäldchen sollen Gebüschgruppen (Weissdorn, Pfaffenhütchen, Gemeiner Schneeball) das Ganze gegen die restlichen Grubenteile abschirmen. Der Aushub wird teilweise zu kleinen flachen Inseln (rund 50 cm hoch) aufgeschichtet. Die bestehenden Hügel bleiben als günstige Beobachtungsorte erhalten.

5.6 Die gebräuchlichsten Dichtungsmittel

Es stehen uns folgende Materialien zum Abdichten eines Weihers zur Verfügung:

Gefässe aller Art	Dachpappe	Lehm (Ton)
Plastik	Beton	

Bei der Wahl des Materials beachten wir:

- die örtlichen Verhältnisse, vor allem die Durchlässigkeit des Bodens

- Grösse und Tiefe des Weihers
- die finanziellen Möglichkeiten.

Für mittlere und grössere Weiher empfiehlt sich in der Regel die Lehmabdichtung. Sie stellt in den meisten Fällen die natürlichste und die billigste Lösung dar. Allerdings sind Lehmweiher - vor allem in den ersten Jahren - selten ganz dicht.

Das Erstellen von Betonweihern erfordert einiges handwerkliches Geschick. Betonschalen sind zudem starr und springen in kalten Wintern gerne (Eisdruck), besonders wenn sie Steilwände haben. Anderseits gestattet der Beton sozusagen unbeschränkte Gestaltungsmöglichkeiten (vgl. Schwellen, Steiluferpartien usw.), hält meist vollständig dicht und verursacht kaum Reparaturen.

Dachpappe- und Plastikweiher lassen sich einfach, rasch und billig erstellen. Zudem reissen die dehnbaren Materialien nicht unter dem Eisdruck. Anderseits bedingen sie verhältnismässig häufige Reparaturen (undichte Stellen an den Nähten; Löcher durch Mäuse oder Risse durch Krallen der Wasservögel verursacht). In vielen Fällen erhalten wir gute Lösungen, wenn wir verschiedene Materialien kombinieren (z.B. Plastik mit Lehm).

Neben eigenen Erfahrungen haben wir im folgenden Angaben aus der einschlägigen Literatur (21) verwendet.

5.6.1 **Gefässe:** Mein erster Gartenweiher war ein alter Schüttstein (Ausguss) aus Steingut, den ich als Knabe mit dem Leiterwagen aus einer Abfallgrube nach Hause transportierte und vergrub. Ich deckte seine unschönen Ränder mit flachen Steinen und Polsterpflanzen ab. Eine Mischung aus Magererde und Torf bildete den Bodenbelag. Ich setzte einige Wasserpflanzen und beschwerte sie mit einer Sand-/Kiesmischung. Dann füllte ich den «Mini»-Weiher mit dem Gartenschlauch. Im Lauf der Jahre entwickelte er ein erfreuliches Tierleben (Wasserinsekten, Grasfrosch, Bergmolch). Dem Schüttstein folgte später eine geräumigere alte Zinkblech-Badewanne. Um das Wasser ablassen zu können, grub ich um das Abflussloch herum 50 cm tiefer und füllte die etwa ein Achtel Kubikmeter fassende Sickergrube mit grobem Kies. Besonders stolz war ich auf die alljährlich in der Badewanne blühende Seerose.

Wie die beiden Beispiele zeigen, lassen sich eingegrabene Gefässe aller Art zu kleinen Weihern gestalten: alte Aquarien, flache Behälter aus Blech, Plastik, Eternit oder Steingut, längs aufgeschnittene Autopneus (vgl. 6.4.5), Ausgüsse, Badewannen usw. Recht gut eignen sich die käuflichen Badebecken aus Plastik oder unregelmässig geformte grosse Eternitbehälter (z. T. als Pflanzenbecken, z. T. eigens als Gartenweiher fabriziert). Steht das Gefäss bereit, gehen wir wie folgt vor:

- Wahl eines sonnigen Platzes in der Nähe von Wasser

- Ausheben der Grube und des Sickerschachtes (Abflussloch)
- Versenken des Behälters
- Zuschütten der Grube und Festklopfen der Ränder
- Abdecken der Ränder (Steine, Erde, Pflanzen; keine nach innen ragenden Platten!)
- Schaffen eines Ausstieges (sanft ansteigendes Seichtufer)
- Einbringen eines geeigneten Bodengrundes (vgl. 5.8.2)
- Einbringen der Pflanzen (vgl. 5.8); die höchsten Pflanzen (Schattenwurf!) gehören am weitesten von der einstrahlenden Sonne weg
- Aufschütten einer Kies-/Sandmischung (vgl. 5.8.3)
- Auffüllen mit Wasser: offenes Rinnsal oder Rohrleitung vom nächsten Gartenhahnen her; Regenwasserzuleitung von einem Dachkännel (Vorteil: sauberes und kalkarmes Wasser); Auffüllen mit dem Gartenschlauch
- Einsetzen der Tiere, erst mehrere Wochen nach der Bepflanzung (vgl. 5.9 und 5.10.1).

Schon ein kleiner Gartenweiher verschafft uns eine Reihe von Beobachtungsmöglichkeiten. Sogar Vögel benützen ihn gerne als Tränke und Badegelegenheit. Hüten wir uns davor, ihn mit zu vielen und zu grossen Tieren zu besetzen. Diese würden den eng begrenzten Lebensraum zu stark verschmutzen und die Pflanzen beschädigen, so dass wir laufend eingreifen müssten und sich nie ein biologisches Gleichgewicht einstellen würde.

Im November lassen wir das Wasser ab und fischen alle Lebewesen aus dem Weiher. Wir bringen die Tiere entweder in einen genügend tiefen Weiher der Umgebung oder überwintern sie in einem kühlen Kellerraum (ohne zu füttern) oder in einem geheizten Zimmer (regelmässig füttern). Wir füllen den Gartenweiher mit Laub, Ästen und Holzstücken; so verhindern wir, dass Eisdruck (Gefrieren von angesammeltem Regenwasser) die Wände sprengt. Das Entleeren des Weihers zerstört allerdings das biologische Gleichgewicht, das sich im nächsten Frühjahr wieder aufbauen muss. Wollen wir den massiven Eingriff (z. B. in grösseren Gefässen) vermeiden, halten wir bei starkem Frost in der Eisdecke ein Loch von einem Viertelquadratmeter Fläche immer offen. Ein ständiger Zufluss von einigen Minutenlitern hat die gleiche Wirkung.

Beim Beschreiben der weiteren Weihertypen folgen wir einem einheitlichen Schema. Das meiste von dem unter 5.6.1 Gesagten gilt – singgemäss abgewandelt – auch für die anderen Dichtungsmittel. Ferner sind die allgemeinen Ausführungen unter 5.3 (Standortwahl), 5.5 (Gestaltung) und 5.8 (Bepflanzung) zu beachten.

Oben: Naturlehrgebiet Ettiswil LU; der Schuppen links dient als Materialhütte; der Förderturm rechts wird für Unterrichtszwecke (Klassen- und Sammlungszimmer, Beobachtungsmöglichkeiten) ausgebaut

Unten: Naturlehrgebiet Ettiswil LU; Plastikteich mit natürlich gestaltetem Ufer; schon nach wenigen Jahren bilden die eingesetzten Pflanzen Bestände; im Vordergrund rechts eine Weisse Seerose

5.6.2 Der Plastik-Weiher

Material:

Dauerlösungen: Kunststoff-Folien oder -Platten; am besten Polyäthylen-Rollen (140 cm breit, 1–3 mm dick) oder Polyvinylchloridweich-Dichtungsbahnen (100 cm breit, 1–2 mm dick); allenfalls flüssiger Kunststoff zum Aufspritzen. Russstabilisierte, schwarze Folien sind vorzuziehen, da sie nicht durch Ultraviolettlicht zerstört werden. Als billige dauerhafte Variante für kleinere Weiher (bis rund 30 m^2 Fläche) kommt auch Butyl-Folie in Frage (wird in der Fabrik auf die gewünschte Grösse zugeschnitten und zusammengeklebt).

Notlösungen: Bauplastik (400 cm breit, $^1/_5$ mm dick).

Bau: Aushub des Weihers mit möglichst flachen Ufern; allenfalls Eintiefen von Pflanzmulden (vgl. 5.10.3); Festklopfen und Glätten der Flächen; allenfalls Verlegen eines engmaschigen Drahtgeflechtes gegen Mäuse und Ratten; Entfernen aller aufragenden spitzen Teile (Wurzeln, lebende Pflanzen, Steine); Auflage von 3 cm Sand oder Auskleiden mit unbesandeter Isolierpappe; Auslegen der Folie (der Platten), Kleben oder Schweissen der Nähte und des Abflussrohres (am besten ebenfalls aus Plastik fabriziert) bzw. Aufspritzen des Kunststoffbelages. Achtung: Den Weiher jetzt vorsichtig betreten! Sofortige Auflage von 10 cm Bodengrund (vgl. 5.8.2); Probefüllung bis an den Rand (sofern Ablass vorhanden); Zudecken der über den Rand lappenden Plastikenden mit Erde und Steinen. Mit angeschweissten Plastikresten, die wir über den Uferrand hinausziehen, können wir die Folie im Umgelände zusätzlich verankern. Später Bepflanzung (vgl. 5.8).

Wartung: Zuschweissen (Zukleben) von Rissen und Löchern (vgl. mechanische Beschädigungen, verursacht durch Menschen, Nager, Wasservögel usw.).

Vorteile: Einfache, rasche Bauweise.

Nachteile: Glatte, glitschige Oberfläche, vor allem nachteilig am Rande, wo die Erdauflage abrutscht; daher sind sehr flache, langsam auslaufende Ufer nötig. Allenfalls kann der Plastik an den Rändern mit Leim bepinselt werden und mit einer darauf haftenden Schicht von feinem Sand (vgl. das Aufrauhen der Oberfläche) bestreut werden. Dünne, hellfarbige Kunststoff-Folien werden durch die Krallen von Wasservögeln leicht aufgerissen; zudem zersetzen sie sich unter dem Einfluss der natürlichen UV-Strahlung des Sonnenlichtes und werden brüchig. Vgl. auch 5.5.4!

5.6.3 Der Dachpappe-Weiher

Material: Dach- oder Teerpappe aller Art, unbesandete Isolierpappe, Klebstoff.

Bau: Ausheben des Weihers mit möglichst flachen Ufern; allenfalls Eintiefen von Pflanzmulden (vgl. 5.10.3); Festklopfen und Glätten der Flächen; allenfalls Verlegen eines engmaschigen Drahtgeflechtes gegen Mäuse und Ratten; Entfernen aller aufragenden spitzen Teile (Wurzeln, lebende Pflanzen, Steine); Verlegen der Dachpappe in zwei Schichten:

1. Schicht: Ganzen Weiher auslegen, Bahnen 15–20 cm überlappen; Verkleben aller Überlappungsflächen und des Abflussrohres.

2. Schicht: Quer zur ersten auslegen; Bahnen einzeln mit der ganzen Fläche auf die untere Schicht aufkleben; Überpinseln der ganzen Weiherfläche mit Klebemasse; Aufstreuen von feinem, gesiebtem, staubtrockenem Sand, bevor der Klebstoff trocken ist (Aufrauhen der Oberfläche).
Weiteres Vorgehen wie 5.6.2!

Wartung: Überkleben beschädigter Stellen.

Vorteile: Einfache, billige Bauweise.

Nachteile: Bau- und Ausbesserungsarbeiten sind nur im Sommer bei warmem Wetter möglich (Mindesttemperatur für das Verarbeiten von Dachpappe = 15 Grad Celsius).

5.6.4 **Der Beton-Weiher**

Material: Zement, grober Kies, Sand, Eisenstangen und Drahtgeflecht zum Armieren.

Bau: Ausheben des Teiches; Festklopfen und Glätten der Flächen; allenfalls Eintiefen von Pflanzmulden (vgl. 5.10.3), Entfernen aller aufragenden spitzen Teile (Wurzeln, lebende Pflanzen, Steine).

Variante 1 (für Provisorien und kleine Flächen wie Vogeltränken oder Gartenweiher):
Bewerfen der sehr flach auslaufenden Grube mit einer 5 bis 10 cm dicken Zement-/Kiesmischung (1:2); Auflage von 2 bis 5 cm Zement-/Sandmischung (1:1); Bepudern mit reinem Zement, bevor die zweite Schicht trocken ist. Es empfiehlt sich, eine hohe Schwelle anzulegen (vgl. 5.5.6).

Variante 2 (kleine bis mittlere solide Gartenweiher, z. T. mit steilen Ufern):
Fundament: Boden der Grube feststampfen; Einlegen eines Rostes aus Eisen (Baueisen, Alteisen, Draht); Emporziehen der Bodeneisen an den Rändern in die Wände; Einfüllen von 15 bis 20 cm Beton (Zement : Kies = 1:2), der gut festgestampft wird.
Wände: Einschalen der Steilpartien mit Brettern; Einbringen von Armierungseisen; Einfüllen einer 15–20 cm dicken Schicht Stampfbeton. Es folgt das Aufmauern weiterer Flachteile (wie Fundament) und Steilpartien (wie Wände). Flachauslaufende Ufer sind weniger frostgefährdet als steile; Steilpartien sollten in der Regel nicht höher als 5 bis 10 cm sein.
Damit der Beton langsam abbindet und keine Risse entstehen, halten wir ihn nach dem Feststampfen noch 2 bis 3 Tage feucht (Begiessen oder Auflegen von feuchten Säcken). Nach 4 bis 5 Tagen entfernen wir die Verschalungen.
Verputz: Zum Abdichten Auflage von 3 bis 5 cm feingesiebter Ze-

ment-/Sandmischung (1:1); Auftragen mit der Kelle: zuerst Boden, dann Wände, auf die gut benetzten Betonflächen. Verputz 2 bis 3 Tage feucht halten.
Dichtungsprobe: Auffüllen des Weihers mit Wasser; wenn er noch nicht abdichtet, wieder Entleeren und Abpinseln der Innenseiten mit einer gesättigten Brühe aus reinem Zement und Wasser; Aufstreuen einer dünnen Schicht trockenen Zementes auf die noch feuchten Verputzflächen (Arbeit am besten am späten Abend ausführen, damit diese letzte Schicht in der Kühle der Nacht langsam erhärtet).

Variante 3 (grosse solide Betonweiher mit Flachufern): Verlegen eines Stahlnetzes auf den gewachsenen oder sorgfältig verdichteten Untergrund; Auflage einer 10 cm dicken Schicht aus Stampfbeton (Zement : Kies = 1:5); Auskleiden mit einem 2 bis 3 cm dicken Verputz (Zement : Sand = 1:2); zum Sparen von Zement Einstampfen oder Einmauern von Feldsteinen und Ziegelbruchstücken. Vorgehen anschliessend wie Variante 2.

Weitere Arbeiten bei allen drei Varianten wie 5.6.2! Weiherschalen aus Stampf- oder Spritzbeton halten oft auch ohne Verputz dicht, wenn das Material fett und feinkörnig ist (keine Steinnester!).

Wartung:
Variante 1: Entleeren jeden Herbst; Auffüllen mit Laub und Ästen; da fast jeden Winter dennoch Risse entstehen, jeden Frühling Neuverputz mit Zement-/Sandmischung 1:1.

Varianten 2 und 3: Praktisch keine Schäden, wenn Wände nicht zu steil (vgl. Eisdruck).

Vorteile: Varianten 2 und 3 wenig reparaturanfällig, meist vollständig dicht, praktisch unbegrenzt haltbar; viele Gestaltungs- und gute Kontrollmöglichkeiten.

Nachteile: Erstellen, abgesehen von Variante 1, aufwendig (Zeit, Geld, Körperkraft), oft unmöglich ohne Beiziehen von Fachkräften. Hervortretende Betonteile wirken kalt und unnatürlich. Nackte Betonränder erhitzen sich rasch und stark, so dass kleine Lurche auf ihnen austrocknen.

5.6.5 **Der Lehm-Weiher** (Ton-Weiher)

Material: Gelber, grauer oder blaugrauer Lehm (Ton) aus einer Lehmgrube (Ziegelei) oder ungebrannte, vorgetrocknete fehlerhafte Ziegelsteine. (Solche «Formlinge» mit Rissen entstehen beim Herstellen von Backsteinen vor allem im Herbst und Winter als Abfall.)

Bau: Ausheben des Teiches mit möglichst flachen Ufern (Lehmwände fliessen bei über 30 Grad Neigung ab) und Erstellen von 1 bis 2 Schwellen; Festklopfen und Glätten der Flächen; allenfalls Verlegen eines engmaschigen Drahtgitters gegen Mäuse und Ratten; Auftragen einer 10 bis 20 cm dicken trockenen Lehmschicht, die sofort gut festgestampft oder gewalzt wird; bzw. kompaktes Verlegen von 1 bis 2 Reihen trockener «Formlinge», die nach dem Wassereinlassen aufquellen und alle Zwischenräume abdichten. Eine 10 bis 15 cm dicke, auf die Weihersohle geschüttete Kiesschicht verhindert das Aufwühlen des Lehms (vgl. Karpfen, Schleien) und damit das Entstehen von langandauernden Trübungen des Wassers.

Wartung: Abdichten von hie und da auftretenden Lecken (Mäusegänge!) mit Lehmhaube oder Plastikeinlage.

Vorteile: Natürlichste Form aller Dichtungsmittel, billig und einfach zu erstellen; hält meist über viele Jahre.

Nachteile: Oft jahrelang nie ganz dicht, was rasch ändernde Wasserstände zur Folge hat; schnelles Überhandnehmen von einzelnen Pflanzenarten; oft verhältnismässig kalt, da wegen undichter Stellen laufend Wasser nachfliessen muss; Schilf und Kalmus können mit ihren Wurzeln die Lehmsohle durchdringen und undichte Stellen verursachen.

5.6.6 **Undichte Weiher:** Viele neuerstellte Weiher verlieren anfänglich etwas Wasser. Meist verschliessen absinkende Sickerstoffe die undichten Stellen ohne unser Zutun. Ist der Wasserverlust zu gross, gilt es, das Leck ausfindig zu machen. Haben wir Schwellen eingebaut (vgl. 5.5.6), liegt die undichte Stelle in dem Weiherteil, der am schnellsten absinkt. Entweder leiten wir nun durch den Grundablass gleich viel Wasser ab wie zufliesst, oder wir stoppen die Wasserzufuhr ganz. Wir markieren täglich die Uferlinie des absinkenden Weihers mit Pfählen. Entlang der Linie, auf der sich der Wasserstand stabilisiert, muss das Leck liegen. In einem Lehmweiher orten wir diesen Bereich mit einem bleistiftdicken Eisenstab ab; vielleicht stossen wir auf eine Stelle, wo sich eine durchlässige Kiesschicht durch die Lehmauflage emporgewölbt hat. Wir dichten das Leck mit einer 20 cm dicken Lehmhaube ab. In Beton-, Plastik- oder Dachpappeweihern müssen wir anders vorgehen: Wir streuen Sägespäne auf die sinkende Wasseroberfläche, die sich am undichten Ort ansammeln, oder wir lassen einen Lehmbrei ins Wasser tropfen, der in langen Schlieren zum Leck hin zieht. Färbungen (Achtung: Nur ungiftige Stoffe verwenden!) verraten uns, wo das versickernde Wasser hinfliesst. Je nach Dichtungsmittel wird die schadhafte Stelle neu verputzt (Beton) oder mit Einlagen zugeklebt bzw. zugeschweisst (Dachpappe, Plastik).

5.7 Zu- und Abfluss des Wassers

5.7.1 **Atmosphärisches Wasser:** Weiher ohne Zufluss können in unserem Klima – sofern sie vollständig abdichten – über Jahre mit dem Wasser auskommen, das sie durch Niederschläge erhalten. Was an einem heissen Sommertag verdunstet, senkt den Weiherspiegel nur um einige Millimeter. In der Nähe von Gebäuden können wir durch Zuleiten von Dachwasser (vgl. 5.6.1) die anfallende Wassermenge erhöhen. Haben Weiher ohne Wasserzufluss künstliche Dichtungen (Beton, Dachpappe, Plastik), werden sie meist nährstoffarm. Wollen wir nicht einen ausgesprochenen Hochmoorbiotop, müssen wir beim

Bepflanzen Nährstoffe einbringen (vgl. 5.8.2). Vielerorts - zum Beispiel auf Lehmböden, in Flachmooren, in Gebieten mit hohem Grundwasserstand - besteht die Möglichkeit, mit minimalem Aufwand bloss durch Ausstechen von einigen Fuss tiefen Erdschollen und allenfalls durch Einlegen einer Plastikfolie Tümpel für Wasserinsekten und Lurche zu schaffen; allerdings müssen wir solche Gewässer in Trockenzeiten fleissig kontrollieren und - besonders während der Fortpflanzungszeit der Wassertiere - für einen Minimalwasserstand sorgen.

5.7.2 **Quelle, Grundwasseraufstoss:** Weiher, die direkt von einer Quelle oder einem Grundwasseraufstoss gespeist werden, haben meist kaltes Wasser. Sie enthalten in der Regel wenig Pflanzen und Tiere (grosse z. B. Forellen, kleine z. B. Salamanderlarven). Lassen wir das Wasser zuerst über eine Sinterterrasse fallen oder durch ein Wiesenbächlein schlängeln, erwärmt es sich und reichert sich mit Sauerstoff an.

5.7.3 **Bach:** Beziehen wir das Wasser aus einem Bach, bieten sich grundsätzlich drei Möglichkeiten:

Stau des Baches: Hinter einer Geländevertiefung wird der Bach durch ein Wehr (Betonmauer oder Erddamm mit Lehmauflage, vgl. 5.7.4) gestaut.

⑰ **Bachstau durch Betonwehr mit Staubrettern:** Der Bach durchfliesst den Weiher. Voraussetzung ist sauberes, nicht zu nährstoffreiches Wasser mit wenig Geschiebe. Ein dem Weiher vorgeschalteter Geschiebefänger (Senkbecken), der regelmässig geleert wird, verlangsamt den Auffüllungsvorgang; er muss auf einer Seite frei zugänglich sein. Wollen wir Warmwasserteile schaffen, baggern wir seichte Buchten aus, die wir durch Schwellen (vgl. 5.5.6) abtrennen.

Der Bach als Tangente: Führt der Bach zeitweise Abwasser oder viel Geschiebe, leiten wir ihn nicht durch den Weiher, sondern an dessen Rand vorbei:

⑰ **Bachstau durch Betonwehr mit Staubrettern**

4.5 Biotopgestaltung

Indem wir die natürlichen Gegebenheiten berücksichtigen, planen wir die Erhaltung bzw. die Schaffung möglichst verschiedener Lebensräume für Pflanzen und Tiere. Zu den wichtigsten Biotopen gehören:

4.5.1 **Nassbiotope** wie Wassergräben, Altläufe, Bachufer, Teiche, Tümpel: Ausheben von Gräben (Grabenfräse), teilweises Ausbaggern von Verlandungszonen, Umleiten von Bächen, Bachgestaltung (vgl. 5.7.5), Stauung von Bächen (5.7.3), Ausbaggern von Mulden, Gestaltung von Tümpeln und Teichen (vgl. 5).

4.5.2 **Feuchtbiotope** wie Wässermatten, feuchte Wiesen, Flachmoore (Sumpfwiesen), Hochmoore (Torfbeete): Ausheben von Gräben, Zuführen von Wasser (vgl. 5.7.3), Aufschütten von Torf.

4.5.3 **Trockenwiesen** wie magere Wiesenborde, Wegböschungen, sonnige Hänge: Unterbinden der Düngung, allenfalls Abgrenzen durch Graben gegenüber dem Kulturland, Aufschütten von Steinhaufen.

4.5.4 **Öd- und Brachland** wie Block- und Schutthalden, Rutschungen, Kies- und Sandflächen, Wände von Kiesgruben und Steinbrüchen, Steinhaufen, Höhlen: Aufschütten von grobem, eckigem Block- und Kiesmaterial, Bauen von Kleintierverstecken (Drainageröhren, Steinplatten), Entfernen der Vegetation an Teilen von Gruben- und Steinbruchwänden, Graben und Abstützen von Höhlen, Abgraben von Steilböschungen, Einfräsen von Geländeeinschnitten, Aufführen von Sand, Kies und Steinen.

4.5.5 **Hecken, Gehölze, Wäldchen** (siehe Bepflanzungsplan 4.6.10).

⑱ Bach als Tangente

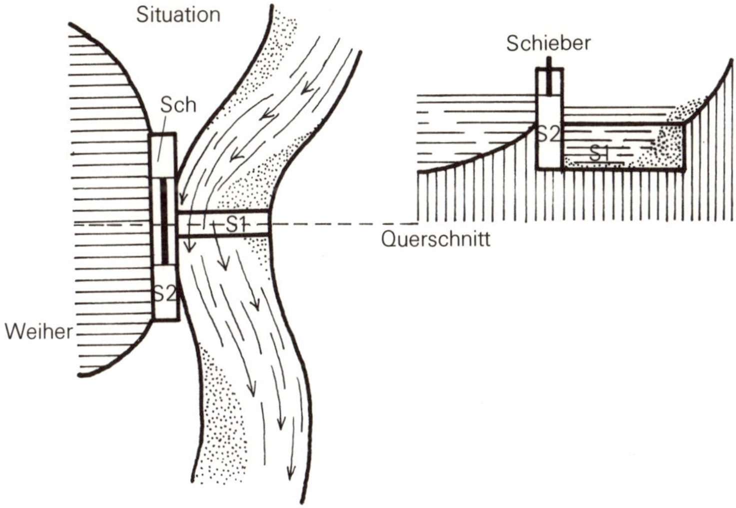

⑲ Einlaufbauwerk «Uerkenweiher»

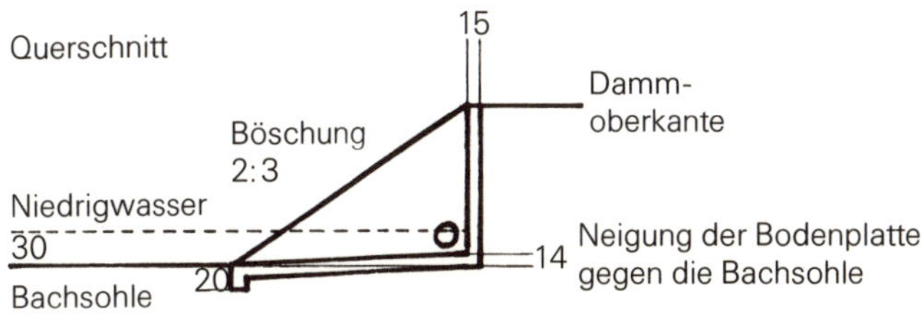

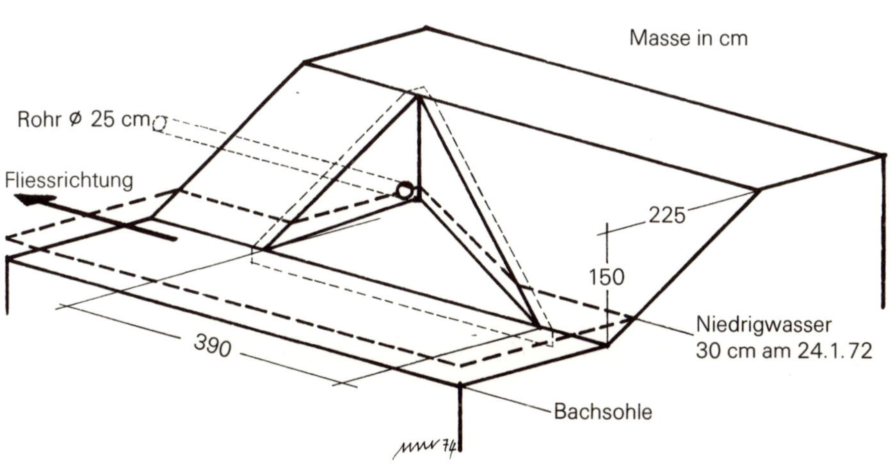

⑱ **Bach als Tangente:** Der Einlauf liegt am äusseren Ufer eines Bachbogens; hier räumt der Bach aus; am inneren Ufer führt er Material auf. Eine Schwelle (S1) auf der Höhe des Einlaufes verhindert, dass sich der Bach hier eintieft. Eine zweite Schwelle (S2) mit eingebautem Schieber (Sch) verhindert einerseits, dass Weiherwasser abfliesst, anderseits, dass schmutziges Niederwasser des Baches eindringt. Der Schieber reicht etwa 20 cm über den Höchstwasserstand des Baches und wird nach Bedarf - am besten am Ende eines Hochwassers - geöffnet.

Abzweiger eines Baches: Mit einem kleineren oder grösseren Wehr (vgl. Skizze 17) und einem anschliessenden Wassergraben, mit niedrigen Stauschwellen und anschliessenden Plastikrohren oder mit speziellen Einrichtungen (vgl. Skizze 19), können wir über kürzere oder längere Strecken von einem Bach Wasser zuleiten. Je nach Bedarf öffnen oder schliessen wir diese Zuleitungen am Einlauf durch Querschieber (bei Gräben) oder Zapfen (bei Rohren). Eine interessante Lösung zeigt Skizze 19:

⑲ **Einlaufbauwerk «Uerkenweiher»,** Bottenwil AG

5.7.4 **Erddämme, Böschungen:**

Höhe: Hängt von der gewünschten Wassertiefe ab; Einstau des Wassers bis etwa 30 cm unter Dammhöhe, wenn nötig in Etappen.

Breite: Die Breiten der Sohle und der Krone richten sich nach der zu stauenden Wassermenge (Wasserdruck). Bei grösseren Weihern und Hanglagen ziehen wir einen Fachmann (Förster, Bauingenieur) bei, der die nötigen Berechnungen vornimmt.

Böschungen: Auf- und Abtragsböschungen erhalten am besten eine Neigung von 2:3. Es steht uns natürlich frei, stellenweise noch flacher auslaufende Uferpartien zu schaffen (vgl. 5.5.2).

Verdichten: Vor dem Einlassen des Wassers müssen die Dämme gründlich verdichtet werden (entweder durch mindestens halbjähriges Absetzen des Erdreiches bei feuchter Witterung oder durch lageweises Behandeln mit einem Plattenvibrator bzw. einer Vibrationswalze). Die Innenseiten erhalten eine rund 20 cm dicke Lehmauflage (allenfalls Plastikeinlage).

Brechen von Steilböschungen: Unerwünschte Steilufer brechen wir mit Schüttungen aus Steinen und Magererde. Die nachstehenden Skizzen veranschaulichen zwei mögliche Lösungen:

⑳ **Anböschung an Betonmauer:** Bis rund 20 cm unter den Tiefstwasserstand (T) des Weihers wird zwischen die senkrechten Betonmauern und den Blocksatz eine Kies-/Sandmischung geschüttet. Die Zwischenräume, die die unbehauenen Steine des Blocksatzes bilden, dienen Wassertieren als Unterschlupf.

21 **Schaffung eines Seichtwasserteiles vor einem Steilufer:** Varianten: Weidenfaschinen statt Bretter, Eichenpfähle statt imprägnierte Tannenpfähle. (Diese können stellenweise das Wasser für einige Wochen vergiften.) Bodengrund und Wassertiefe je nach Bedarf (vgl. 5.8). Der Blocksatz kann auch wegfallen.

Bepflanzung: Besonders Weiden, aber auch andere Gehölze wie Hartriegel, Weissdorn, und eine Grasnarbe helfen mit, die Böschung zu verfestigen. Gehölze pflanzen wir vor allem auf den Aussenseiten der Dämme.

---

20 **Anböschung an Betonmauer**

Neigung 2:1

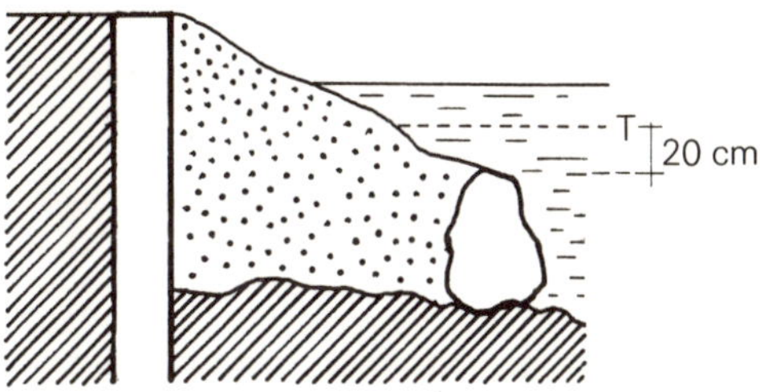

21 **Schaffung eines Seichtwasserteiles vor einem Steilufer**

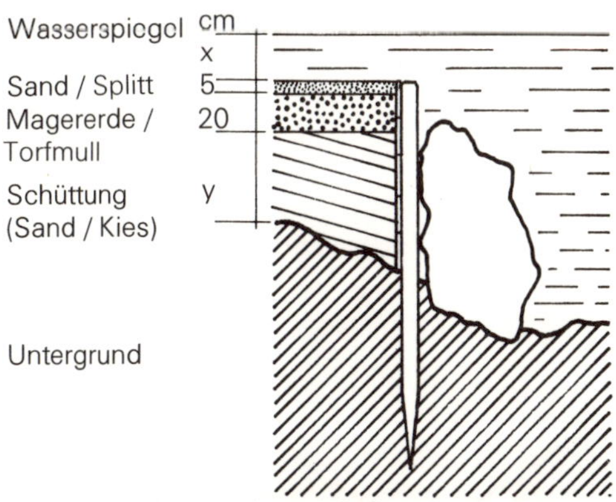

Pfähle teerölimprägniert, ⌀ 6–8 cm,
Abstand 60 cm
Bretter teerölimprägniert, 24 mm dick
Blocksatz unbehauen

5.7.5 **Einlauf, Überlauf:** Wo Einlauf und Überlauf durch Erddämme führen, besteht die Gefahr, dass das Wasser sich einfrisst und Erdreich wegschwemmt. Statt nun die sicherste Lösung zu wählen und Betonröhren zu verlegen (vgl. Skizze 22b), mauern wir nach Möglichkeit offene naturnahe Schalen (vgl. Skizze 22a). Bei grossen Durchflussmengen verstärken wir die Dämme links und rechts von Ein- und Überlauf mit 1 bis 2 m langen, 20 cm dicken Flügelmauern aus Beton. Reihen aus senkrecht in den Boden getriebenen Holzpfählen oder Eisenstäben (allenfalls Drahtgitter oder durchlochte Bleche) verhindern, dass bei Ein- oder Ausläufen grössere oder kleinere Wasserbewohner entweichen.

22 **Einlauf/Überlauf** (in Dämmen und bei starkem Gefälle): Rohe Schale (Trapezprofil) aus Naturbruchsteinen, bei grösserem Gefälle in Magerbeton verlegt (verhindert Rückwärtseinschneiden des Bächleins).

Ein über der Wasserfläche liegender Einlauf wirkt sich günstig aus (Bewegung der Wasseroberfläche, Erwärmung und Anreicherung des Wassers mit Sauerstoff). Stehen längere Abschnitte zur Verfügung, gestalten wir Zu- und Abfluss als natürliche Wiesenbächlein (vgl. Skizze 23). Gerade unterhalb von Weihern können wir oft schöne Sumpfwiesen schaffen, wenn wir mehrere Überläufe anbringen oder ein Netz von wasserzubringenden kleinen Gräben anlegen.

23 **Gestaltung eines natürlichen Bächleins:** Die Grösse des Durchlassprofils richtet sich nach der zu erwartenden Höchstwassermenge. Eingelegte Bruchsteine (vgl. Skizze 22a) machen das Bett auswaschsicher; wo möglich lassen wir aber die Sohle unbedeckt und natürlich. Breite Stellen wechseln mit schmalen, tiefe mit seichten. Wir schaffen mit Gesteinsplatten Gefällstufen (kleine Wasserfälle mit Kolken). Wenn nötig, befestigen wir die Ufer mit Faschinen oder alten Brettern; später übernimmt das Wurzelgeflecht der angepflanzten Gehölze diese Aufgabe.

---

22 a **Einlauf/Überlauf**

Naturbruchstein in Magerbeton verlegt

Masse in cm

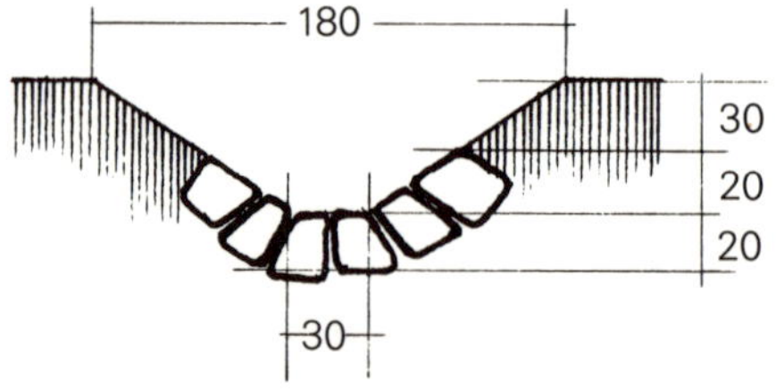

22 b Einlauf/Überlauf

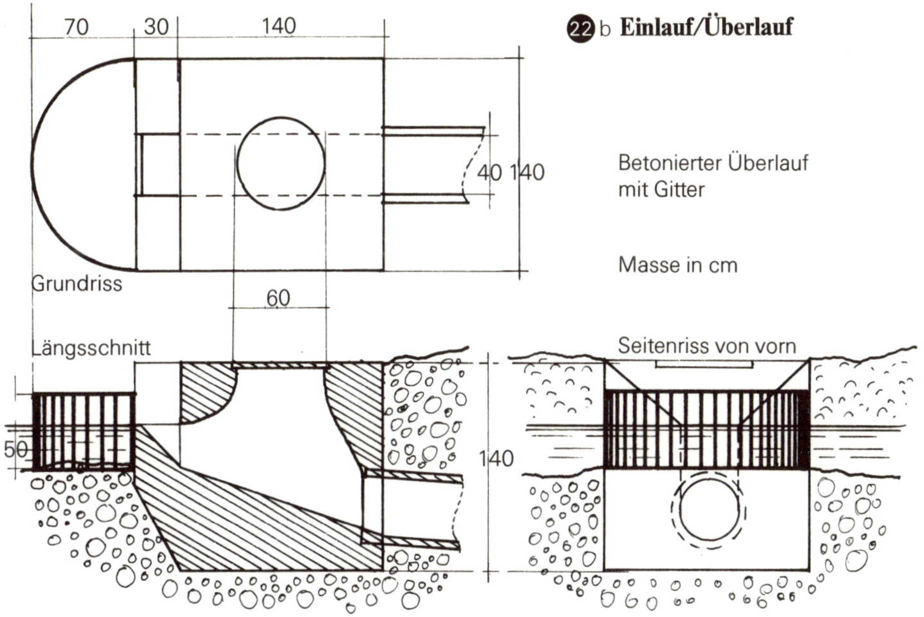

Betonierter Überlauf
mit Gitter

Masse in cm

23 Gestaltung eines natürlichen Bächleins

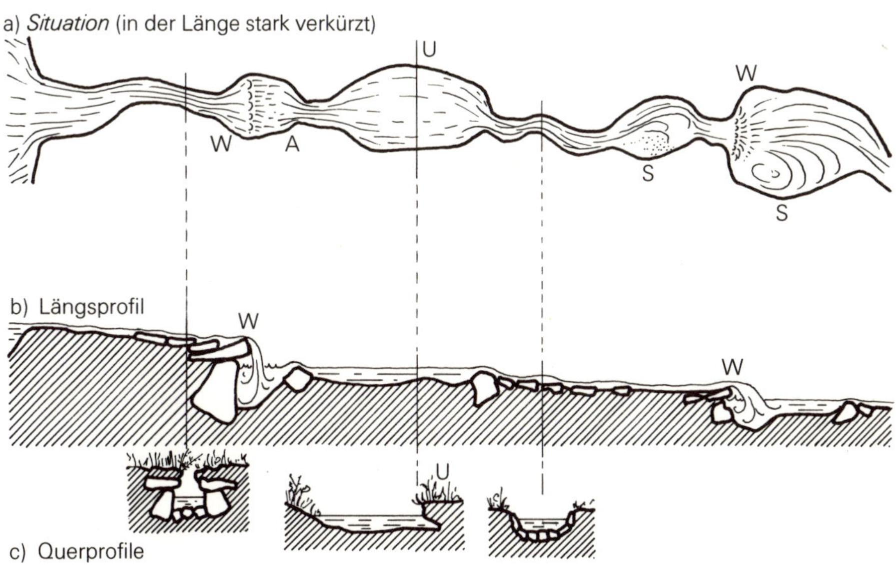

W = Wasserfall (Sauerstoffanreicherung)
A = Ausspülbecken (Larven des Feuersalamanders)
U = Unterspültes Ufer mit Höhlen (Unterschlupf für Forellen und Krebse)
S = Sandbänke längs von Widerläufen (Forellenlaichplätze)

5.7.6 **Entleerung** (vgl. auch 5.6.1 und 5.11.5). Um das biologische Gleichgewicht, das wir im Weiher anstreben (vgl. 5.10), nicht zu stören, werden wir das Wasser möglichst selten ablassen. Um gewisse Betreuungsarbeiten (Neuanpflanzungen, Abfischen, Abgraben von Faulschlamm, Ausbaggern von Geschiebe) auszuführen, müssen wir das Gewässer von Zeit zu Zeit doch entleeren; dies lässt sich auf verschiedene Arten bewerkstelligen:

Heberprinzip: Ist das nötige Gefälle vorhanden, können wir selbst grössere Weiher mit Hilfe von Plastikschläuchen oder Jaucherohren hangabwärts entleeren, so wie wir das zu Hause mit einem Aquarium tun.

Pumpe: Wir beschaffen uns eine Wasserpumpe (Feuerwehr, Bauge-

24 Betonschacht mit Schieber
(als Grundablass)

(Der Schiebermechanismus mit Drehgewinde ist nicht im Detail gezeichnet)
Sch Schieber
V Vierkant zum Ansetzen des Schlüssels am oberen Ende des Schiebergestänges

Masse in cm

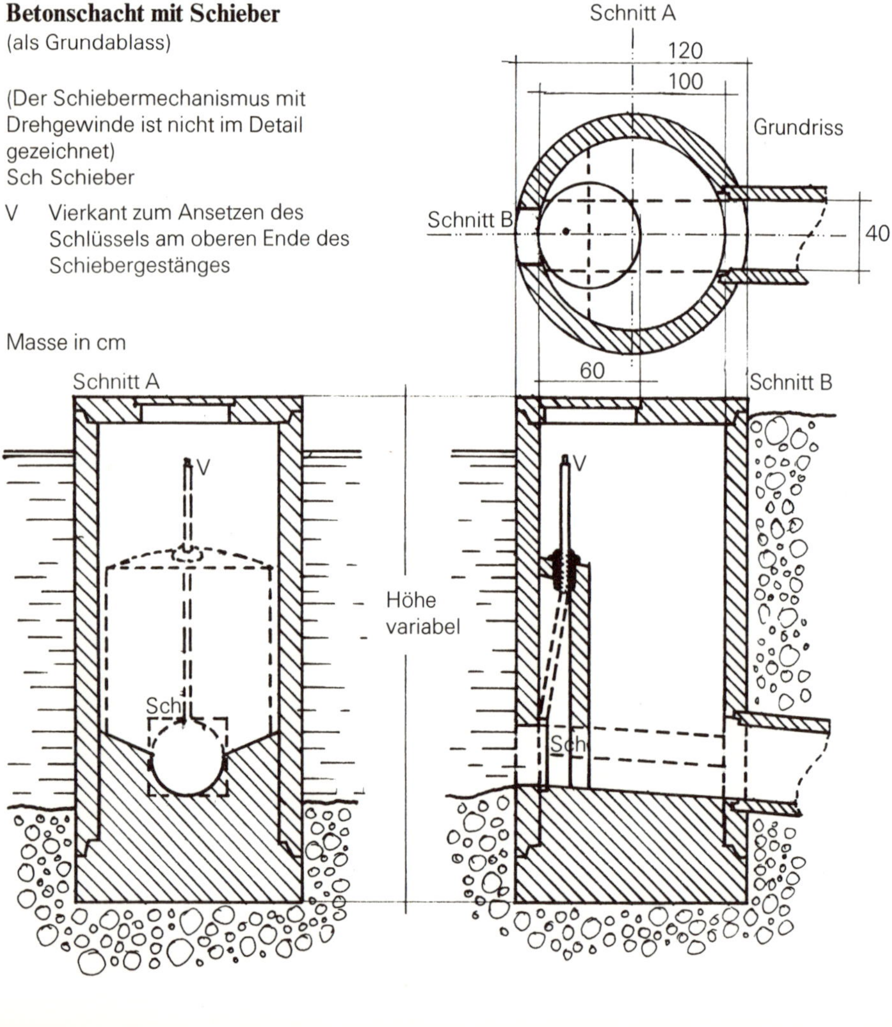

schäft) und pumpen das Wasser aus, das wir in einer Rohrleitung dem Abflussbach zuführen.

Abläufe (vgl. 5.5.5): Skizzen 24 und 25 veranschaulichen verschiedene Lösungen.

24 Betonschacht mit Schieber

25 Grundablass mit verschiedenen Verschlüssen

Wassertiefe	*Art des Verschlusses*
bis 80 cm	Stöpsel (innen oder aussen, Skizze 25a)
bis 300 cm	Stöpsel in Führungsrohr (innen, Skizze 25b)
mehr als 300 cm	Stöpsel kann wegen Wasserdrucks nicht mehr von Hand herausgezogen werden.*

---

25 Grundablass mit verschiedenen Verschlüssen

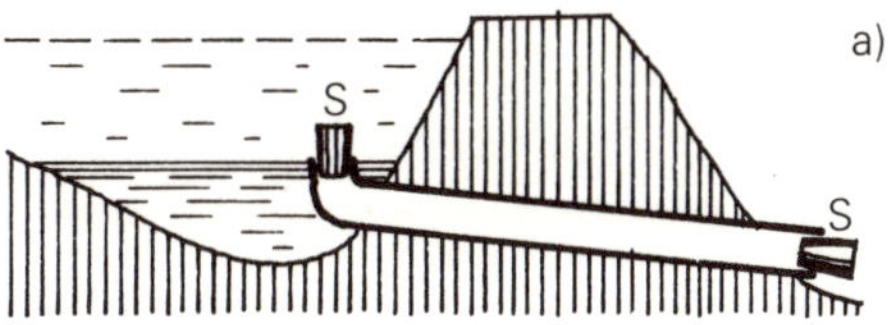

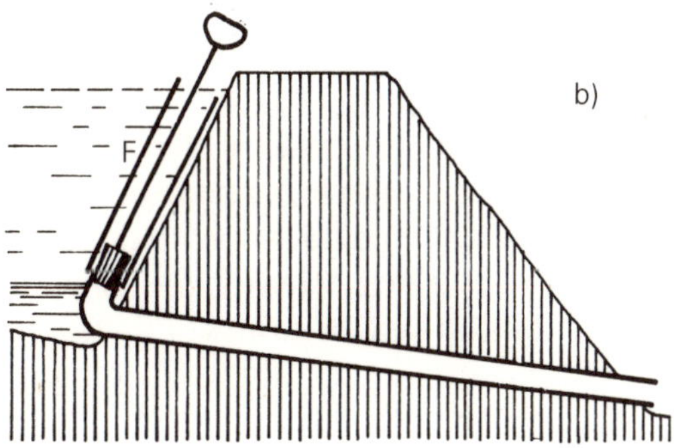

S = Stöpsel
F = Führungsrohr

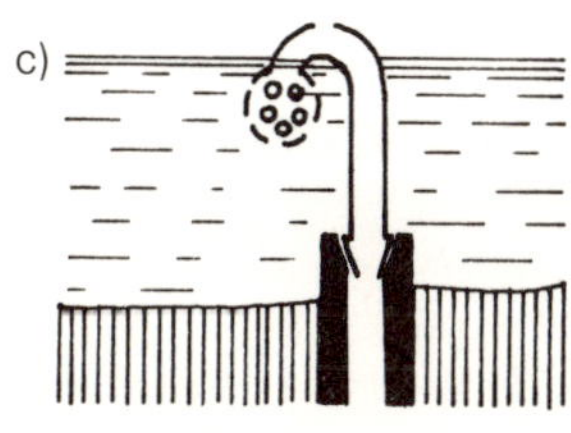

* Statt – wie das früher meist gemacht wurde – eine unschöne ständige Hebevorrichtung zu errichten, befestigen wir am Stöpsel eine Kette oder ein Drahtseil. Wir verstecken das obere Ende der Zugsvorrichtung am Ufer unter einer Steinplatte. Muss der Weiher einmal entleert werden, ziehen wir den Stöpsel mit einer Seilwinde über einen Hebebock oder mit einem aufgestellten Flaschenzug aus der Fassung. Noch besser ist es, wenn wir bei über drei Meter tiefen Weihern die Lösung von Skizze 24 wählen.

Bei kleineren Weihern genügt ein Holzzapfen als Verschluss. Bei grösseren und tieferen Weihern verwenden wir einen Metallkonus, der genau in den Gegenkonus des Abflussrohres passt. Der Querschnitt des Ablaufrohres richtet sich nach der Wassermenge des Weihers; ist er zu klein, müssen wir wochenlang warten, bis das Wasser genügend tief absinkt. Wollen wir aus irgendeinem Grunde keinen oberirdischen Überlauf schaffen (z. B. bei knappen Platzverhältnissen in einem Garten), kombinieren wir Ablauf und Überlauf wie in Skizze 25c.
Nach dem Entleeren des Weihers soll in einer Mulde eine genügende Restwassermenge zurückbleiben, die den Kiemenatmern das Überleben ermöglicht (rund $\frac{1}{100}$ der Wasseroberfläche und $\frac{1}{10}$ der Wassertiefe). Gelingt es uns, die Abflussmenge über der des Zuflusses zu halten, brauchen wir diesen nicht zu unterbrechen (Vorteil eines Abflusses mit grossem Querschnitt). Allenfalls leiten wir den Zufluss in einem Graben oder in Rohren um den Weiher herum.

5.8 Bepflanzung

Unser Schulweiher soll im, auf dem und am Wasser eine reiche Flora beherbergen (vgl. 4.6, vor allem 4.6.2 und 4.6.6). Dabei geht es nicht darum, ihn mit Seltenheiten zu bestücken, obwohl sich schon Gewässer mittlerer Grösse dazu eignen, dieser oder jener bedrohten Art ein Refugium zu bieten. Wichtig ist, dass der Weiher verschiedene Wassertiefen hat und dass wir aufmerksam verfolgen, wie sich die Vegetation entwickelt. Gerade in einem Feuchtbiotop neigen gewisse Pflanzen dazu, sich unter besonderen Licht-, Temperatur- und Nährstoffbedingungen sehr rasch zu vermehren und andere Arten zu überwuchern.

5.8.1 **Wassertiefen:** Wir unterscheiden optimale Wassertiefen und Tiefengrenzen:

Optimale Wassertiefe: Bei dieser Tiefe gedeiht eine bestimmte Art (oder eine bestimmte Pflanzengesellschaft) am besten und lässt sich durch Konkurrenten kaum verdrängen. Wir haben uns das zum Beispiel bei der Bepflanzung des Haldenweihers in Zofingen zunutze gemacht:

Seminar Solothurn; kleiner Plastikweiher mit Betonsockeln (Begehungsmöglichkeit zum Fangen und Beobachten); Rand mit Steinpackung; kein Wasserzufluss; Umgebung – statt als einförmiger Rasen – als Naturwiese gestaltet; rechts Naturhecke aus einheimischen Gehölzen

26 **Gestaltung «Haldenweiher»,** Zofingen (nach Zimmerli; 6): Tiefwasserteile von 2 bis 4 m Tiefe grenzen die mit Pfahlreihen und Brettern geschaffenen Seichtwasserteile b–g ab (vgl. Skizze 21). Ausser dem Tannenwedel und den Arten der Wasserzone (untergetauchte und schwimmende Pflanzen) hat keine Pflanze diese natürlichen Schranken überwunden. Wir hielten uns beim Einsetzen an die untenstehende Liste (weitere Arten vgl. 4.6.2), die sich auf praktische Erfahrungen stützt, hingegen pflanzensoziologische Gesichtspunkte nur beschränkt berücksichtigt (* = Einpflanzen geplant, noch nicht ausgeführt).

Tiefwasserteil (über 150 cm tief): Laichkräuter, Tausendblätter, Hornblätter*, Wasserfeder*, Froschbiss*
Seichtwasserteil e (150 cm tief): Teichrose
Seichtwasserteil d (100 cm tief): Seerose
Seichtwasserteil g (40 cm tief): Rohrkolbenröhricht mit Breitblättrigem Rohrkolben, Gelber Schwertlilie, Wasser-Ampfer*, Seebinse*, Tannenwedel
Seichtwasserteil f (20 cm tief): Schilfröhricht mit Gelber Schwertlilie, Tannenwedel, Grossem Süssgras, Sumpfbinse*, Sumpf-Knöterich*, Igelkolben*, Kalmus*, Bach-Minze*

26 **Gestaltung Haldenweiher**

a Schlammfänger
b Wasserstand 5 cm
c Wasserstand 10 cm
d Wasserstand 100 cm
e Wasserstand 150 cm
f Wasserstand 20 cm
g Wasserstand 40 cm
h Freilandterrarium
i Ablauf, Überlauf mit Flügelmauern (Beton)
k Spazierweg

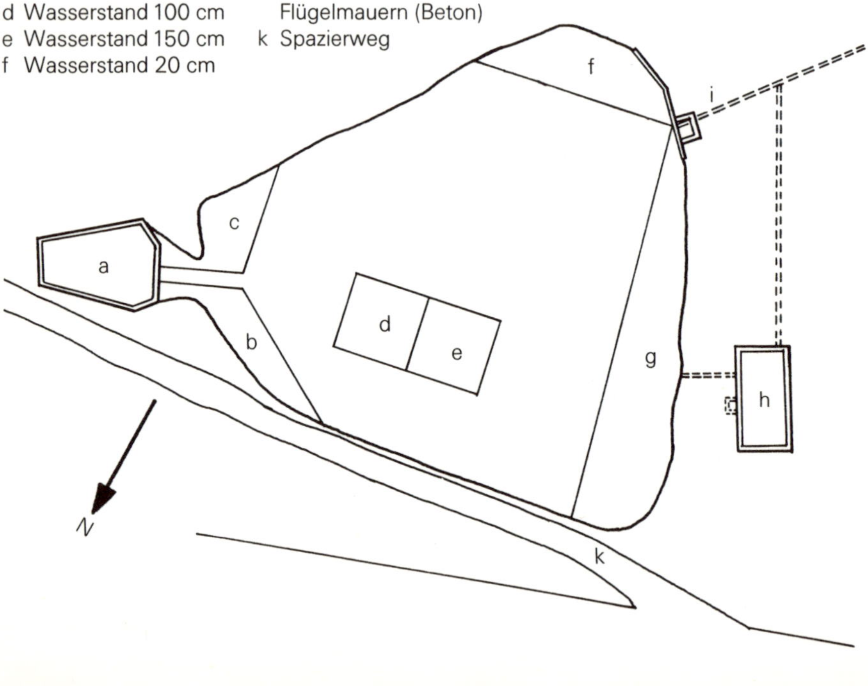

Seichtwasserteil c (10 cm tief): Gross-Seggen-Ried mit Schlanker Segge, Schnabel-Segge, Waldbinse, Dotterblume, Grossem Süssgras, Pfeilkraut*, Schwanenblume*, Teichenzian*, Sumpf-Läusekraut*, Wasserschierling*, Sumpf-Schachtelhalm*
Seichtwasserteil b (5 cm tief): Gross- und Kleinseggen mit Schlanker Segge, Aufgeblasener Segge, Gelber Segge*, Schlamm-Segge*, Drachenwurz, Fieberklee, Cypergras*, Froschlöffel, Wolfsfuss*, Sibirischer Schwertlilie, Blut-Weiderich, Strauss-Gilbweiderich, Gewöhnlichem Gilbweiderich*, Teichbinse*

Tiefengrenzen: Jede Pflanzenart der Verlandungszone gedeiht landeinwärts bis zu einer minimalen und vom Ufer weg bis zu einer maximalen Wassertiefe. Diese Grenzen sind für uns sehr wichtig. Steht zum Beispiel in einem Weiher das Wasser nirgends tiefer als 1 m, werden wir kein Schilf - oder dann höchstens in festen, kontrollierbaren Behältern - einpflanzen, da dieses Gras sonst in kürzester Zeit die ganze Wasserfläche erobert. Die nachstehende Tabelle enthält nur ungefähre Zahlenangaben (abgeändert nach Fischer ; 21a):

Pflanzenart	*Minimaltiefe** in cm*	*Maximaltiefe*** in cm*
Breitblättriger Rohrkolben	0	80
Froschlöffel	0	40
Pfeilkraut	0	30–100
Seebinse	10	150
Gross-Seggen	0	40
Klein-Seggen	0	20
Schilf	0	90
Seerose	30	170
Bachbungen-Ehrenpreis	0	10

* Bei längerer Trockenlegung weichen die Pflanzen der Verlandungszone den Konkurrenten aus anderen Pflanzengesellschaften (vgl. optimale Tiefen).
** Kürzere Überflutungen mit höher stehendem Wasser werden in der Regel ertragen.

Der Leser prüfe und ergänze diese provisorische und unvollständige Liste selbst anhand eigener Beobachtungen!

(27) **Bepflanzung und Tiefenlinien eines kleineren Schulweihers** (Betondichtung)

5.8.2 **Bodengrund** (vgl. auch 5.10.3): Der einzubringende Bodengrund soll die Sohle und die ansteigenden Flachufer des Weihers mit einer rund 20 cm dicken Schicht bedecken. Seine Zusammensetzung hängt ab:

- von den Bodenverhältnissen
- von der Qualität des zufliessenden Wassers
- von der Art der Weiherdichtung

Je nachdem wird der Weiher nährstoffarm oder nährstoffreich sein:

nährstoffreich: (fett)	lehmige, tonige Böden; Humus; Wasser aus Kulturwiesen (Dünger); Lehmweiher

27 Bepflanzung und Tiefenlinien eines kleineren Schulweihers
(Betondichtung)

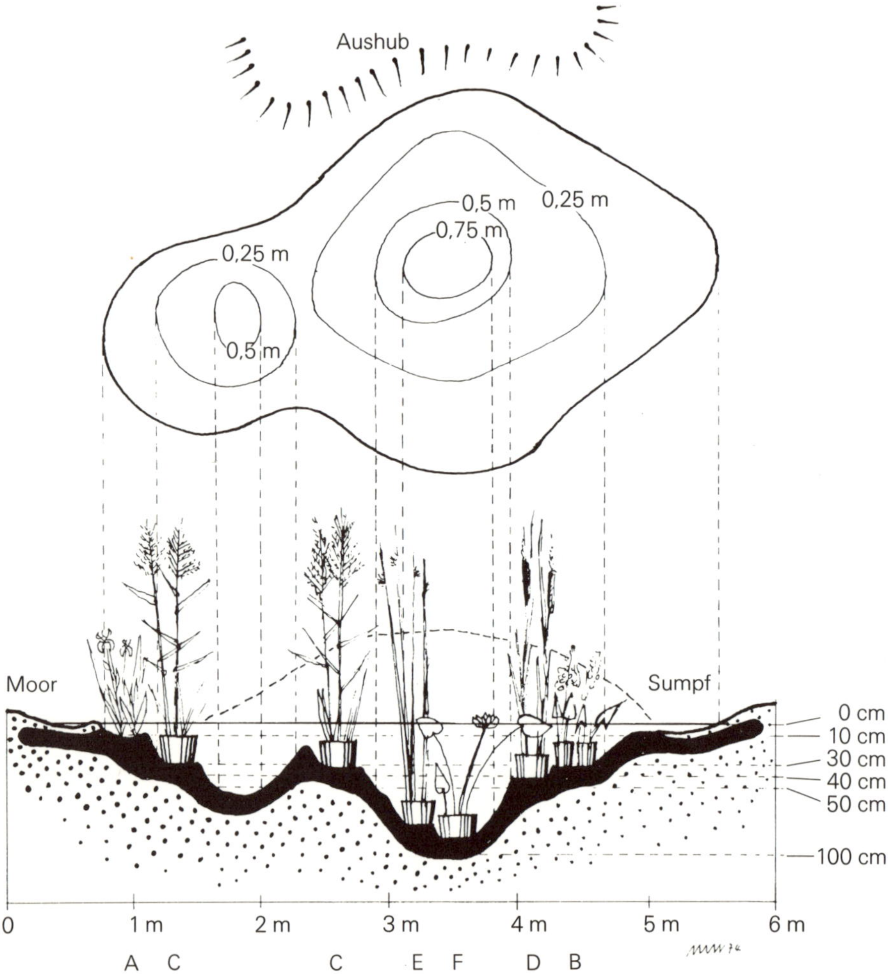

A	Gelbe Schwertlilie	10 cm	D	Rohrkolben	40 cm
B	Pfeilkraut und Froschlöffel	30 cm	E	Seebinse	75 cm
C	Schilf	30 cm	F	Seerose	85 cm

nährstoffarm: (mager)	Hochmoorböden, durchlässige Kiesböden; Magererde (Schicht unter dem abgeschürften Humus); Wasser aus dem Wald, Regenwasser; Beton-, Dachpappe- und Plastikweiher

Nährstoffreiche Weiher neigen – besonders bei starkem Lichteinfall – zur Veralgung. Nährstoffarme Weiher beherbergen nur wenige Pflanzen- und Tierarten. Unter den nachstehend vorgeschlagenen Bodengrundmischungen wählen wir lieber eine zu magere als zu fette. Lehmweiher werden in der Regel nicht humusiert.

Nährstoffgehalt	*Bestandteile*	*Mischungsverhältnis*
fett	Humus-Lehm-Torf-Sand	1:1:1:1
▲	Humus-Torf-Sand	1:1:1
│	Magererde-Torf-Sand	1:1:1
▼	Torf-Kies-Sand	1:1:1
mager	Kies-Sand	1:1

5.8.3 **Pflanzweise:** Wir sehen davon ab, einen neuerstellten Weiher sofort zu bepflanzen. Vorerst füllen wir ihn probeweise auf. Hält er nach einem Monat immer noch dicht, beschaffen wir uns das Pflanzgut (vgl. 4.6.9) und halten es in geeigneten Behältern gut feucht (Wasserpflanzen vertrocknen sehr rasch). Wir entleeren den Weiher und bepflanzen ihn von der tiefsten Stelle gegen die Uferränder hin. Gleichzeitig soll der Wasserspiegel ansteigen. Dauert es länger als eine Stunde, bis unsere «Setzlinge» überflutet werden, decken wir sie mit feuchten Tüchern oder Plastikfolien ab. Bedecktes, kühles und feuchtes Wetter fördert unser Vorhaben. Nach Möglichkeit verlegen wir die Pflanzarbeiten auf die kühleren Abendstunden. Die in den Bodengrund gesetzten Pflanzen (Vorbohren eines Loches mit den Fingern oder mit einem Setzholz, gutes Andrücken des Erdreiches) beschweren wir, indem wir eine 5 cm dicke Sand-/Splitt- oder Sand-/Kiesmischung aufschütten. Unterlassen wir dies, treibt am nächsten Tag das ganze Pflanzgut auf der Wasseroberfläche (Wirkung des Auftriebes). Bei kleineren Weihern achten wir darauf, dass grosse Pflanzen niedrigere nicht zu sehr beschatten (Haupteinfall des Sonnenlichtes beachten). Untergetauchte und schwimmende Arten können wir auch nach dem Auffüllen des Weihers einbringen: Wir versenken sie in Töpfen oder an Steine gebunden an den vorgesehenen Stellen.

5.8.4 **Pflanzen am Weiherrand:** An jedem natürlichen Gewässer stockt ein Ufergehölz. Wenn wir ein solches anpflanzen, beachten wir:

Artenauswahl: Rotbuche, Nussbaum, Nadelbäume usw. gehören nicht ans Wasser. Von den unter 4.6.6 aufgeführten Arten wählen wir besonders Erlen, Weiden, Esche, Birken, Hartriegel, Haselstrauch, Pfaffenhütchen, Gemeinen Schneeball, Traubenkirsche und Weissdorn.

Beschattung: Die Gehölze dürfen den Weiher nicht zu sehr beschatten, sonst gehen die Wasserpflanzen wegen Lichtmangels ein.

Anderseits verhindert eine gewisse Beschattung das Überhandnehmen von bestimmten Algenarten.

Laubfall: Wir rücken Bäume so weit vom Ufer weg, dass ihr Laub nicht oder nur zum kleinen Teil in den Weiher fällt. Auch pflanzen wir die Gehölze nicht zwischen Weiher und Herkunftsrichtung des häufigsten Windes (bei uns in der Regel der Westwind). Grosse Mengen von Fallaub, die sich am Weihergrund zersetzen, säuern zum Teil das Wasser an, vermindern dessen Sauerstoffgehalt und führen zu einem Überangebot an Nährstoffen.

Lücken: Die Uferbestockung soll nicht wie ein Kranz den ganzen Weiher umgeben (vgl. Beschattung, Laubfall). Freigehaltene Lücken gestatten Vorbeigehenden Einblick, ermöglichen Beobachtern und Betreuern den Zugang (für Fangaktionen, Reinigungsarbeiten an Zu- und Auslauf, Entleeren des Geschiebefängers usw.).

5.9 Einsetzen von Tieren (vgl. 5.10), Lurchenschutz

Beim Einsetzen von Tieren gilt allgemein das unter 4.9 Gesagte. Wir hüten uns besonders, in kleinere bis mittlere Weiher zu grosse oder zu viele Tiere einzusetzen. Zum Beispiel kann ein Karpfen in einem Gartenteich mit seiner Wühlarbeit den ganzen Pflanzenwuchs zugrunde richten. Gefrässige Forellen verschlingen die letzte herumschwimmende Kaulquappe. Sonnenbarsche entpuppen sich als arge Laichräuber. Exoten wie Goldfische gehören nicht in unseren Schulweiher. Auch Braut- oder Mandarinenten, so zierlich und farbenprächtig sie sind, sollen mit anderen Fremdlingen dort bleiben, wo sie bei uns hingehören, nämlich auf Parkteichen und in Volieren.

Etwas eingehender sei an dieser Stelle von den Lurchen (Amphibien) die Rede. Wir wollen im Schulweiher nicht nur diese interessanten Wirbeltiere beobachten und ihre Lebensweise erforschen, sondern zugleich etwas für den Schutz der bedrohten Lebewesen tun. Wir folgen im wesentlichen den Ausführungen des bewährten Amphibienspezialisten Hans Fischer, Wartenbergstrasse 45, 4133 Pratteln (21a):

5.9.1 Tagesaufenthaltsorte von Lurchen

Wasser: Wasserfrosch, Gelbbauchunke

Feuchte Höhlen: Grasfrosch, Erdkröte, Molche, Salamander

Trockene Höhlen: Geburtshelferkröte, Kreuzkröte

Uferpflanzen (Röhricht, Gebüsche): Laubfrosch

5.9.2
Laichorte von Lurchen

Art	*Ort*	*Laich*
Grasfrosch	flache, bis 20 cm tiefe Stellen; meist Nord- oder Ostseite des Weihers; mit oder ohne Pflanzenwuchs	grosse Klumpen
Wasserfrosch	50–200 cm tiefe Stellen in der Schwimmpflanzengesellschaft	mittelgrosse Klumpen
Laubfrosch	ähnlich wie Wasserfrosch; die laichenden Tiere lieben die Nähe von Röhricht (Schilf, Rohrkolben) und Gehölzen (Weidengebüsch)	nussgrosse Klumpen
Erdkröte	Wassertiefe unwichtig; breiter Röhrichtstreifen erwünscht; vgl. das Abstreifen des Laiches (Ersatz: ins Wasser geworfene Bündel aus dürren Schilfhalmen oder fein verzweigte Äste)	lange Schnüre
Kreuzkröte	sehr flache, 5–15 cm tiefe Stellen, ohne oder nur mit spärlichem Pflanzenwuchs	kürzere Schnüre
Gelbbauchunke	ähnlich wie Kreuzkröte	Eier einzeln oder in kleinen Paketen, an Wasserpflanzen oder am Boden
Geburtshelferkröte	ähnlich wie Kreuzkröte; da die Larven oft im Bodenschlamm überwintern, sollte das Laichgewässer eine Stelle von mindestens 50 cm Tiefe haben	Männchen wickelt die wohl grosse, aber nur wenige Eier enthaltende Laichschnur um die Hinterbeine; kurz vor dem Schlüpfen der Larven (nach 2-3 Wochen) streift es den Laich im Wasser ab
Molche (Kamm-, Teich-, Faden-, Bergmolch)	bevorzugen 50 cm tiefe Stellen mit reichlichem Unterwasserpflanzenwuchs	Eier, die an der Unterseite der Blätter von untergetauchten Wasserpflanzen einzeln angeklebt werden

5.9.3 **Schutz der Lurche vor dem Verkehrstod:** Wir haben bereits unter 5.3.5 auf die Wanderungen gewisser Lurcharten hingewiesen. Oft können wir nicht vermeiden, dass unser Schulweiher in die Nähe einer Autostrasse zu liegen kommt oder dass eine stark befahrene Verkehrsader am Reservat vorbei gebaut wird. Die unten angeführten Massnahmen können in solchen Fällen getroffen werden. Je nach den örtlichen Gegebenheiten lesen wir die geeigneten aus.

Verbote, Gebote: Aufstellen von Warntafeln (Signal Frosch) mit Geschwindigkeitsbeschränkung oder Nachtfahrverbot auf gewissen Strassenabschnitten für bestimmte Zeiten, wichtig vor allem Ende Februar bis April, wenn die Lurche zu den Laichgewässern ziehen, nötig nur für wenige Nächte; periodische Aufrufe in der Lokalpresse. Die Erfahrung zeigt, dass diese Massnahmen nur Erfolg bringen, wenn sie mit den weiter unten beschriebenen kombiniert werden.

Notzäune (aus Plastik):

28 **Notzaun aus Bauplastik** (20 cm breit, 1/5 mm dick): Die Zeichnungen veranschaulichen das Aufstellen der Zäune. Wir fertigen die Doppeleisenstäbe am besten aus Abfällen von Armierungseisen (auf Bauplätzen kostenlos erhältlich) an. Solche Plastikzäune dienen nur als Provisorium. Sie sind billig und rasch aufgestellt. Klingt der Lurchenzug ab, werden sie weggeräumt. Die Zäune hindern die Lurche, die Strasse zu überqueren, und leiten die Tiere entweder zu Fanggefässen oder Unterführungen. In den folgenden Jahren treffen wir Dauerlösungen (vgl. weiter unten). Wir lassen uns durch einen Fachmann beraten (Adresse siehe 4.2.1).

Fanggefässe (Blech, Plastik usw.):

29 **Fanggefässe:** Günstig sind Gefässe, deren oberer Rand nach innen vorspringt, weil zum Beispiel Molche auch an senkrechten glatten Wänden emporklettern. Damit in angesammeltem Regenwasser keine Kleintiere (Spitzmäuse, Nager, Eidechsen) ertrinken, bohren wir in die Seitenwände 1 cm über dem Boden einige Löcher. Wir können auch mit einem rauhen Ast einen Ausstieg schaffen. (Nur wenn keine Molche mit im Spiel sind!) Nach Möglichkeit graben wir die Fanggefässe nicht in Mulden, sondern in Bodenerhebungen ein, damit das Wasser wegfliesst. Lässt sich das Ansammeln von Wasser nicht vermeiden, legen wir ein Floss (Brettchen) in den Fangkübel. Die Fanggefässe müssen jeden Morgen kontrolliert und geleert werden.

Dauerzäune (aus Drahtgeflecht): Damit die Lurche die Schranken nicht überklettern, biegen wir den oberen Teil des Maschendrahtes (3–4 cm) in Richtung der zuwandernden Tiere um.

Maschenweite:	nicht grösser als 5 mm	für Molche
	nicht grösser als 8 mm	für die übrigen Lurche
	nicht grösser als 2,5 mm	für Jungtiere

㉘ Notzaun aus Bauplastik

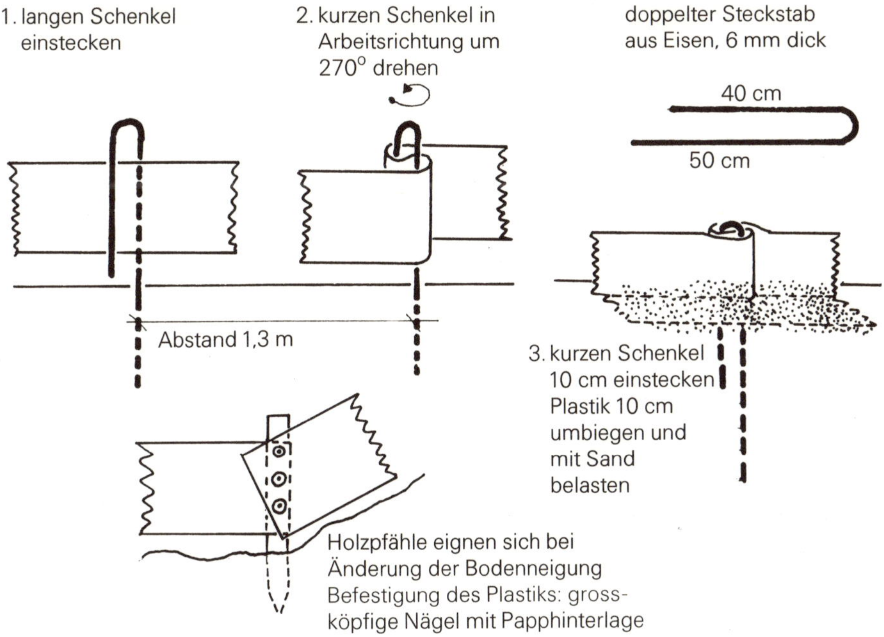

㉙ Fanggefässe

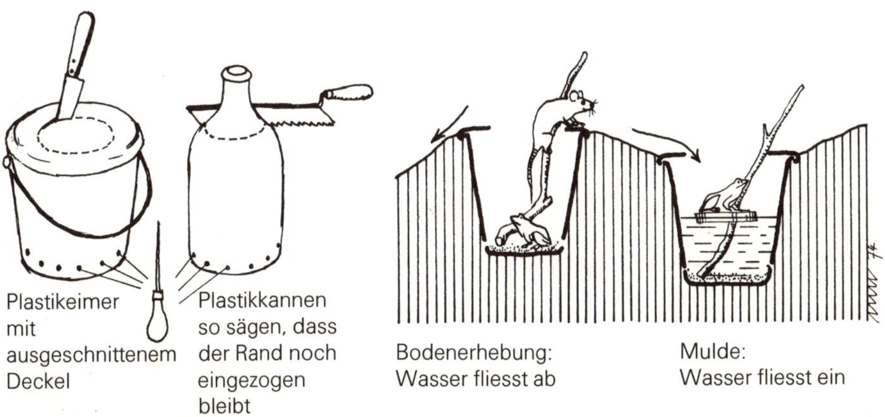

Weitere Einrichtungen (Schranken, Unterführungen):

30 **Gräben, Wulste, Schienen:** Mit modernen Fräsen lassen sich Schutzgräben rasch und verhältnismässig billig ausheben. Mitte Februar räumen wir die Gräben alljährlich aus (Entfernen von Fallaub, Erde, Unrat). Wie die anderen beschriebenen Schranken müssen wir sie auf die ganze Länge kontrollieren, allfällige Beschädigungen reparieren und alle Pflanzen entfernen, die den Lurchen als Kletterbäumchen und Brücken das Überqueren des Hindernisses ermöglichen könnten.

31 **Einwegrampe, Einwegzaun:** In Verbindung mit Zäunen erreichen wir mit diesen einfachen, wartungsarmen Einrichtungen, dass die Lurche in ein bestimmtes Gebiet geleitet werden, das sie nicht mehr verlassen können (wichtig für Umsiedlungen, für das Absperren eines Weihers als «Laichgefängnis»).

30 **Gräben, Wulste, Schienen**
als Lurchschranken

A = grasfreie Zone
20 cm breit

Wulst aus Teerkies
oder Beton

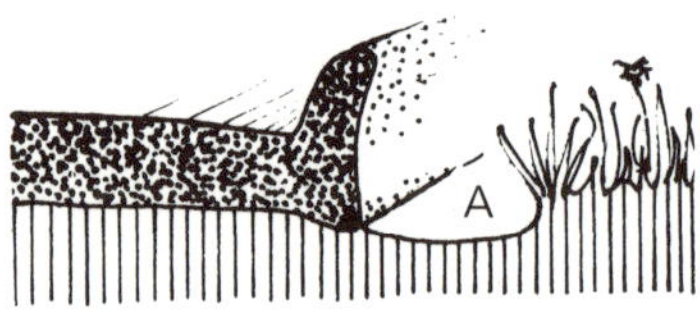

Wasserrinne
aus Beton als
Schranke

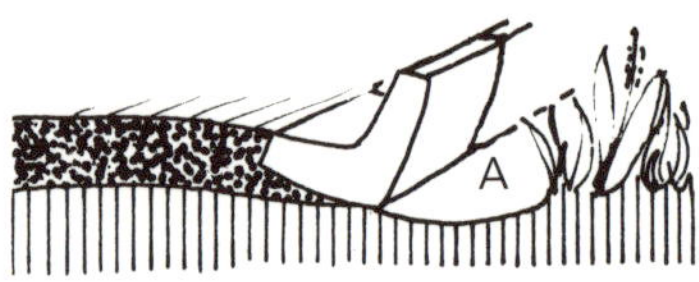

Schranke aus
Eisenbahn-
schienen

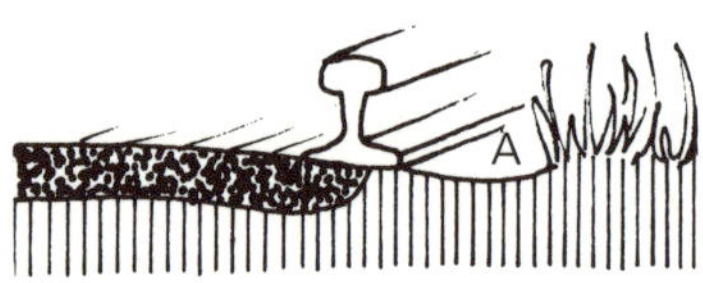

ausgefräster
Graben mit
Plastikwand und
Unterführung
wie Abb. 32

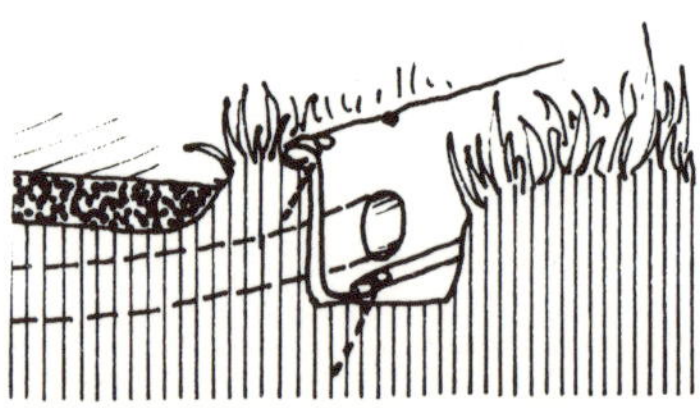

㉛ Einwegrampe, Einwegzaun

Einwegrampe
Masse in cm

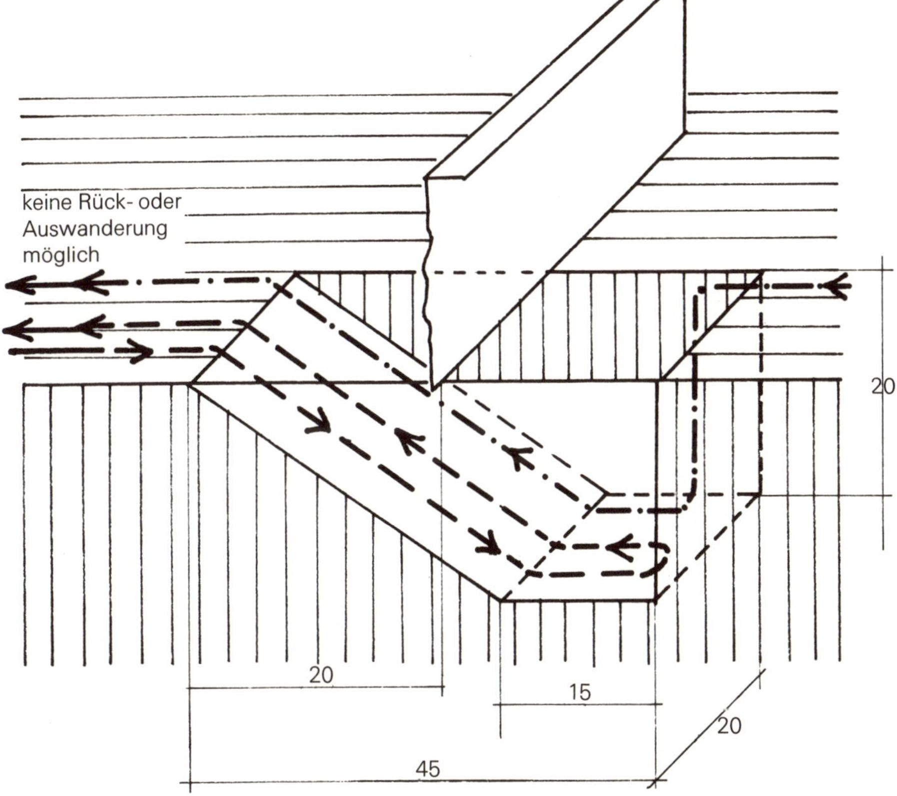

Einwegzaun mit Rampe

hinterfüllter Zaun

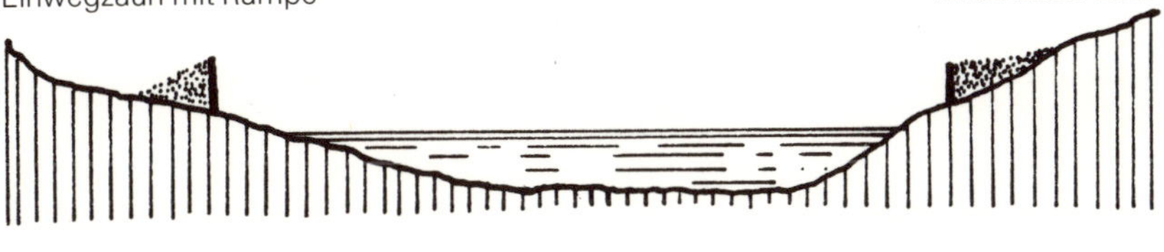

❸❷ **Doppelte Einwegunterführungen:** Wir empfehlen diese Lösung vor allem bei Neuanlagen. Wir erstellen Unterführungen alle 50 m. Sie sollten mit Druck durchspülbar und durchschaubar sein. Die wartungsarmen Einrichtungen verunmöglichen es den Lurchen, am falschen Ort ein- oder auszusteigen. Der Durchmesser des Einfallschachtes muss mit der Länge der Leitung zunehmen, da der Schacht der Leitung (Achtung auf wasserdichte Fugen!) auch das nötige Regenwasser zuführt. Wir decken den Schacht mit Drahtgitter (Maschenweite 20 cm) ab, damit keine Menschen oder grössere Tiere hineinfallen.

---

❸❷ Doppelte Einwegunterführungen

a) Strasse auf einem Damm
Schnitt durch die vordere Unterführung

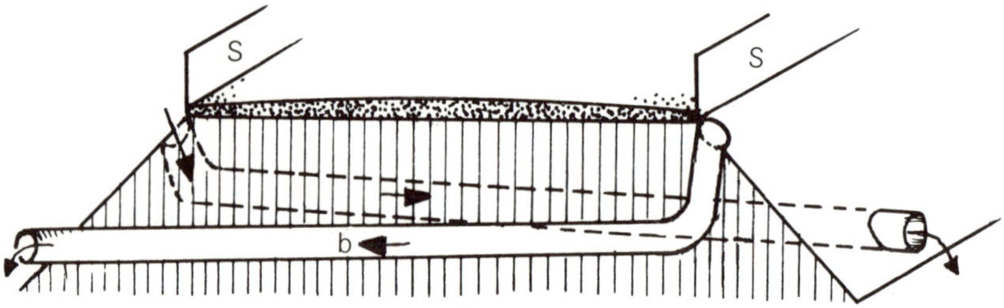

b) Strasse in einem Einschnitt (nur 1 Unterführung gezeichnet)

a Deckel der Entwässerungsanlage
b Unterführung 1% Gefälle
c Ausstiegrampe
d Wasserspiegel
e Tauchbogen
f Schlammschieber
g Abwasserleitung
S Schutzzaun

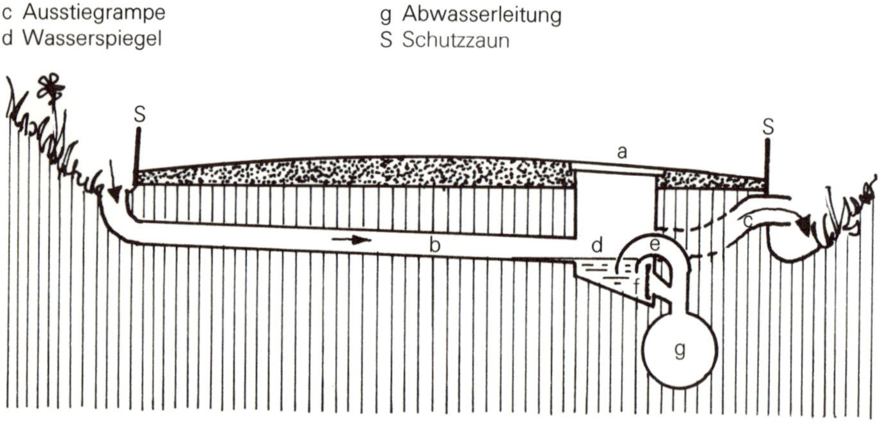

Leitungslänge	*Schachtdurchmesser*
– 5 m	30 cm
6 – 8 m	40 cm
9 – 13 m	50 cm
14 – 19 m	60 cm
20 – 25 m	70 cm
26 – 32 m	80 cm
33 – 42 m	90 cm
43 – 52 m	100 cm

Umsiedlungen: Einige Lurcharten sind auf ihr Laichgewässer geprägt. Die ortstreue Erdkröte zum Beispiel legt ihre Eier lieber aufs Trockene, wenn ihr Geburtsteich aufgefüllt worden ist, als in einen – auch nahe gelegenen – Ersatzweiher. Wird ein Laichbiotop zerstört, fangen wir die dort wohnenden Lurche und schliessen sie im Ersatzweiher (oder in einem Teil davon) ein, bis sie abgelaicht haben. Erwacht in den Amphibien der Trieb, ins angestammte Jagdgebiet zurückzuwandern (nach dem Auflösen der Paare), lassen wir sie frei. Wir wiederholen dieses Vorgehen bei Grasfröschen während rund vier Jahren, bei Erdkröten während rund acht Jahren. Die sich aus den Kaulquappen entwickelnden Jungtiere sind auf den neuen Weiher geprägt.
Mit Schranken können wir auch Jagdgebiete, die die Lurche unter Gefahren beziehen müssen, absperren und neue Traditionen in der Wanderung erzwingen. Denken wir auch an die Ortstreue gewisser Lurche, wenn wir neue Weiher mit ihnen besiedeln wollen. In der Regel setzen wir nicht erwachsene Tiere, sondern Laich ein. Das gilt vor allem für Grasfrosch und Erdkröte.

5.10 Gesunder Weiher – kranker Weiher

Jeder Weiher stellt ein eigenes Wesen dar (vgl. 5.1.1), das in seiner Gesamtheit auf Umwelteinflüsse reagiert. Es wäre verfehlt, bei unerwünschten Entwicklungen immer sofort einzugreifen. Es gilt, vorerst aufmerksam zu beobachten und geduldig abzuwarten. Allerdings gibt es auch Fälle, wo rasche Hilfe not tut. Hier ein paar solche Beispiele vom Haldenweiher in Zofingen:

Im ersten Sommer bedeckt der Haarblättrige Wasserhahnenfuss, abgesehen von einzelnen kleinen Stellen, die gesamte Wasserfläche. Im zweiten Jahr bildet er nur noch einige wenige quadratmetergrosse Inseln. Im dritten Jahr bleibt er - ohne menschliches Zutun - ganz verschwunden.

In einem anderen Jahr kontrolliere ich den Weiher nach fünfwöchiger Abwesenheit während der Sommerferien. Ein lückenloser Teppich aus «Entensalat» (Kleine Wasserlinse) bedeckt die Wasserfläche und droht, die Seerosen und die ganze Unterwasserflora zu erstikken. Mit zwei aufgebotenen Helfern rücke ich der Plage auf den Leib:

Von einem Gummiboot aus schöpfen wir die Wasserlinsen von der Weiheroberfläche ab. Im nächsten Jahr überleben bloss noch kleine Bestände der Pflanze im Rohrkolbenröhricht.

9. Mai 1967: Telefonischer Alarm eines Anwohners! Durch eine Abwasserleitung fliesst dem Weiher eine schwarze stinkende Brühe zu. Auf dem Wasser bilden sich verdächtige weisse Schaumflocken. Durch rasches Handeln (Auspumpen des Geschiebefängers durch die aufgebotene Feuerwehr und Durchspülen des Weihers mit Wasser aus dem nahen städtischen Reservoir) kann das Schlimmste verhütet werden.

5.10.1 **Das biologische Gleichgewicht**

Vereinfachter Regelkreis der Organismen eines Weihers (abgeändert nach Tschumi; 22)

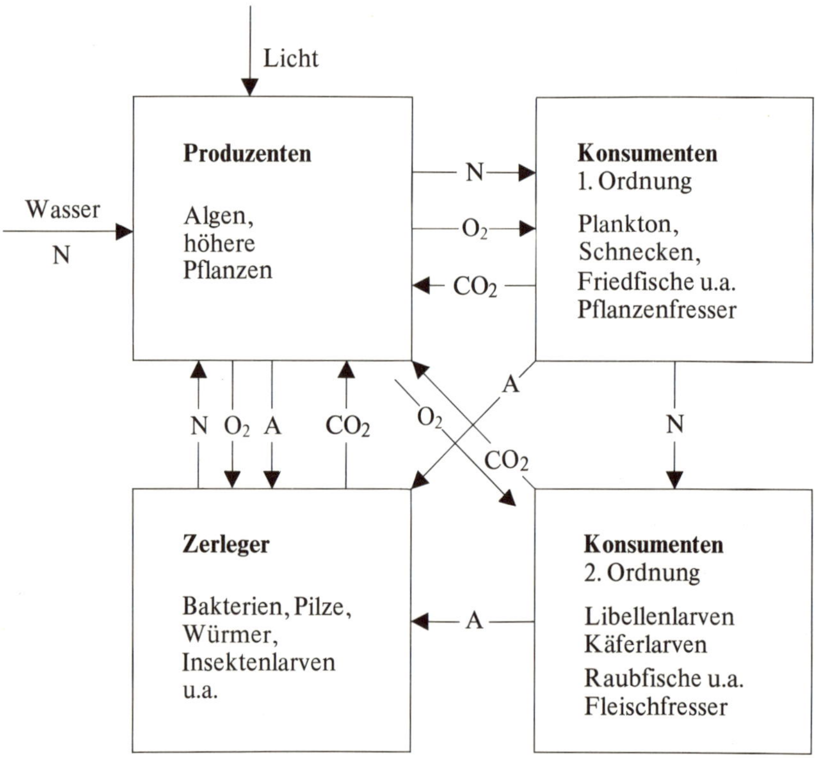

N = Nahrung, Nährstoffe — CO_2 = Kohlendioxyd

A = Abfall (Leichen, Kot) — O_2 = Sauerstoff

Wir trachten darnach, dass sich in unserem Schulweiher bald ein biologisches Gleichgewicht einstellt, was bedeutet:

- dass die im und am Weiher lebenden Pflanzen und Tiere sich gegenseitig die Waage halten (keine einseitigen Übervermehrungen, kein Aussterben gewisser Arten)
- dass wir weder düngen (Pflanzen) noch füttern (Tiere) müssen
- dass wir den Weiher nur ausnahmsweise zum Reinigen, Jäten, Ausfischen oder Neuanpflanzen entleeren müssen.

Besonders vorsichtig sind wir mit dem Einsetzen von Tieren (vgl. 5.9). **In kleinere und mittlere Weiher, die vor allem Lurchen als Laichgewässer dienen sollen, gehören keine Fische.** Auch sogenannte Friedfische fressen Kaulquappen. Im Haldenweiher in Zofingen verzehren Schleien und Rotaugen, die sich wegen des Fehlens von Raubfischen übervermehrt haben, zusammen mit Stockenten die ganze Amphibienbrut. Im benachbarten Bärenmoosweiher, wo Hechte den Bestand der Weissfische zurückbinden, entwickeln sich jedes Jahr einige hundert Erdkröten und Grasfrösche, obwohl viele Kaulquappen verschiedenen Räubern zum Opfer fallen.
Ferner gilt es zu bedenken, dass sich die Larven einiger Lurcharten (z.B. Kaulquappen der Erdkröte und die des Grasfrosches) vertragen, andere hingegen einander auffressen (z.B. setzen Grasfroschkaulquappen denen des Wasserfrosches zu). Auch kann ein Zuviel an räuberischen Insektenlarven (Grosslibellen, Gelbrandkäfer) den Kaulquappenbeständen schaden. Wir halten die Entwicklung des Weihers ständig im Auge und greifen in Notlagen ein (z.B. durch Herausfangen gewisser Tierarten).

5.10.2 **Kinderkrankheiten:** Wie junge Menschen durchlaufen Neuanlagen in den ersten Jahren gewisse Entwicklungsstadien, die je nach den örtlichen Gegebenheiten mehr oder weniger stark ausgeprägt sind:

«Nidelhaut» im Betonweiher: Wird ein Betonweiher zum erstenmal aufgefüllt, bildet sich auf der Wasserfläche meist eine grauweisse Haut. Wir lassen das Gewässer am besten einige Stunden überlaufen, damit der «Nidel» weggeschwemmt wird und der Zement völlig abbindet.

Trübung des Lehmweihers: Das Wasser von frisch aufgefüllten Lehmweihern sieht oft während Wochen wie eine gelbe, undurchsichtige Brühe aus. Achten wir schon beim Auffüllen darauf, dass das zufliessende Wasser den Grund nicht aufwühlt. Durch Aussetzen von Wasserflöhen (Planktoninjektion), die die das Wasser trübenden Schwebstoffe abbauen, beschleunigen wir den Klärungsvorgang.

Algenhäute: In neuen Weihern überziehen bald Algenhäute von schwarzgrüner Farbe Boden, Wände, ja selbst die Wasserpflanzen. Durch Bilden von Sauerstoffbläschen (vgl. Auftrieb!) steigen sie tagsüber in ganzen Fetzen auf; am Abend nach Sonnenuntergang – wenn wegen fehlenden Lichts die Assimilation aussetzt – sinken sie wieder ab. Sobald der Teichboden gut mit höheren Pflanzen bewachsen ist und sich vermehrt Fadenalgen entwickeln, geht die beschriebene Erscheinung nach einigen Jahren zurück.

Fadenalgen: Vom zweiten Jahr an werden sich zuerst besonders bräunlichgrüne reissfeste Arten ausbreiten, die unter Wasser ganze Wolken bilden. Dann folgen weiche schlüpfrige Formen, die in zentimeterdicken dunkelgrünen Teppichen auf der Weiheroberfläche treiben. Noch später erscheinen wieder wolkenbildende gelbgrüne Fadenalgen, die weniger reissfest sind als die erste Gruppe und die sich mit Vorliebe wie Watte um die Unterwasserpflanzen legen. Die freischwebenden Wasserschlaucharten scheinen ohne eine solche Wattehülle überhaupt nicht zu blühen.
In den ersten Jahren lassen wir die sich aufeinanderfolgenden Algenbestände gewähren. Drohen sie, das eingebrachte Pflanzgut zu erstikken, fischen wir einen Teil von ihnen mit langen Hakenstangen heraus oder schieben die Teppiche in den Auslauf. Nährstoffüberfluss und ein Zuviel an Licht fördern den Algenwuchs. Doch denken wir daran, dass ein gewisser Algenbestand für viele Wassertiere eine wichtige Nahrungsgrundlage und ein beliebter Aufenthaltsort darstellt. Lästige Fadenalgen werden zurückgebunden, wenn ein erhöhter Wasserzulauf die Oberfläche des Weihers ständig bewegt. In den meisten Fällen dürfte sich nach 6 bis 8 Jahren ein Gleichgewicht eingestellt haben.

5.10.3 **Überwuchernde Pflanzen:** Sowohl schwimmende Pflanzen (Seerosen, Schwimmendes Laichkraut) als auch untergetauchte (Wasserpest, Tausendblatt) oder auftauchende (Schilf, Grosses Süssgras) können unter günstigen Umständen so überhandnehmen, dass sie andere Arten buchstäblich erdrücken. Wie eingangs beschrieben, werden sich solche Übervermehrungen nach 2 bis 4 Jahren selbst einregulieren. Dann sind aber oft schon einige wertvolle Arten der Konkurrenz erlegen und völlig verschwunden! So müssen wir uns in vielen Fällen mit Jäten, Ausziehen der Stöcke, Abschöpfen und Abfischen einschalten. Es geht uns indessen nie darum, Arten auszurotten; wir wollen sie nur eindämmen.
Auf längere Sicht steuern wir der Übervermehrung von Algen, wenn wir die Ufer vermehrt mit Gehölzen bepflanzen, dem Überhandnehmen der Wasserlinsen, wenn wir die Uferbestockung auslichten. Wie schon erwähnt, pflanzen wir einerseits Seltenheiten, anderseits Arten, die gerne wuchern, in versenkte Behälter, in denen wir sie besser unter Kontrolle haben. Bei Weihern mit künstlichen Abdichtungen (Plastik, Dachpappe, Beton) können wir zum vorneherein darauf verzichten, die ganze Schale mit Bodengrund (vgl. 5.8.2) zu belegen; füllen wir diesen nur in eingelassene Mulden oder Gefässe (Tiefe je nach

Oben: Naturlehrgebiet Ettiswil LU; Plastikweiher am Rand des Buchenwaldes; der Weiher wurde angepflanzt; vom Damm (Weg) her hat der Besucher Einblick ins Naturgeschehen
Unten: Die Europäische Sumpfschildkröte bewohnte früher unsere Gewässer; heute ist sie in der Schweiz ausgestorben; in Bayern laufen Versuche, sie wieder einzubürgern

Pflanzgut, z.B. für Röhricht mindestens 20 cm), bleibt der restliche Weiherboden weitgehend vegetationsfrei, sofern nicht ein Bach Geschiebe zuführt. Das Aufstauen des Weihers bildet eine weitere Möglichkeit, regulierend in den Pflanzenbestand einzugreifen (vgl. Wassertiefen unter 5.8.1). Überhandnehmende Uferpflanzen mit tief sitzenden Wurzeln oder Rhizomen «hungern» wir aus, indem wir sie beharrlich in kurzen zeitlichen Abständen knapp über dem Boden ausreissen.

5.10.4 **Laubfall:** Das Fallaub von Ufergehölzen kann zu einem Überangebot an Nährstoffen (Eutrophierung) mit den schon geschilderten Folgen (vgl. 5.8.4) führen. Gerbstoffhaltige Blätter (z.B. von Erlen) säuern das Wasser an. Das Laub sammelt sich auf dem Grund des Gewässers an, zersetzt sich und zehrt vom Sauerstoffvorrat des Wassers. Im März/April des folgenden Jahres - wenn es wärmer wird - hebt der Auftrieb ganze Lagen der verfaulten Schicht. Das braunschwarze stinkende Material treibt an der Oberfläche. Es sieht so aus, als hätte ein Landwirt dem Weiher Jauche zugeführt. Meistens bauen die Weiherorganismen die Brühe in zwei bis drei Wochen ab. Solche Erscheinungen lassen sich vermeiden:

- durch richtiges Bepflanzen der Uferränder (vgl. 5.8.4)
- durch Abdecken kleinerer Weiher zur Zeit des Hauptlaubfalles mit Plastikfolien, Drahtgitter (Maschenweite 1-2 cm) usw.
- durch Vermeiden von Windverfrachtungen des Laubes (Laub in Weihernähe häufig zusammenwischen und entfernen; Aufstellen von Schutzgittern aus engmaschigem Drahtgeflecht zwischen Weiher und Hauptwindrichtung)
- durch Schütteln der laubabwerfenden Gehölze, Auffangen und Einsammeln des Laubes

5.10.5 **Rasche Auffüllung und Verlandung:** Jeder Weiher verlandet auf natürliche Art und füllt sich allmählich auf. Je nach den örtlichen Verhältnissen und der Grösse des Weihers müssen wir in Abständen von 1 bis 50 Jahren das Gewässer einmal entleeren, den Faulschlamm abgraben, das Geschiebe ausbaggern, allenfalls neu abdichten und neu bepflanzen. Bei grösseren Weihern gehen wir in zeitlich und räumlich getrennten Etappen vor; die noch nicht behandelten Weiherteile sorgen für eine natürliche und rasche Wiederbesiedlung des ausgeräumten Beckens; zudem bilden sie ein willkommenes Rückzugsgebiet für Pflanzen und Tiere.

Schulweiher sind oft die letzten Refugien von geschützten und seltenen Pflanzen:
Oben links: Aus dem Igelkolbenröhricht gucken die eigenwillig geformten Blätter des Pfeilkrautes (Fanel)
Oben rechts: Gleich einer ‹Mini-Seerose› schwimmen die Blätter des Froschbisses auf der Wasseroberfläche (Reusstal)
Unten: Die Fruchtstände (‹Kanonenputzer›) des Breitblättrigen Rohrkolbens eignen sich als Zimmerschmuck; die Pflanze steht indessen in vielen Kantonen unter Naturschutz (Naturlehrgebiet Ettiswil)

Gegen zu rasches Verlanden und zu rasches Auffüllen des Weihers gibt es folgende Massnahmen:

- den Zufluss nicht durch den Weiher, sondern am Weiher vorbei führen (vgl. 5.7.3)

- dem Hauptweiher einen Geschiebefänger (tiefes Bassin mit steilen Wänden) vorschalten

- die Kraft des Zuflussbaches durch Verbauungen brechen (kleine «Talsperren» aus Holz, vermörtelten Natursteinen oder Beton mit dahinterliegenden Auffangbecken, wo das Geschwemmsel absinkt)

- den Boden im Einzugsgebiet des Zuflussbaches befestigen (Gras ansäen, Weiden pflanzen, Böschungen mit Faschinen und Bruchsteinmauern stabilisieren)

- Geschiebefänger und Auffangbecken regelmässig entleeren.

5.10.6 **Mückenplage:** Schon ein kleiner Gartenweiher kann sich zur Brutstätte von Stechmücken entwickeln, die die schlafenden Menschen der Umgebung zur Verzweiflung treiben. Wir setzen einzelne kleine Fische wie Stichlinge oder Bitterlinge ein, die mit den Larven der Plagegeister aufräumen. Die prächtig gefärbten Stichlinge bauen ein richtiges Unterwassernest. Bitterlinge legen ihre Eier in eine Teichmuschel. Bedenken wir aber, dass alle Fische grundsätzlich Amphibienlarven fressen (vgl. 5.10). Sogar die kleinen Elritzen sind arge Kaulquappenräuber! Andere Liebhaber von Larven und Puppen der Stechmücke finden wir unter den Wirbellosen (z.B. Wasserwanzen, Schwimmkäfer und deren Larven, Libellenlarven).

5.11 Betreuung

Ein sich selbst überlassener Weiher kann sich von einem ehemaligen Naturparadies sehr schnell in ein totes Gewässer verwandeln, das von ringsum stockendem Ufergehölz total beschattet wird und dessen Steilufer die meisten Lebewesen abweisen.

5.11.1 **Der verantwortliche Betreuer:** Wie die Schulbibliothek oder die Lehrmittelverwaltung sollte auch der Schulweiher einen festen nebenamtlichen Betreuer haben, der sich für die Anlage wirklich verantwortlich fühlt. In dessen Pflichtenheft gehören:
- Sauberhalten der Anlage (vgl. Abfälle im und um das Wasser)
- Freihalten der Zu- und Abläufe
- Überwachen des Wasserstandes
- Überwachen der Pflanzen- und Tierbestände
- Überwachen und Aufklären der Besucher, des Publikums
- Vornehmen bzw. Veranlassen der nötigen Pflegearbeiten und Reparaturen (vgl. 4.12.2, 5.6.6, 5.8, 5.9, 5.10).

Oben: Feuersalamander, ein Vertreter der Schwanzlurche
Unten: Porträt des Granatauges, des Männchens einer Kleinlibellenart

5.11.2 **Wer führt die Arbeiten aus?:** Nach Möglichkeit führen Betreuer (Lehrer) und Schüler die nötigen Arbeiten gemeinsam aus (vgl. 4.12), was einen wichtigen Teil der Naturschutzerziehung darstellt. Für körperlich schwere und für technisch komplizierte Vorhaben ziehen wir Fachleute bei (z. B. Forstpersonal für das Fällen und Aufarbeiten von Bäumen, das Gemeindebauamt für den Schnitt grösserer Streueflächen, ein Baugeschäft für Bagger- und Maurerarbeiten).

In den vorangehenden Abschnitten sind die meisten Betreuungsarbeiten eingehend beschrieben. Es folgen hier nur noch einige wenige spezielle Hinweise:

5.11.3 **Arbeiten an Lurchgewässern:** Wir sollten grössere Arbeiten (Abgrabungen, Neupflanzungen) an Lurchgewässern in der Zeit vom 1. August bis zum 15. September vornehmen. Dann ist die Fortpflanzungsperiode der meisten Arten abgeschlossen. Anderseits haben sich noch keine Amphibien für die Winterstarre im Bodenschlamm vergraben oder in den Schlupfwinkeln des Ufers versteckt.

5.11.4 **Schnitt von Röhricht und Riedwiesen:** Wenn wir Schilf- und Rohrkolbenbestände regelmässig schneiden und die Mahd wegführen, verlangsamen wir den Verlandungsprozess. Da vorjährige Röhrichtbestände für verschiedene Tiere (z.B. Insekten-, Lurch- und Vogelarten) als Nahrungsquellen oder Brutstätten eine Rolle spielen, schneiden wir grössere Flächen nie auf einmal, sondern parzellenweise in einem alternierenden Zwei-Jahr-Turnus ab. Sumpf- und Riedwiesen sollten jährlich einmal geschnitten werden, sonst verbuschen und verwalden sie wie vernachlässigte Trockenwiesen; auch hier schaffen wir das Schnittgut fort (Verhindern der Anreicherung von Nährstoffen; Verlangsamen der Verlandung). Röhrichte und Streuewiesen werden am besten im Winter geschnitten, wenn eine tragende Eisschicht oder festgefrorener Boden den Einsatz von Maschinen erlaubt.

5.11.5 **Vorbereitung für den Winter:** Kleinere stehende Gewässer von weniger als einem Meter Tiefe laufen Gefahr, im Winter bis auf den Grund zu gefrieren. (In tieferen Lagen mit mildem Klima oder in höheren mit isolierenden Schneedecken liegt die kritische Grenze um 50 cm.) In solchen Fällen (vor allem, wenn es sich um starre Gefässe oder Betonweiher mit steilen Wänden handelt) entleeren wir sie mit Vorteil im November. Wir füllen sie mit Laub, Stroh und Ästen auf. So schützen wir nicht nur die Wände vor dem Eisdruck, sondern schaffen gleichzeitig willkommene Winterquartiere für Lurche. Frostschäden können auch bei tieferen Weihern mit verhältnismässig steilen Ufern (vor allem bei Betonweihern) entstehen; um den Eisdruck zu brechen, werfen wir hier ein paar grössere Bretter oder noch besser Tannenrundhölzer (Pfähle) ins Wasser. Fassen wir die anderen Mittel gegen den Eisdruck zusammen: Flache Ufer, Brechen der Steilböschungen

Oben: Pärchen der Erdkröte beim Laichen (oben das Männchen, unten das Weibchen)
Unten: Wasserfrosch ruht sich zwischen den Blättern der Wassernuss aus

(z.B. durch Erdauflagen), dichte Pflanzenbestände (z.B. Schilf, Rohrkolben, Simsen, Igelkolben). Im weiteren beachten wir das unter 5.6.1, 5.7.6 und 5.10 Gesagte!

Gefriert das Wasser nicht bis auf den Grund, überwintern in ihm unbeschadet Fische und die zurückgebliebenen Lurche. Hält das Gewässer ganz dicht, schlagen wir im Eis ein Loch und schöpfen so viel Wasser ab, dass zwischen der Oberfläche und der Eisdecke einige Zentimeter Raum für den Gasaustausch freibleiben. Dieser sinkt bei den Tieren stark ab. Doch könnten vermodernde Pflanzen (z.B. grössere in den Weiher gelangte Mengen von Fallaub) oder sich zersetzende Futterreste viel Sauerstoff zehren. Auf keinen Fall dürfen wir jetzt die verbliebenen Tiere, die auf Winterruhe eingestellt sind, füttern. Das könnte verhängnisvolle Verdauungsstörungen zur Folge haben. Bleibt Nahrung liegen, beeinträchtigt sie beim Sichzersetzen die Wasserqualität (vgl. oben).

5.11.6 **Abfischen:** Ein grosser Hecht schnappt uns jeden Frühling die Jungenten weg, oder eingeschleppte Sonnenbarsche fressen sämtlichen Laich und alle Kaulquappen auf. Statt den Weiher zu entleeren, versuchen wir vorerst, die «Problemfische» zu fangen (vgl. Angelrute, Fangreuse 5.12.2). Wollen wir ein Elektrofanggerät verwenden, nehmen wir mit einem Sportfischerverein Kontakt auf.

5.12 Besondere Einrichtungen, Unterrichtseinheit «Weiher»

Unter 4.8, 4.10 und 6.4 sind verschiedene Schutzeinrichtungen und Beobachtungshilfen erwähnt, die sich zum Teil auch am Weiher einsetzen lassen. Im folgenden möchten wir einige Einrichtungen beschreiben, die spezifisch für den Lebensraum «Wasser» in Frage kommen. Ferner zeigen wir eine Möglichkeit auf, die Lebensgemeinschaft «Weiher» im Unterricht zu erforschen.

5.12.1 (33) **Fischkasten:** Ausser in Aquarien sind Fische nur schwer zu beobachten. Der dargestellte Kasten bietet eine Möglichkeit, sie den Kindern in natürlichem Wasser zu demonstrieren. Wir hängen ihn – je nach der Herkunft der Fische – in den Weiher selbst oder in den Zu- bzw. Abflussbach (vgl. Temperatur, Sauerstoffbedarf). Allenfalls bauen wir ihn fest ein. Natürlich soll der Behälter keine Dauerbewohner aufnehmen. Nach ein paar Tagen fangen wir die Tiere heraus; wir bringen sie in ihr angestammtes Gewässer zurück oder setzen sie im Weiher aus (vgl. aber 5.9 und 5.10.1). Skizze s. S. 118!

5.12.2 (34) **Fangreusen für Fische:** Diese Reusen erlauben uns, Fische, ohne sie zu quälen oder zu verletzen, aus dem Weiher zu fangen (zu Demonstrationszwecken; als Futter für Gehegeinsassen oder Tiere des Freilandterrariums; um ihren Bestand zu mindern; vgl. auch 5.11.6).

㉞ **Fangreusen für Fische**

Drahtgeflecht Maschenweite 2,5 cm
(für grössere Fische wie Barsch, Forelle, Hecht usw.)

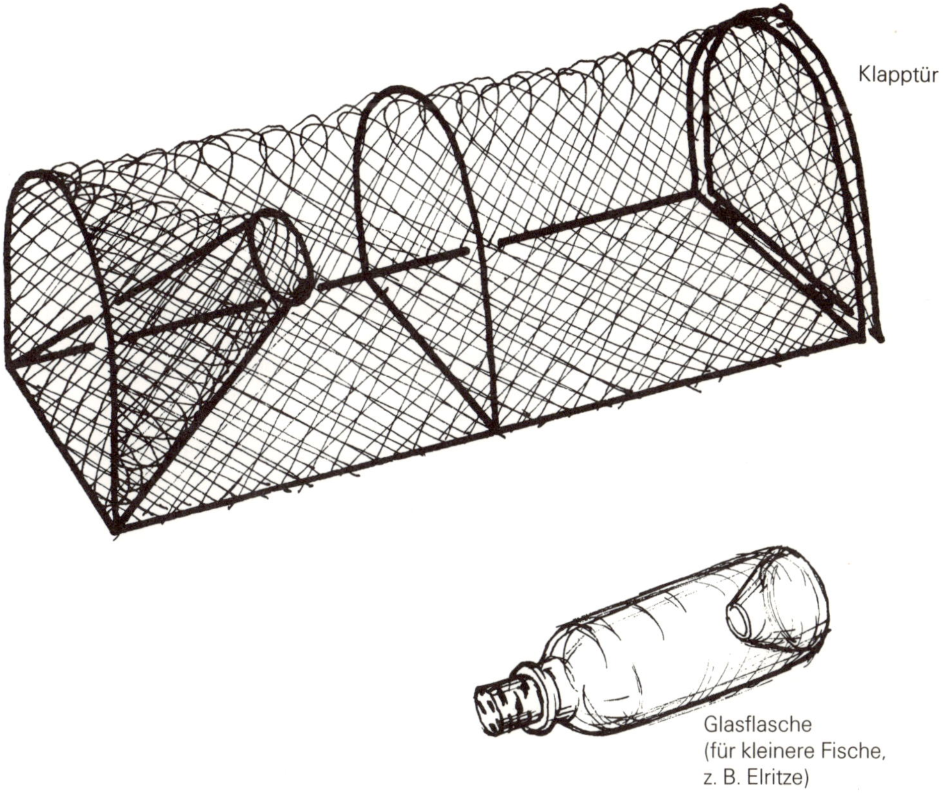

㉟ **Einfaches Brutfloss für Wasservögel**

aus Tannenrundhölzern

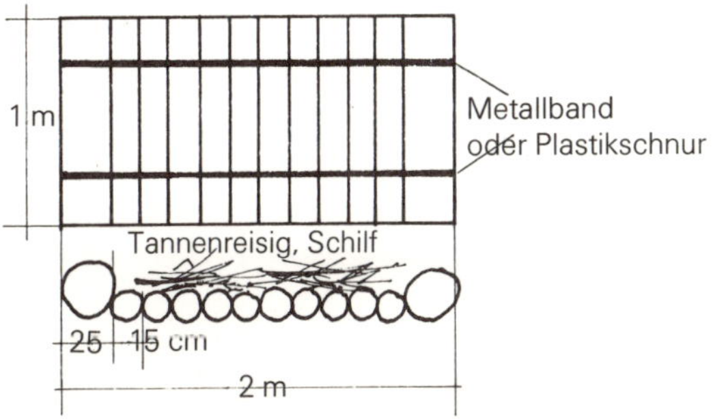

5.12.3 (35) **Einfaches Brutfloss für Wasservögel:** Dieses Brutfloss ist für Wasservögel wie Stockente, Bless- und Teichralle bestimmt. Es lässt sich rasch, einfach und billig herstellen. Statt Tannenreisig oder Schilf aufzuschichten, können wir auch die unter 5.12.4 beschriebenen Nisthilfen auf dem Floss anbringen. Dieses eignet sich nur für grössere Weiher ab 10 Aren Wasserfläche. Bedenken wir, dass zum Beispiel Stockenten unter Umständen nicht nur an Wasserpflanzen Schaden anrichten, sondern auch Laich und Kaulquappen fressen.

5.12.4 (36) **Nisthilfen für Wasservögel** (nach Zimmerli, 7f; Steinbacher, 23; Géroudet, 24): Der aus Weiden geflochtene Brutkorb und der Nistkasten aus Holzbeton sind im Handel erhältlich. Die anderen Modelle basteln wir selbst aus Kisten, alten Fässern, hohlen Baumstämmen, Ästen und dürrem Schilf. Bretter sollten mindestens 2 cm dick sein.
Wir befestigen die Nisthilfen in Wassernähe 2 bis 6 m über Boden an Bäumen oder auf Büschen, stellen sie auf Inseln oder Flosse (vgl. 5.12.3) oder rattensicher auf Pfähle (rund 50 cm über dem Höchstwasserstand). Die Kästen für Gänsesäger und Schellente hängen wir mindestens 4 m über Boden auf.
Wir füllen die Nistgeräte bis wenige Zentimeter unter das Flugloch mit Nistmaterial (Heu, Stroh, trockenem Torf) auf. Um ihre Lebensdauer zu erhöhen, lagern wir sie Ende September an einem geschützten Ort ein; Ende Januar bringen wir sie wieder ins Freie.

5.12.5 (37) **Frostsicherer Überwinterungsort für Lurche:** Erdreich von mindestens 1 m oder Blockmaterial von mindestens 2 m Dicke müssen den Schacht (Grundfläche rund 1 m x 1 m) umgeben, damit er frostsicher wird. Der leicht ansteigende Eingang verhindert, dass Wasser eindringt; wir können ihn von Mitte November bis Mitte Februar abschliessen (Heu, Laub, Holzpfropfen). Wir schichten zwischen zwei horizontalen Brettern eine 50 cm dicke Lage von mit Laub oder Heu prall gefüllten Säcken auf. Ein wasserdichter Deckel schliesst oben das Ganze ab. An einem milden Wintertag schauen wir nach, welche und wieviele Gäste bei uns überwintern.

(37) **Frostsicherer Überwinterungsort für Lurche**

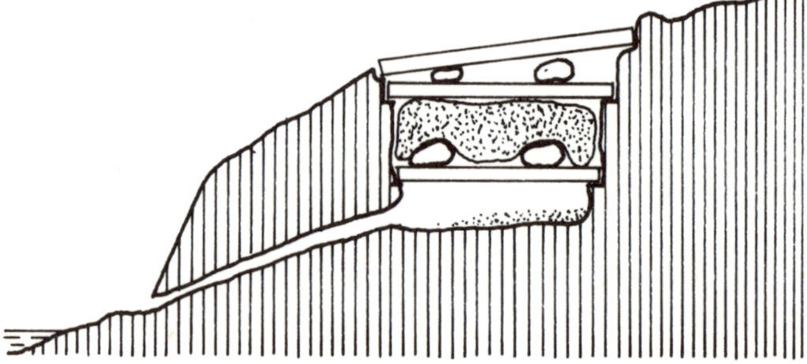

36 Nisthilfen für Wasservögel

Masse in cm

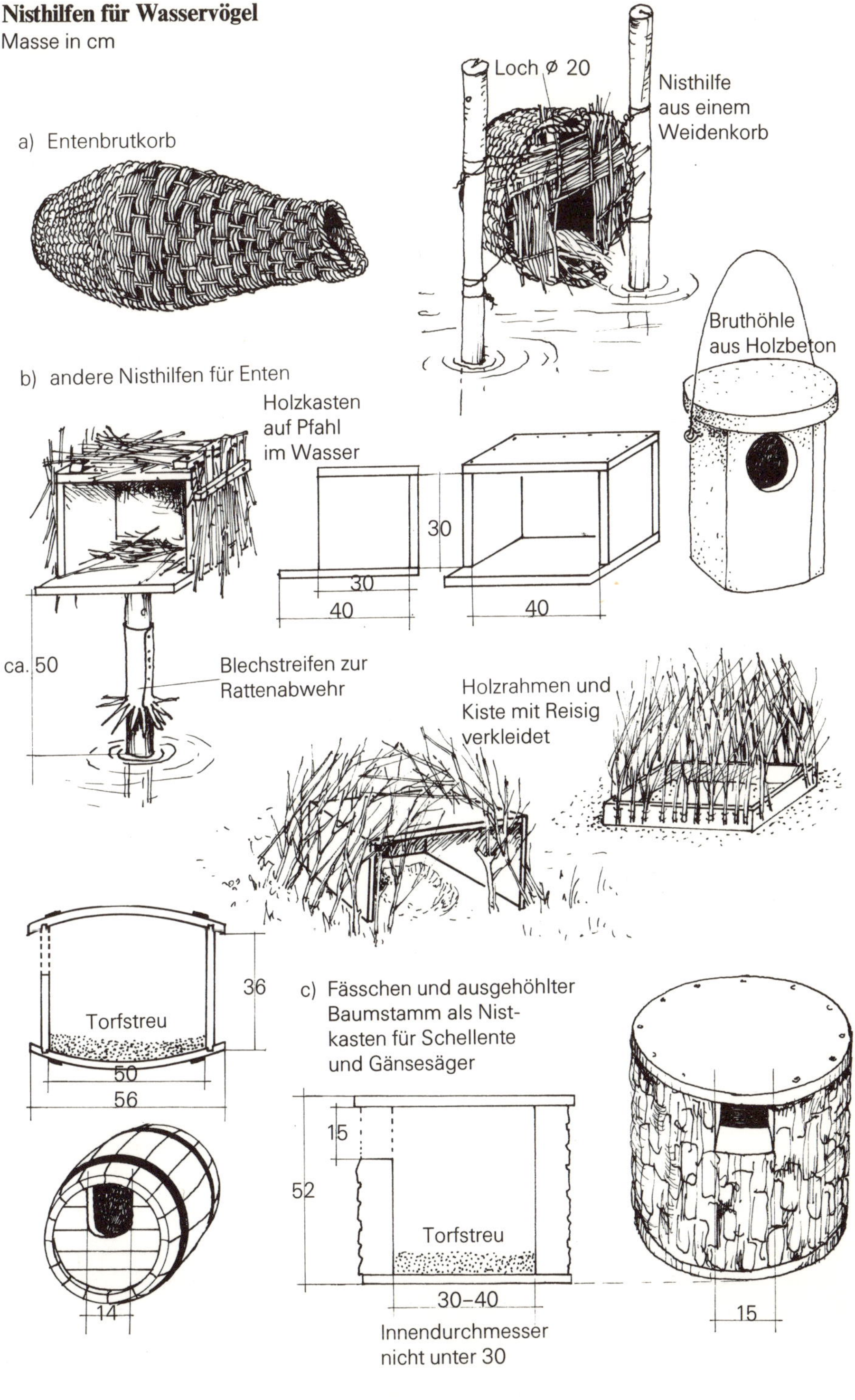

5.12.6 **Unterrichtseinheit «Weiher»** (weitere Aufgaben siehe unter 4.12): Eine Lehrergruppe der Lehramtsschule Aargau (vgl. Zimmerli; 25) hat die folgende Unterrichtseinheit unter der Leitung des Verfassers für Schüler des 12. bis 16. Altersjahres zusammengestellt mit den *Zielen:*

- Die Schüler in selbsttätiger Feldarbeit zu aktivieren (Gruppenaufträge, Beobachtungen, Experimente).
- Die Schüler die Vielfalt des Weihers in direktem Kontakt mit der Natur erleben zu lassen.
- Die Schüler mit zwei typischen Lebensformen des Weihers, dem «Molch» und der «Libelle», bekannt zu machen und sie diese Tiere gesamthaft (in zoologischer wie anthropologischer Sicht) erleben zu lassen.

Gliederung: 5 Blöcke zu je 2 bis 3 Stunden. Der einzelne Lehrer wird je nach Stoffprogramm und Möglichkeiten diesen Mindestzeitaufwand überschreiten.

---

(33) **Fischkasten** 120 x 80 x 80 cm (Text s. S. 114)
aus imprägniertem Holz,
fest in den Weiherzulauf eingebaut

Querschnitt

E Einlauf in Rohr verlegt
K Kiesbett (vgl. Faulen des Holzes)
M Mauer (verhindert Eindringen von Bodengrund)
Ü vergitterter Überlauf

Längsschnitt

← Weiher

Block 1: Exkursion an den Weiher

Themen (für einzelne Arbeitsgruppen):

1. untergetauchte Pflanzen (Verlandungszone 1)
2. schwimmende Pflanzen (Verlandungszone 2)
3. auftauchende Pflanzen (Verlandungszone 3)
4. Gliedertiere im Wasser (Schwerpunkt Insektenlarven)
5. Amphibien und ihre Larven
6. andere Wassertiere (Schnecken, Muscheln, Krebse, Würmer usw.)

- Zusammensetzung der 3 Verlandungszonen (Arten, Anzahl Stück, beanspruchte Fläche in m^2, Wassertiefe, Wassertemperatur, Standort)
- Vorkommende Tiere (wie Pflanzen)
- Mitnehmen von Libellen und Molchen (Larven und erwachsenen Tieren)

Methode:

a) Lehrervortrag: Lehrer stellt den Weiher vor (Lage, Entstehung, Wasserhaushalt, Teile, Zonen).

b) Gruppenaufträge 1–6 (vgl. Themen 1–6); Grobbestimmungen der Pflanzen- und Tierarten mit Hilfe der ausgeteilten Schülerblätter; Eintragen der Ergebnisse auf Arbeitsblätter «Bestandesaufnahme» und «Weiherplan» 1:50.

c) Gruppensprecher stellen am Schluss die gefundenen Pflanzen- und Tierarten der ganzen Klasse kurz vor.

Arbeitsblatt «Bestandesaufnahme»						
Exkursion						
Datum		Zeit			Wetter	
Art	Anzahl Stück	Bestand m^2	Wassertiefe cm	Wasser °C	Bemerkungen	Ökologische Bedeutung

Block 2: Auswertung der Exkursion

Themen:

1–6 wie Block 1, jetzt aber nicht nur für die Einzelgruppe, sondern gegen den Schluss für die ganze Klasse; zusätzlich ökologische Bedeutung der Verlandungszonen bzw. der Tiere (Nahrungsketten); ferner

7. Einrichten von Behelfsaquarien für Libellenlarven

8. Einrichten von Behelfsaquarien für Molche (Larven und erwachsene Tiere)

Methode:
a) Die einzelnen Gruppen (siehe Block 1) sichten ihr Exkursionsmaterial: Nachprüfen der Bestimmungen mit Büchern (26), Reinschrift der Bestandesaufnahme und des Planes, Heraussuchen von Abbildungen der gefundenen Pflanzen und Tiere, Überlegen der ökologischen Bedeutung der verschiedenen Verlandungszonen und Tiere (Ausfüllen der entsprechenden Spalte auf dem Arbeitsblatt «Bestandesaufnahme»).

b) Zwei zusätzliche Gruppen (bestehend aus interessierten Schülern der Gruppen 1–6) richten unter der Anleitung des Lehrers behelfsmässige Aquarien ein für Libellenlarven und Molche (Larven und erwachsene Tiere), die von der Weiherexkursion mitgebracht worden sind.

c) Die Gruppensprecher 1–6 referieren vor der ganzen Klasse über die Resultate ihrer Arbeiten und stellen die Pflanzen (bzw. die Tiere) nochmals in Wort und Bild vor. Die Gruppensprecher 7 und 8 stellen die eingerichteten Behelfsaquarien vor. Gemeinsames Ausfüllen (ganze Klasse) der einzelnen Bestandeslisten samt den Rubriken «Bemerkungen» (allgemeine Beobachtungen) und «Ökologische Bedeutung».

d) Klassengespräch, Notizen: Zusammenstellen, Formulieren und Notieren der allgemeinen Erkenntnisse (Profil durch einen Weiher vgl. Skizze 27; Verlandungszonen vgl. 4.6.2; Schema «Biologisches Gleichgewicht» vgl. 5.10.1); Erstellen eines Gesamtplanes der Pflanzen- und Tiervorkommen durch Aufeinanderlegen einzelner Overhead-Folien.

Block 3: Die Libelle

Themen:
1. Flug der Gross- und Kleinlibellen im Vergleich: Flügelschlag, Flugarten, Geschwindigkeit, Dauer der einzelnen Flüge, Zweck der Flüge, Art der Nahrung.

2. Ruhestellung der Gross- und Kleinlibellen im Vergleich: Flügelzahl, Flügelform, Flügelhaltung, Ruheorte (m über Boden, Schatten oder Licht, Art der Pflanze), Art der Nahrung.

3. Körperbau der Imago (Gross- und Kleinlibelle im Vergleich): Kopf-Brust-Hinterleib, Augen, Flügel, Beine, Haftorgane.

4. Körperbau der Libellenlarve (Gross- und Kleinlibelle im Vergleich): Kopf-Brust-Hinterleib, Fangmaske, Augen, Beine, Ruderplättchen.

Das Lenkerseeli im Simmental steht unter Naturschutz; eine Tafel macht Besucher mit ein paar typischen Brutvögeln bekannt

Brutvögel am «Lenkerseeli»
Oiseaux nicheurs
Ucelli che covano
Breeding Birds
Höckerschwan
Cygne tuberculé
Cigno reale
Mute Swan
Stockente
Canard colvert
Germano reale
Mallard
Blässhuhn
Foulque
Folaga
Coot
Sumpfrohrsänger
Rousserolle verderolle
Cannaiola verdognola
Marsh-Warbler

5. Nahrung der Libellenlarve: Art der Nahrung, Nahrungsmenge, Fang der Beute, Art der Nahrungsaufnahme (Festkrallen, Auffressen).

6. Fortbewegung der Libellenlarve: Schreiten, Klettern an Wasserpflanzen, Schwimmen nach dem Rückstossprinzip.

7. Atmung der Libellenlarve (Gross- und Kleinlibelle im Vergleich): Darmkiemen, Ruderplättchen.

8. Entwicklungszyklus der Libelle.

Methode:
a) Lehrervortrag mit Dias (27): Vorstellen einiger Libellenarten (Larven und erwachsener Tiere); nur Bild und Namen.

b) Gruppenaufträge 1–7 mit vorbereiteten Arbeitsblättern zum Ausfüllen:

Gruppe	*Arbeitsort*	*Material*
1+2	Weiher	Fliegende Gross- (G) und Kleinlibellen (K)
3	Schulzimmer	Je 1 tote G und K
4	Schulzimmer	Aquarien mit je 1 Larve von G und K
5	Schulzimmer	Aquarien mit je 2–4 Larven von G und K (einzeln gehalten wegen Kannibalismus); Futterversuche mit Salat, Fleischstückchen, Würmern, Kaulquappen, Flohkrebsen (Larven einige Tage hungern lassen).
6+7	Schulzimmer	Aquarien mit je 1 Larve von G und K

c) Referate der Gruppensprecher 1–7 vor der ganzen Klasse. Gemeinsames Ausfüllen der verschiedenen Arbeitsblätter 1–7 (jeder Schüler erhält die Blätter 1–7).

d) Klassengespräch, Notizen: Zusammenstellen, Formulieren und Notieren der allgemeinen Erkenntnisse, allenfalls Aufstellen neuer Fragestellungen und Beobachtungsreihen.

e) Lehrervortrag mit Dias (27): Entwicklung der Libelle [Balzflug, Eiablage, Larvenentwicklung, unvollständige Entwicklung (Metamorphose), Schlüpfakt]; allenfalls Abhören der Schulfunksendung «Libellen» (27).

f) Zusammenfassung von e) durch Schüler ins Heft.

Block 4: Der Molch

Themen:

1. Körperbau Schwanzlurche-Schwanzlose Lurche (Vergleich Bergmolch - Wasserfrosch).

2. Unterschied Bergmolch - Fadenmolch: Färbung, Körperanhängsel, Grösse, Geschlecht.

3. Körperbau des Bergmolches: Kopf-Rumpf-Schwanz, Augen, Beine, Zehen; Geschlechtsunterschiede.

4. Fortbewegung des Bergmolches: auf dem Land, im Wasser; Bewegungsabläufe, Geschwindigkeit.

5. Atmung des Bergmolches: Tauchzeiten, Tauchtiefen; Vergleich der Atmungsweise mit der der Larven; Vergleich mit Fadenmolch.

6. Nahrung des Bergmolches: Art der Nahrung, Art des Beutefanges, Art der Nahrungsaufnahme, Nahrungsmenge.

7. Entwicklung des Bergmolches; Vergleich mit Schwanzlosen Lurchen, mit Kriechtieren.

Methode:

a) Lehrervortrag mit Dias (28): Vorstellen der einheimischen Lurche (nur Bild und Namen).

b) Gruppenaufträge 1–6 mit vorbereiteten Arbeitsblättern zum Ausfüllen; alle Gruppen arbeiten im Schulzimmer und beobachten lebende Tiere in den Behelfsaquarien (z.B. Konfitürengläser):

Gruppe	*Material*
1	1 Bergmolch, 1 Wasserfrosch
2	je ein Paar von Berg- und Fadenmolch
3	ein Paar des Bergmolches
4	1 Bergmolch
5	je 1 Berg- und Fadenmolch; einige Molchlarven (nicht zu erwachsenen Tieren setzen, Kannibalismus)
6	2–4 Bergmolche (vorher einige Tage hungern lassen); Futterversuche mit Salat, Fleischstücklein, Würmern, Kaulquappen, Flohkrebsen.

c) - f) sinngemäss abgewandelt wie Block 3!

Block 5: Ökologie, Naturschutz

Themen:

1. Anpassung der Pflanzen und Tiere an den Lebensraum Wasser (Bewegung, Atmung, Nahrung, Fortpflanzung; Vergleiche).

2. Bedeutung des Weihers als

- Lebensraum von Pflanzen und Tieren, besonders von Verlandungspflanzen, Wasserinsekten und Lurchen
- Wasserspeicher und Wasserreiniger
- Lehr- und Forschungsobjekt.

3. Gesunder Weiher - kranker Weiher (vgl. Skizze 13 und 5.10).

4. Betreuung des Weihers (vgl. 5.11).

5. Neuanlage von Weihern (neue Standorte, Bedürfnis).

Methode:

a) Lehrervortrag mit Dias (allenfalls Film): Aktuelle Beispiele von Biotopzerstörungen (29).

b) Klassengespräch: Diskussion der Themenkreise 1–5, vor allem der Fragen:

- Wo hat es Weiher in unserer Gemeinde?
- Ist ihr Wasser sauber?
- Hat es viele Pflanzen und Tiere?
- Warum sollten wir die Weiher erhalten?
- Wie könnten wir bestehende Weiher verbessern?
- Wo könnten wir neue Weiher anlegen?
- Wie sollten wir neue Weiher gestalten?

c) Zusammenfassen, Formulieren und Notieren der Ergebnisse.

Nachwort: Der Lehrer betrachte die Unterrichtseinheit «Weiher» nicht als starres Gebilde. Je nach seinen Möglichkeiten und den örtlichen Gegebenheiten wandle er sie ab, wähle zum Beispiel andere Tierarten oder Tiergruppen, behandle einzelne Gruppenaufträge im Lehrervortrag, gestalte umgekehrt oben vorgeschlagene Lehrervorträge - oder Teile davon - als Beobachtungsaufträge an die Schüler. Er lasse die Schüler selbst Interessengruppen bilden (ideal sind Dreiergruppen), neue Probleme finden, Beobachtungsreihen und Versuche aufstellen!

Das Grosse Wiesel oder Hermelin ist ein eifriger Mäusejäger; mit Heckenpflanzen und Steinhaufen schaffen wir dem kleinen Raubtier einen Unterschlupf

6 DER NATURLEHRPFAD

6.1 Einleitung

«Nature trails» zählen in Grossbritannien, «Waldlehrpfade» in der Bundesrepublik Deutschland seit längerer Zeit zu beliebten und bewährten Einrichtungen der Naturschutzerziehung und des Naturkundeunterrichtes. In der Schweiz hat die Idee erst nach dem Europäischen Naturschutzjahr 1970 richtig eingeschlagen. In Zürich wirkte als Pionier Stadtforstmeister Carlo Oldani, Initiant der Pfade im Degenried, im Sihlwald, am Käferberg und am Entlisberg (30). Um 1970/71 entstanden der Reusstal-Weg in Fischbach-Göslikon AG (31), der Naturlehrpfad Mauren-Schaanwald, Liechtenstein (32) und der Waldlehrpfad Schloss Wildegg AG (33). 1972 folgte der vom Verfasser nach englischen Vorbildern entworfene Naturlehrpfad Staatswald Baan, Zofingen (34), unseres Wissens die erste Schweizer Anlage mit einem pädagogisch-methodischen Führer (mit Benützungsanleitung, Hinweisen für Beobachtungsaufgaben, Arbeitsblättern, Test- und Überlegungsfragen). Erfreulicherweise stieg in der Folge die Zahl der Naturlehrpfade sprunghaft an. Jeder hat seine Eigentümlichkeiten und Schönheiten. Wer eine Neuanlage plant, sollte vorgängig einige bestehende besuchen, um Anregungen zu sammeln.

6.1.1 **Idee:** Wie früher erwähnt, mag ein Naturlehrpfad, der auf interessante Naturobjekte hinweist, die der Durchschnittswanderer in der Regel übersieht, Teil eines Schulreservates oder eines Schulweihers sein. Er kann diese auch nur am Rand berühren oder von ihnen vollständig unabhängig geführt werden. Er hat eine ähnliche allgemeine Zielsetzung wie die beiden anderen Einrichtungen:

- Fördern des direkten Kontaktes zwischen Mensch und Natur
- Fördern der allgemeinen Artenkenntnis (Pflanzen, Tiere)
- Fördern der Kenntnisse über die engere Heimat (vgl. Lokalgeschichte, Heimatkunde, Geologie)
- Fördern der Einsicht in biologische Grundvorgänge und Bewirtschaftungsmethoden
- Fördern der Einsicht in ökologische Zusammenhänge

Singvögel werden recht häufig – oft zu häufig – im Winter gefüttert; seltener denken die Tierfreunde an die Greifvögel, die meist viel schlimmer unter Futtermangel leiden
Oben: Männchen des Bergfinken am Futterhaus; eben öffnet es einen Sonnenblumenkern
Unten: Mäusebussard verzehrt Abfallfleisch auf einem Futtertisch

- Fördern der Verantwortung gegenüber der Umwelt (Natur- und Umweltschutzgedanken).

In Hinsicht auf die Schule bezweckt der Naturlehrpfad im besonderen:

- Fördern der Naturkunde im Freien am lebenden Objekt
- Handreichung für Lehrer aller Stufen in verschiedenen Spezialgebieten (Botanik, Zoologie, Waldbau, Landschaftsschutz, Geologie, Heimatkunde, Geographie, Naturschutz)
- Stoffliche und methodische Erschliessung eines «Freilandlabors» in der Nähe der Schule (Entlastung des Nichtspezialisten von einem Teil der Vorbereitungsarbeit).

Jeder Naturlehrpfad soll einen Teil der engeren Heimat widerspiegeln. Er muss sich daher möglichst auf die lokalen Gegebenheiten abstützen und deren Besonderheiten miteinbeziehen. So erhält er seine Eigenständigkeit, die in der Verbundenheit mit der Landschaft, durch die er führt, wurzelt. Das ist mit ein Grund dafür, dass wir beim Planen einer neuen Anlage nicht einfach eine bestehende nachahmen, sondern das Gesehene und Gelesene sinnvoll auf die örtlichen Verhältnisse und Möglichkeiten abwandeln (vgl. die nachstehenden Richtlinien)!

6.1.2 **Begriffe:** Je nach dem Blickwinkel des Betrachters lassen sich Lehrpfade wie folgt einteilen:

in Hinsicht auf das Thema (die Themen):

Lehrpfad	Wirtschafts-Lehrpfad (z.B. Rundgang durch Fabrik, Bank) historischer Lehrpfad (z.B. Rundgang durch Altstadt) geologischer Lehrpfad (z.B. Megalithstrasse) Naturlehrpfad
Naturlehrpfad	botanischer Lehrpfad (z.B. durch Stadtpark) zoologischer Lehrpfad (z.B. durch Tierpark) Waldlehrpfad (Hauptthema Wald) kombinierter Lehrpfad (Pflanzen, Tiere, Wald, Landschaft) erweiterter Lehrpfad (Einbezug von ausserbiologischen Objekten und Belangen wie Heimatkunde, Geologie usw.)
Waldlehrpfad	einfacher Waldlehrpfad (nur Gehölze) erweiterter Waldlehrpfad (Gehölze und weitere Themen*).

*) mögliche Themen; vgl. auch (12):

a) Gehölze, Kräuter, Farne, Moose, Stockwerke des Waldes
b) Pilze, Beeren, Tee- und Heilkräuter

Oben: Feld mit Mohnblumen, bei uns heute ein seltener Anblick!
Unten: Einzelblüte des Mohnes

c) Waldbau (Geschichte, Pflanzgarten, Pflege von Jungwuchs und Dickung, Durchforstung, Astung, Holzgewinnung, Holzverwendung)

d) Schädlinge des Waldes (Pilze, Insekten, Nager, Wild, Vögel, Schadenverhütung)

e) Tiere im Wald (Insekten, Vögel, Wild, Säuger; Biologie, Ökologie, Schutz)

f) Wohlfahrtswirkungen des Waldes (Wasser, Luft, Boden, Klima; Lebensraum für Pflanzen und Tiere; Erholung; Schutz der Landschaft vor Erosion; Produktion von Holz)

g) Wald und Kunst (Musik, Dichtung, Malerei, Bildhauerei).

in Hinsicht auf das zeitliche Bestehen:

Naturlehrpfad	temporärer Pfad (nur für Stunden, Tage oder Wochen aufgestellt; vgl. 6.3.1)
	permanenter Pfad (für Jahre gebaut; vgl. 6.3.2)

in Hinsicht auf die methodische Zielsetzung:

Naturlehrpfad	*Objekt-Lehrpfad* (Vorstellen von Einzelobjekten, meist mit Nummern und dazugehörigem Nummernschlüssel; im Vordergrund steht die Artenkenntnis)
	Standort-Lehrpfad (Vorstellen von Lebensräumen und Lebensgemeinschaften, von grösseren systematischen Einheiten, von Projekten der Wirtschaft und Forschung, meist mit längeren Erklärungen auf Tafeln oder in einem Führer).

Die verschiedenen Lehrpfad-Typen lassen sich natürlich beliebig kombinieren. Nachstehend folgen vier praktische Beispiele:

38 **Waldlehrpfad Schloss Wildegg** (Gemeinde Möriken-Wildegg AG): Erweiterter Waldlehrpfad, Objektpfad, permanent, mit 92 Objekten (Nummernpfähle, gedruckter Schlüssel), meist Gehölze und Kräuter, ferner je eine Nummer «Fegeschutz», «Fegeschäden», «Verbissschaden», «Nistkasten für Nischenbrüter», «Nistkasten für Höhlenbrüter», «Offene Futterstelle für Weichfresser», «Nisttasche für Freibrüter», «Waldkauzkasten». Start und Ziel: Parkplatz des Gutsbetriebes «Schloss Wildegg».

39 **Naturlehrpfad Staatswald Baan, Zofingen:** Erweiterter Naturlehrpfad, Kombination Objektpfad/Standortpfad, permanent; 103 Objekte (Nummernpfähle, gedruckter Schlüssel, vgl. 7.2.2), nämlich 53 Gehölze (gelbe Nummern) und 50 Kräuter (rote Nummern); 20 Standorte (Buchstabenpfähle A–U, gedruckter Führer, vgl. 6.7.5 und 7.2.1). Jeder Standort wird auf einem Arbeitsblatt (Vierer-Bogen, Format A5) vorgestellt:

Oben: Frischgeschlüpfter Schwalbenschwanzfalter mit Puppenhülle
Unten: Raupe des Schwalbenschwanzes auf Karottenkraut
(Bilder im Hochformat betrachten)

Halt A Haldenweiher (Schulreservat): Sumpf- und Wasserpflanzen; Schulreservat (Entstehung, Beschreibung, Zweck)

Halt B Waldtälchen Lehmgrube: Pflanzen eines Waldtälchens

Halt C Bottenwilerstrasse: Pflanzengesellschaft des Erlen-Eschen-Waldes mit Ackerschachtelhalm

Halt D Waldrand Brunnhalde: Vögel des Waldrandes, der Hecken und der Baumgärten; Vogelschutz; Landschaftsschutz

Halt E Hecken Philosophenweg–Brunngrabenweg: Heckenpflanzen; Schutz von Hecken, Feld- und Ufergehölzen; Winterfütterung von Vögeln

Halt F Bärenmoosweiher: Wasserinsekten, Bau und Entwicklung der Insekten; Lurche; Schutz offener Gewässer

Halt G Parkanlage Bezirksschule: Fremdländische Gehölze, Nadel- und Laubhölzer; Gartengestaltung

Halt H Mittlerer Brunngraben: Moose und Farne; Bau und Entwicklung der Sporenpflanzen; Zaunkönig und Rotkehlchen

Halt I Waldbrunnen Brunngraben: Heilpflanzen; Raupenpflanzen; Wald und Wasserhaushalt (Quellen); Grabenerosion; Wald als Erholungsgebiet; Aufgaben des Waldes

Halt K Waldweg Schosskrautkopf Nord: Wegrand- und Wiesenpflanzen; Gräser und Scheingräser

Halt L Schosskrautkopf Süd: Fährten, Spuren; Frassspuren; Wildkunde, Wildschutz; Wildschadenverhütung

Halt M Baanzinken West: Vögel im Waldesinnern; Vogelschutz (Nistkasten, Nisttaschen und andere Nisthilfen, Schutz von Brutstätten)

Halt N Stiftswald Ost: Waldinsekten; Infektionskrankheiten von Waldbäumen; Pilze

Halt O Gigerweg, Gigerberg: Pflanzen eines feuchten Waldweges; Körbchenblütler; Pflanzen auf dem Gigerberg; Orchideen (Trockenstandort); Pflanzenschutz

Halt P Gigerwand, Geologie: Allgemeine Geologie, Erratiker (Halte K und O), Aufschlüsse (Halte B, K und P), Gletschertopf

Halt Q Waldbrunnen Hasenhöhle: Früchte des Waldes; Waldhonig; Rote Waldameise; Trockenstandort

Halt R Mittleres Riedtal: Baumsilhouetten, Wuchsform, Rinde; Bodenansprüche von acht wichtigen Waldbäumen; Holzverwertung; Landschaftsschutz; Stechpalme

Halt S Abkürzung Vorderer Haldenweg: Pflanzen eines Buchenwaldes; Pflanzengesellschaft Seegras-Buchenwald mit Waldmeister

Halt T Hirschpark Heiteren: Hirscharten, Geweihentwicklung, Beinskelett; Truthahn; Wildpark Zofingen (Entstehung, Betreuung, Bedeutung)

Halt U Pflanzgarten Stiftswald: Acht wichtige Waldbäume, Blätter, Blüten, Früchte; aus der Arbeit des Försters.

38 Waldlehrpfad Schloss Wildegg

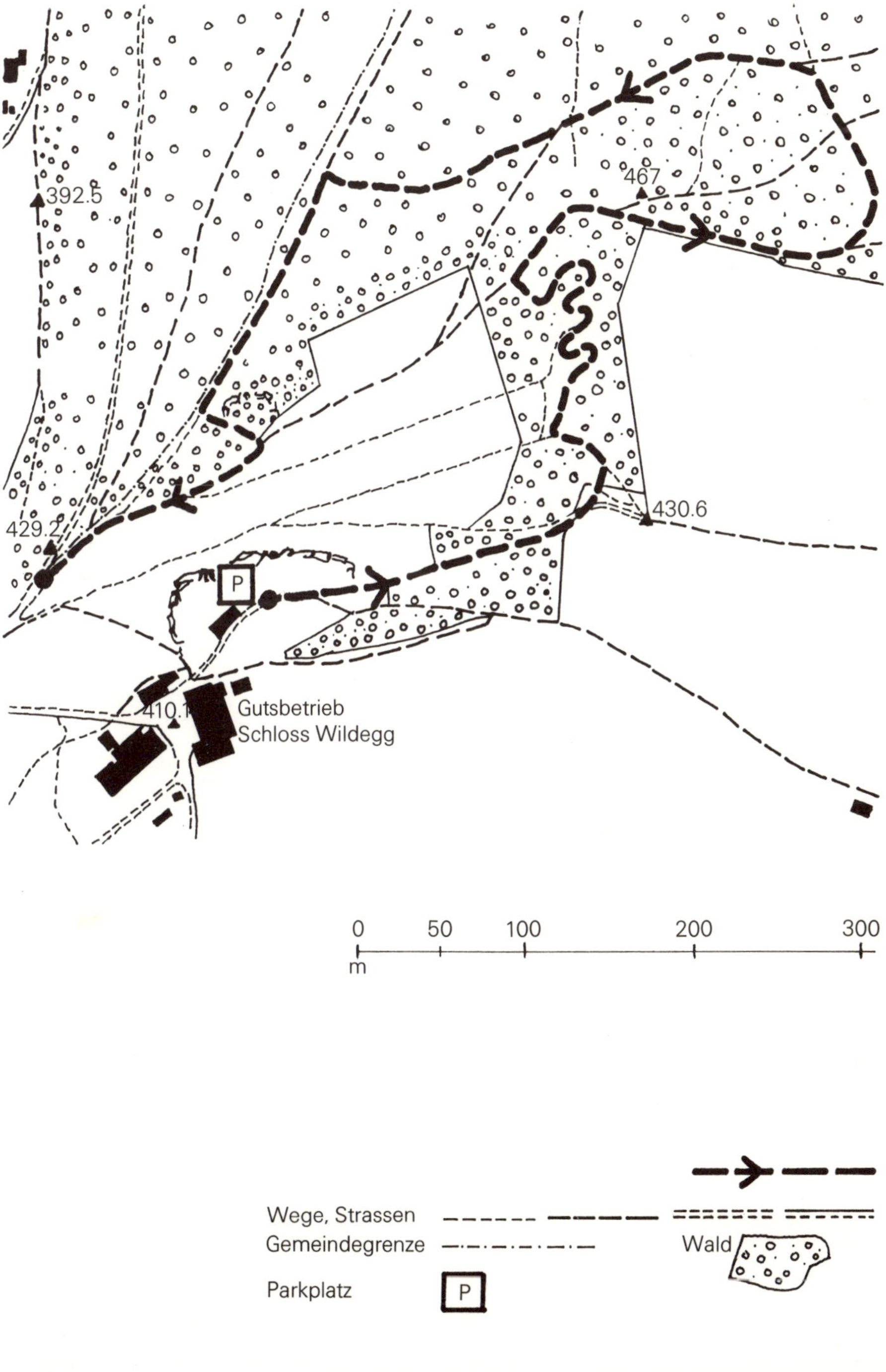

39

Wanderer schütze Tiere und Pflanzen! Abfälle bitte in die aufgestellten Behälter werfen oder wieder mitnehmen!

Führer und Nummernschlüssel erhältlich bei: Rektorat der Bezirksschule, Gemeindekanzlei, Stadtforstverwaltung und Kreisforstamt

Kleiner Rundgang 2,3 km

Hauptroute — **Schlechtwetterroute**

Grosser Rundgang 3,8 km

Hauptroute — **Waldroute**

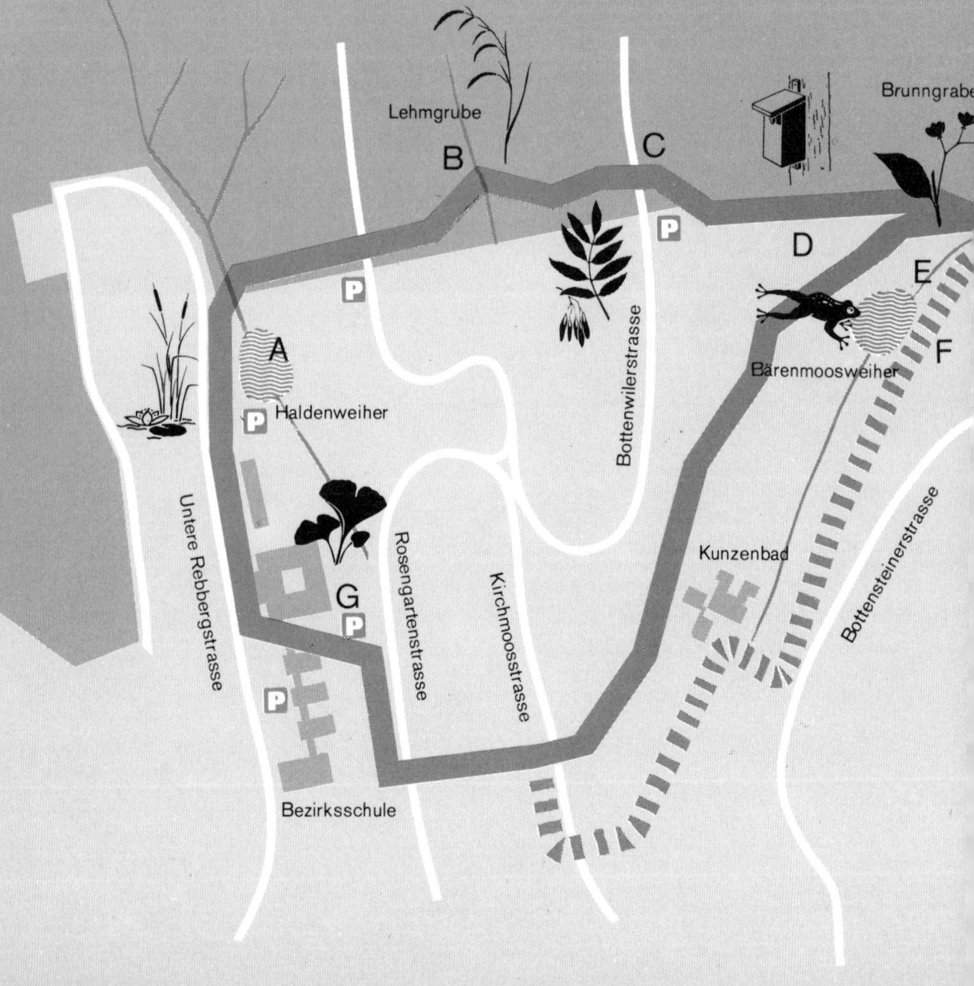

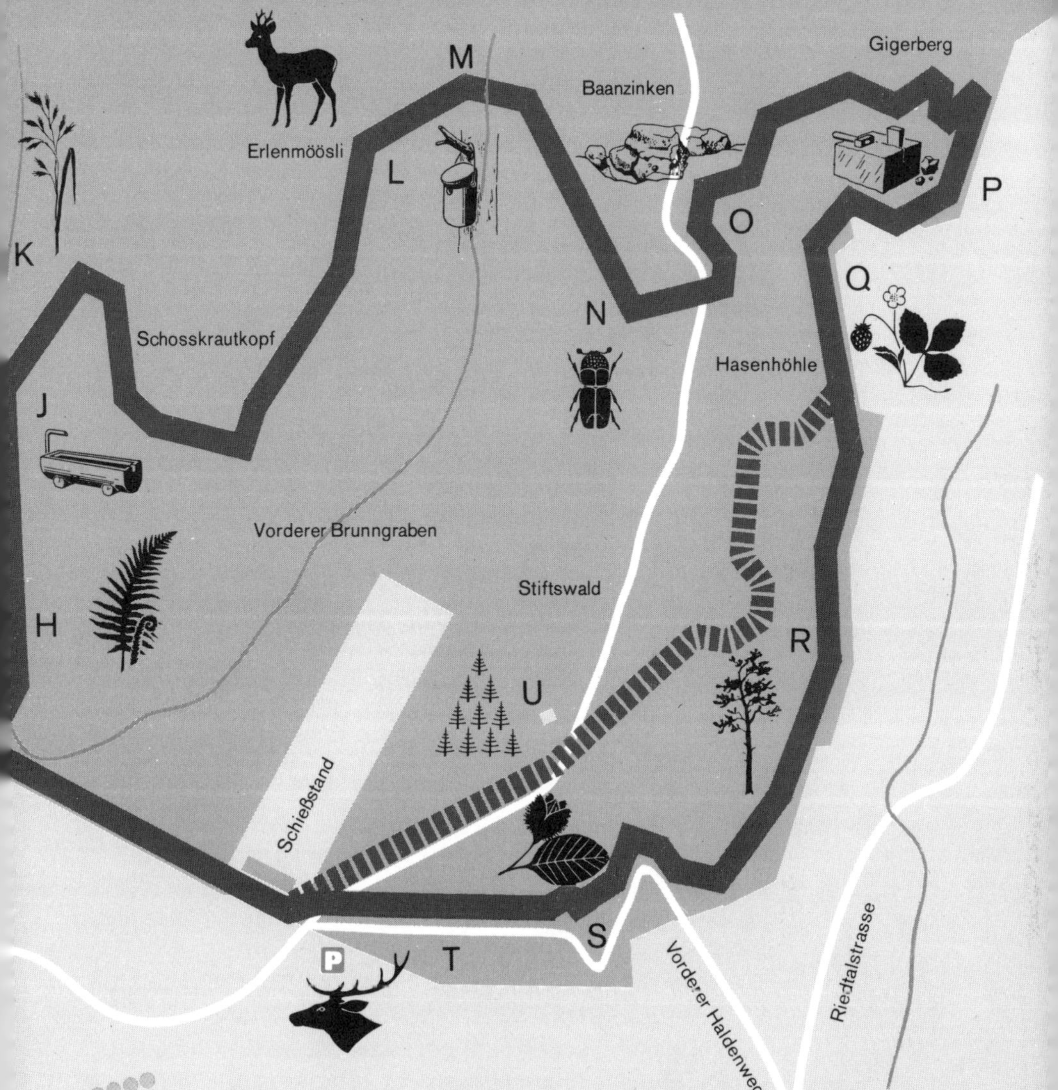

Heiternplatz

39

NATURLEHRPFAD STAATSWALD BAAN

Zofingen

40 **Reusstalweg:** Erweiterter Naturlehrpfad/Wanderpfad, permanent, Standortpfad; 15 Standorte, die nicht im Gelände markiert, aber in einem Führer samt der Wanderroute beschrieben sind:

1 Dorf Göslikon: Dorfgeschichte, Entwicklung; besondere Bauten

2 Verschiedene Waldbilder: Laubbäume, Föhren, Fichten, Adlerfarn

3 Schachen: Waldlichtung, Rastplatz

4 Waldrand: Aussicht auf Moos und Heitersberg

5 Fischbacher-Moos: Moorsee, Flachmoor, Hochmoor, Bruchwald

6 Moränenhöcker: Aussicht auf Reusstal und Heitersberg-Hasenberg

7 Haus zum «Rittersaal»: Fachwerkbau, Geschichte

8 Pestkreuz: Geschichte

9 Alter Speicher

10 Grabfunde: Hallstattzeit

11 Aussichtskanzel: Blick auf «Tote Reuss»

12 Tote Reuss: Altwasser, Riedflächen, Auenwald

13 Reussdamm: Flusskorrektion, Vogelwelt

14 Höll: Altwasser, Ufergehölze

15 Kirche Göslikon: Bauart, Geschichte, künstlicher Schmuck.

41 **Naturlehrpfad «The Lodge», Sandy GB:** Erweiterter Naturlehrpfad, Standortpfad, 16 Standorte (Nummernpfähle, gedruckter Führer) mit folgenden Themen:

1 Nadelbäume; Tannenmeise, Goldhähnchen, Türkentaube; Molchteich; Trauerbachstelze

2 Rhododendron, Problem der Übervermehrung mangels natürlicher Feinde, Bedeutung als Niststätte und Nachtquartier

3 Vogeltränke, Vogelbad; Winterfütterung; Nistkasten

4 Eichenwald; Bruthöhlen von Dohlen, Spechten und Staren; Schlafmulden von Baumläufern (Baumrinde); Farnarten

5 Blick auf Sandsteinbruch mit Waldföhren, auf Teich mit Beobachtungsunterstand

6 Heide; Pflanzensukzessionen; Bewirtschaftungsprobleme (Verbuschung nach dem Aussterben der Kaninchen); Wuchsformen von Bäumen im Wald und auf freiem Feld

7 Waldföhre mit Hexenbesen; neuer Teich mit Beobachtungsversteck, Wasservögel

8 Eichenblattgallen, Parasiten auf der Eiche; Häufigkeit der Parasiten auf den verschiedenen Baumarten (einheimische–exotische)

9 Heide mit Ginster, Birken und Waldföhren; Wolfsspinnen, Ameisen; Grünspecht als Ameisenliebhaber

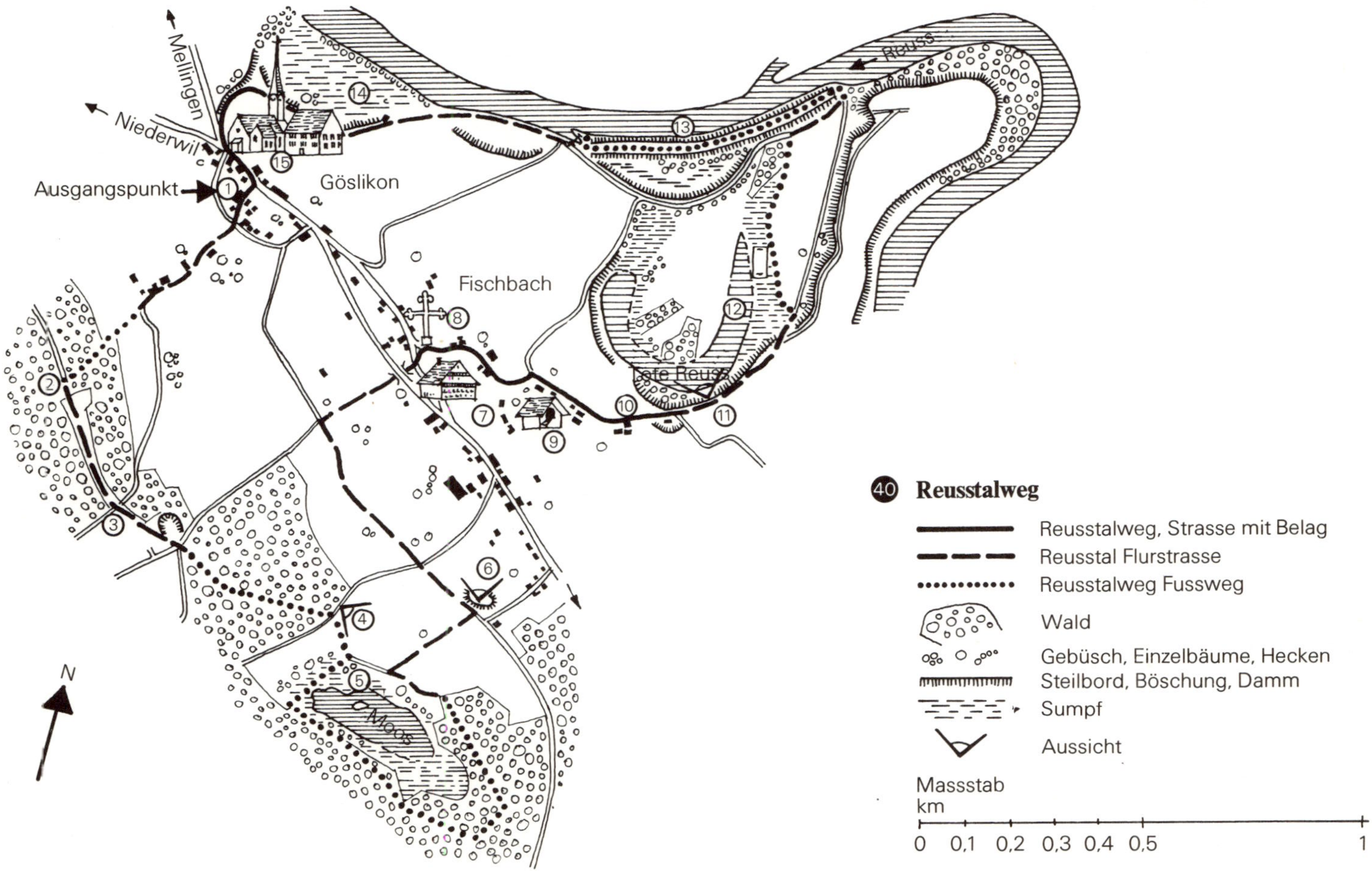
Mellingen
Niederwil
Ausgangspunkt
Göslikon
Fischbach
Reuss
Tote Reuss
Moos
N
40 Reusstalweg
Reusstalweg, Strasse mit Belag
Reusstal Flurstrasse
Reusstalweg Fussweg
Wald
Gebüsch, Einzelbäume, Hecken
Steilbord, Böschung, Damm
Sumpf
Aussicht
Massstab
km
0 0,1 0,2 0,3 0,4 0,5 1

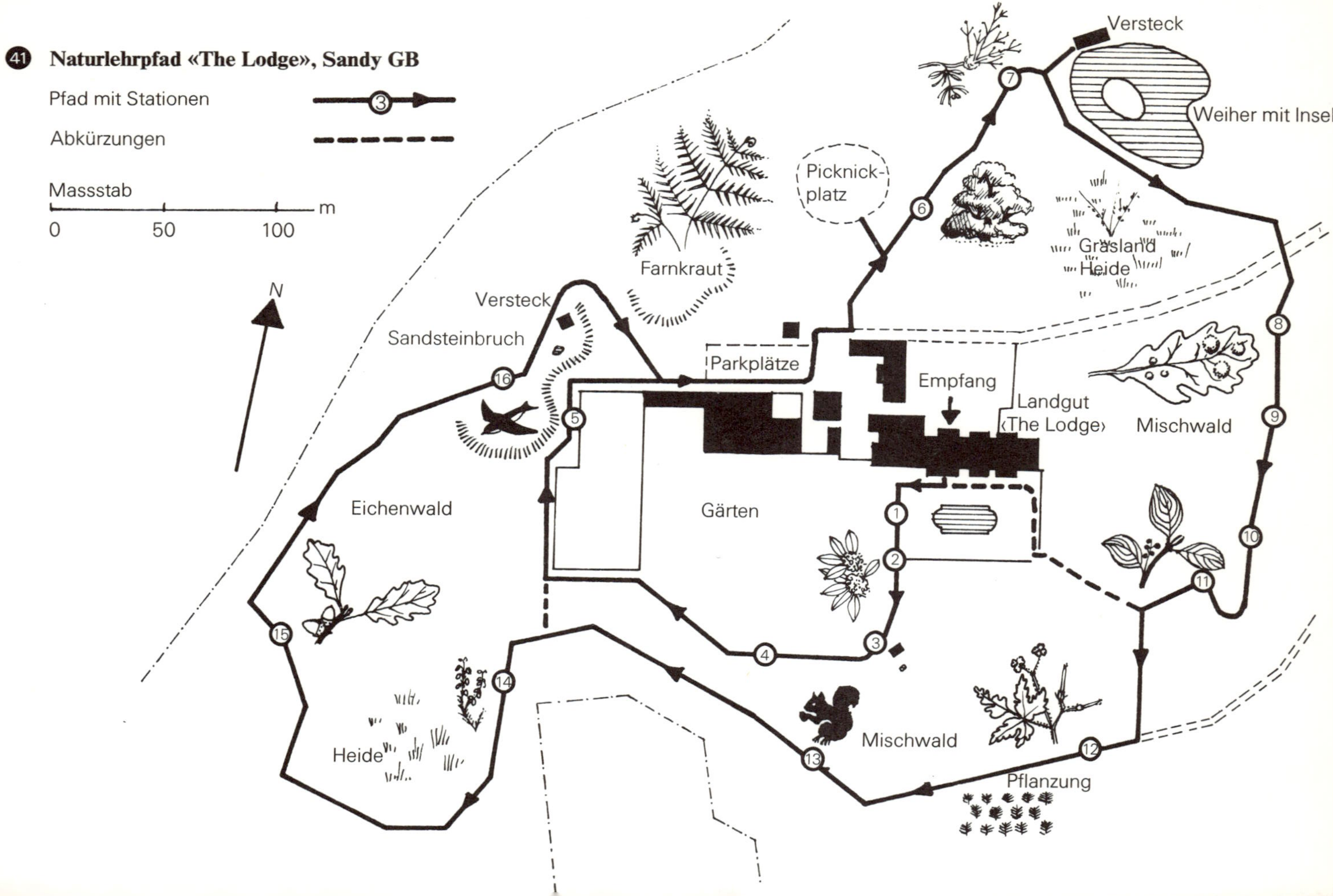

41 Naturlehrpfad «The Lodge», Sandy GB

10 Hartriegel, Holz, Blüten, frühere Verwendung; Waldföhre, Altersbestimmung; Stockschwamm, Wuchsart, frühere Verwendung

11 Buchenwald, Buchnüsschenernte, Beschattung, Düngung des Waldbodens; alte Eiche mit Spechtlöchern

12 Jungwuchs mit Waldföhren und Lärchen, Nachtquartier für Wacholderdrosseln, Aufenthaltsort von Eichelhähern und Gimpeln; Wegrand mit Feldblumenarten

13 Mischwald mit von Dohlen, Staren und Grauhörnchen besetzten Höhlen; Tannzapfen mit Frassspuren von Grauhörnchen und Kreuzschnabel; Nahrungsgebiet von Meisen, Goldhähnchen, Kleiber und Zaunkönig

14 Heide mit Konkurrenz zwischen Besenheide und Adlerfarn, saurer Boden; Besenheide erträgt feuchtere Standorte; Adlerfarn widerstandsfähiger gegen Feuer (tiefer wurzelnd), empfindlicher gegen Frost; Bergeidechse; Aussicht auf Landschaft (Bedfordshire); Bodenbeschaffenheit

15 Mischwald aus Ahorn, Süsskirsche, Linde und Eiche mit reichem Unterholz; Stockwerke des Waldes; Pilze

16 Sandsteinbruch mit künstlichen Höhlen für Uferschwalben; Flechtenstandort.

6.2 Projektierung

Beim Planen eines Lehrpfades treten fachwissenschaftliche und technische Aspekte auf. Daher sollte am besten ein Team von Fachleuten verschiedener Richtungen die Arbeit in Angriff nehmen. In einem frühen Stadium sind die zuständigen Instanzen zu orientieren (vgl. auch 4.2.1).

6.2.1 An wen wenden wir uns?

Kontaktpersonen: Botaniker, Zoologe, Geologe, Heimatforscher, Biologielehrer, Förster, Jäger, Wildhüter
Graphiker, Maler, Zimmermann, Schreiner, Spengler, Sanitär
Landbesitzer, Gemeindevertreter

Kontaktstellen: Gemeindebehörde, Forstamt, Jagdgesellschaft, kantonale Jagdverwaltung.

6.2.2 **Grundeigentum:** Ein Landerwerb ist nicht nötig. Da ein Lehrpfad keine besondere Fläche beansprucht und das Gelände kaum beeinträchtigt, lässt er sich grundsätzlich überall verwirklichen, wenn der Grundeigentümer einwilligt. Allerdings führen wir die Route mit Vorteil durch öffentlichen Besitz (Gemeinde, Kanton, Eidgenossenschaft), was das Bewilligungsverfahren vereinfacht; auch können dann die Betreuungsarbeiten (vgl. 6.9) ungehinderter ausgeführt werden, und es entstehen keine Entschädigungsfragen, wenn einmal Besucher am Rande des Pfades Gras zertreten oder Abfälle hinterlassen.

6.2.3 **Lage:** Das Anlegen eines permanenten Lehrpfades erfordert einigen Aufwand an Arbeit und Geld. Eine solche Anlage sollte möglichst vielen Leuten zugute kommen. Sie muss daher rasch und gut erreichbar sein, das heisst in der Regel in der Nähe einer Siedlung, einer grösseren Schule, eines Kurortes, eines Ausflugzieles usw. liegen. Am besten nimmt sie ihren Anfang bei einem Autoparkplatz. Originelle Standorte von Lehrpfaden gibt es in England (35): Rund um einen Bauernhof (Themen: Landwirtschaft, Wiese, Wegrand, Hecke, Wald); in einem Stadtpark (Pflanzen, Insekten, Vögel, Säuger); auf dem Trassee einer stillgelegten Bahn innerhalb einer grösseren Siedlung (Pflanzen, Insekten, Vögel, Geologie, Heimatkunde); in einem austrocknenden Schiffahrtskanal am Rande eines Industrieortes (Pflanzen, Insekten, Vögel). Wertvoll sind auch Anlagen für Behinderte und Rekonvaleszenten (z.B. in der Nähe eines Altersheimes oder eines Spitals); sie müssen eben verlaufen und eine Länge von einem Kilometer nicht überschreiten.

6.2.4 **Sehenswürdigkeiten** (vgl. auch Bemerkungen zu den Skizzen 38–41 sowie 6.1.2): Ein Lehrpfad soll dem Publikum und den Schülern die Vielfalt unserer Heimat aufzeigen. Er muss daher an einer Reihe interessanter Objekte vorbeiführen. Im vorgesehenen Gebiet wird eine Bestandesaufnahme der Sehenswürdigkeiten gemacht:

Quelle, Brunnen, Bach, Wasserfall, Kolk, Tobel, Fluss- und Seeuferpartien, Weiher, Sumpf, Moor, Ried, Heide.

Hecke, Feldgehölz, Waldrand, Waldpartien, Waldlichtung, Waldtälchen, Pflanzgarten.

Magerwiese, Wegbord, Ödfläche, Felswand.

Grosse Einzelbäume; auffällige Einzelpflanzen wie Eibe, Berberitze, Stechpalme, Mistel; auffällige Pflanzenbestände wie Adlerfarn, Riesenschachtelhalm, Wald-Weidenröschen, Tollkirsche, Königskerzen; wuchernde Pflanzen wie Hagrose, Waldrebe, Efeu, Brombeere, Hopfen; Pflanzenwucherungen wie Blattgallen, Hexenbesen.

Interessante Tiervorkommen wie sandige Stellen mit Ameisenlöwen, Böschung mit Grabwespen, Brennesseln mit Raupen, Haufen der Roten Waldameise, Gehölz mit Elsternnest, Turm mit Mauerseglerkolonie, Steilwand mit Uferschwalbenlöchern, Sandsteinfluh mit Dohlenbrutnischen, Tierpark.

Zeichen vom Tierleben wie Vogelnester (36), Spechthöhlen, Spechtschmieden, Fuchshöhlen, Dunggruben des Dachses, Verbiss- und Fegeschäden, Wildwechsel mit Spuren und Fährten oder Kot (37).

Geologische Aufschlüsse und Formen wie Wegeinschnitte, Schluch-

Hilfseinrichtungen am Naturlehrpfad
Oben links: Eine lustige Prügelbrücke führt über den Waldbach (Wildegg)
Oben rechts: Ein aus einem Baumstamm geformter Brunnentrog; rechts davon Markierung eines Baumes und Sitzbank, links davon Markierung und erratischer Block, im Hintergrund Waldhütte (Sihlwald)
Unten links: Gedeckte Futterstelle für Weichfresser oder Wildhühner (Wildegg)
Unten rechts: Futterraufe für Schalenwild wie Reh und Hirsch (Sihlwald)

ten, Klusen, Kiesgruben, Steinbrüche, Höhlen, Falten, Schichten, Schratten, Karren, Dolinen, Erdpyramiden, Drumlins, Moränen, Gletschermühlen, Gletscherschliffe, erratische Blöcke (Findlinge). Lokalhistorische Objekte wie alte Häuser, Spycher, Schlösser, Kirchen, Ruinen, Mühle mit Wasserrad, ehemalige Richtstätte, Gedenkstätte, Aussichtspunkte, landschaftlich reizvolle Wanderstrecken.

Nach dem Aufnehmen des Inventars gilt es auszuwählen. Je nach der Zielsetzung werden wir das eine oder andere Sachgebiet in den Vordergrund stellen. Auch dürfen wir den Pfad nicht mit Themen überlasten, sonst ermüden die Besucher. Merken wir uns als Handregel für eine Begehungszeit von 1 bis 2 Stunden:

Objektpfad: 50–60 Einzelobjekte
Standortpfad: 12–15 Standorte.

6.2.5 **Länge:** In der Regel sollte der Besucher des Pfades nicht nur die Natur kennenlernen, sondern auch das Wandern erleben, seine Muskeln bewegen und in seine Lungen reine Luft pumpen. Abgesehen von ganz kurzen temporären Pfaden, auf denen wir ein eng begrenztes Thema demonstrieren wollen, wird die Länge einer Anlage um 2 bis 4 km betragen, was einem Zeitbedarf für Wandern, Stehenbleiben, Betrachten, Beobachten und Lesen von rund 1½ bis 3 Stunden entspricht. Später können wir die Strecke immer noch verlängern. Misst der Pfad mehr als 5 km, sorgen wir mit Abkürzungen dafür, dass jeder Besucher je nach seiner Marschtüchtigkeit und der ihm zur Verfügung stehenden Zeit eine ihm zusagende Variante wählen kann (vgl. Skizzen 39 und 41).

6.2.6 Legen der Route

Wir beachten folgende Punkte:

- Einbeziehen der ausgewählten Sehenswürdigkeiten (vgl. 6.2.4)
- Vermeiden von Gebieten mit seltenen Pflanzen und Tieren, von Wildeinständen, die der Ruhe bedürfen, usw.
- Anfang und Ende markant und gut erreichbar (vgl. 6.2.3)
- Nach Möglichkeit Benützen der öffentlichen Wege (keine zusätzliche Belastung der Landschaft)
- Nach Möglichkeit Benützen von bereits gut frequentierten Routen (Erreichen von vielen potentiellen Interessenten)
- Möglichst abwechslungsreicher Verlauf (Gelände)
- Mehrere Objekte beieinander markieren, dann wieder freie Strecken zum zügigen Wandern einschalten
- Verwandte und ähnlich aussehende Objekte nahe beieinander markieren (Vergleichsmöglichkeiten)
- Möglichkeit für spätere Erweiterung der Route vorsehen.

6.2.7 **Verlauf der Route**

Es bieten sich folgende Möglichkeiten:

Zielroute: Der Pfad führt von einem Ausgangspunkt zu einem markanten Ziel (Aussichtspunkt, Picknickwiese, Waldhütte, Gaststätte); Begehung in *einer* Richtung.

Verbindungsroute: Der Pfad verbindet zwei benachbarte Dörfer, zwei Ortsteile, zwei Schulhäuser, zwei Gasthöfe; Begehung in *beiden* Richtungen.

Rundgang (Kreis, Ellipse, Form einer Acht, Abwechseln zwischen Geraden und Schlaufen): Begehung in *einer* Richtung.

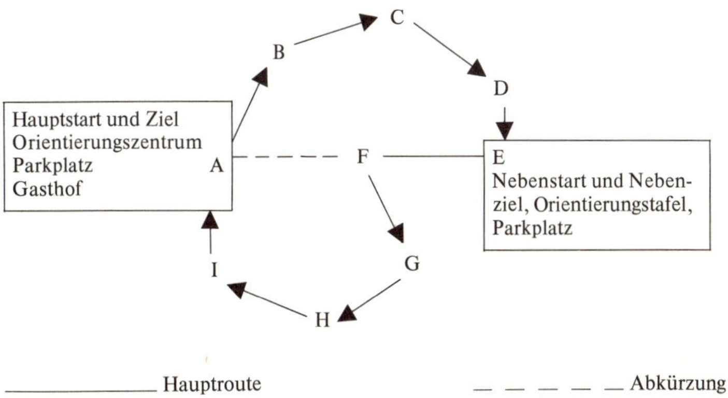

Neben Abkürzungen können bei längeren Pfaden an günstigen Stellen (z.B. Waldeingang mit Parkplatz) weitere Einstiegsmöglichkeiten geschaffen werden (vgl. Punkt E).

6.2.8 **Finanzierung:** Die Kosten eines permanenten Lehrpfades betragen je nach Ausbau, Material, Art der Drucksachen, Umfang der vorzunehmenden Arbeiten einige hundert bis einige zehntausend Franken. Mögliche Kostenträger sind unter 4.2.4 aufgeführt. Ein Teil der Kosten kann durch den Verkauf von Nummernschlüsseln, Führern und Arbeitsblättern (vgl. 6.7) gedeckt werden.

6.3 Realisierung

Wenn wir das Vorgehen planen und die verschiedenen Arbeiten gut koordinieren, sparen wir viel Zeit. Wir schlagen vor:

6.3.1 **Temporärer Naturlehrpfad:** Ein einfacher Naturlehrpfad - z.B. mit dem Thema «Gehölze» - lässt sich mit Schülern als feldbiologische Übung an einem Halbtag aufstellen und am Abend wieder zusammenräumen:

Material: Markierungspfähle aus Tannenholz (erhältlich beim Forstamt, beim Gemeindebauamt, bei einem Baugeschäft) oder selbst geschnittene Haselstöcke.

Nummern (mit Markierungsstift direkt auf die Pfähle geschrieben oder beschriebene Schilder aus dickem Karton, die in die oben eingeschnittenen Haselstöcke gesteckt werden).

Namenschilder (Holzbrettchen mit aufgeheftetem Dymoband, beschriebene Kartonschilder).

Variante für Nummern und Namenschilder: Die Schüler löten im Metallhandfertigkeitsunterricht an einen starken, unten spitz zugefeilten Eisendraht ein Blechschildchen, das später mit Farbe markiert wird.

Vorexkursion des Lehrers: Wahl des Gebietes (Entfernung zum Schulhaus und Artenreichtum beachten!), Wahl der Strecke (100–500 m), Wahl der einzelnen Objekte (Baum- und Straucharten).

Schülerexkursion:

- Markieren der Objekte (mit Nummern oder Artnamen).

- Übungen: Skizze des Pfades, Eintragen der Nummern oder Namen, Liste der markierten Arten mit den wichtigsten Merkmalen und wissenswerten Angaben über die Biologie.

- Test der Artenkenntnis: Ersetzen der Namenschilder durch Nummern; Ausfüllen von Testkarten (Zuordnen von Artnamen und Nummern), Plazieren zusätzlicher Nummernpfähle bei den entsprechenden Arten auf einer anschliessenden, noch nicht markierten Strecke (Änderung der Reihenfolge!), mehrmaliges Abschreiten unter Leitung eines referierenden Schülers.

- Zusammenräumen des Materials.

Oben links: Ruhebank aus halbiertem Stamm (Wildegg)
Oben rechts: Sitzbank mit Lehne aus Brettern (Sihltal)
Mitte: Ruhe- und Picknickplatz mit Feuerstelle bei einer Waldhütte; links eine währschafte Ruhebank, Mitte ein praktischer Abfallbehälter, rechts Holzvorrat zum Braten (Sihlwald)
Unten: Ruhe- und Picknickplatz im Schatten einer mächtigen Linde; links Brunnen, Mitte Abfallbehälter am Baumstamm, rechts Sitzbänke aus Stein (Wildegg)

6.3.2 **Permanenter Naturlehrpfad:** Wir gehen nach dem folgenden Arbeitsschema vor:

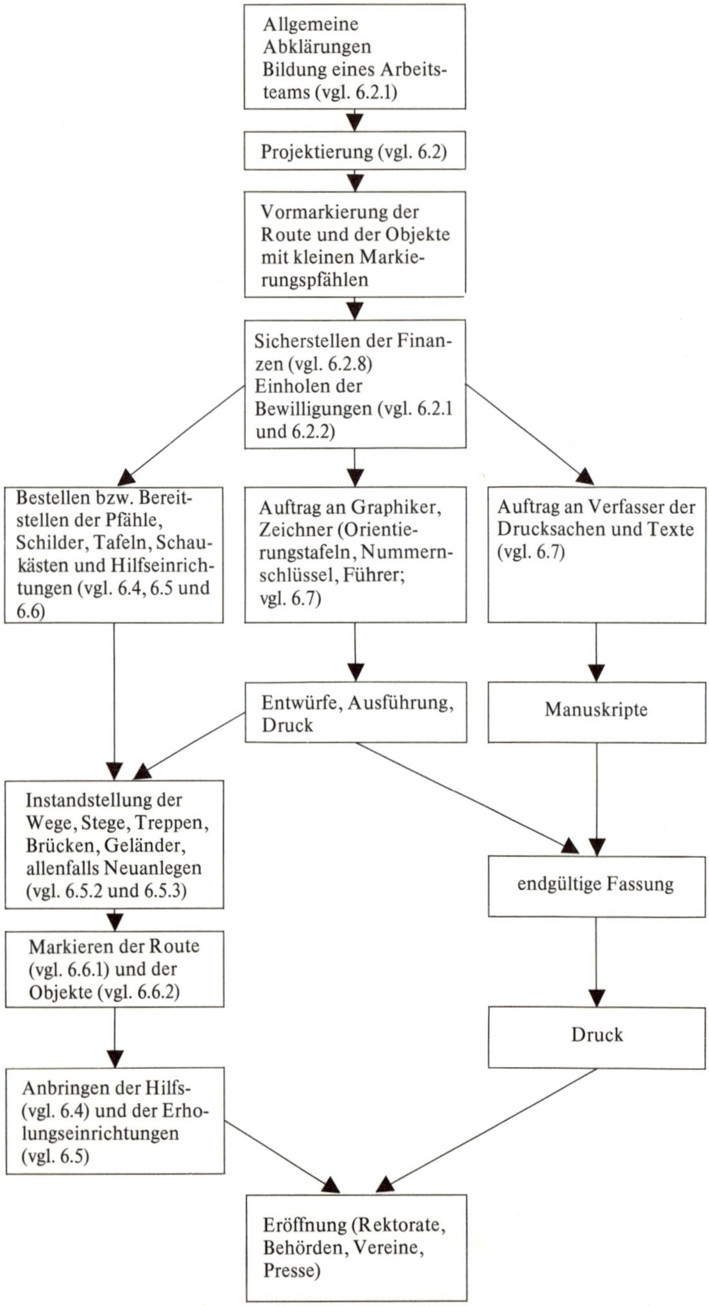

6.4 Hilfseinrichtungen

Wie im Schulreservat (vgl. 4.8, 4.10 und 4.11) und am Schulweiher (vgl. 5.12) können wir auch am Naturlehrpfad mit Schutzeinrichtungen und Beobachtungshilfen die Möglichkeiten für die Naturbetrachtung vermehren und verbessern. Der Leser gehe die in Klammern erwähnten vorderen Abschnitte des Buches durch und überlege, welche der angeführten Einrichtungen entlang dem Lehrpfad aufgestellt werden könnten; vgl. vor allem die unter 4.8, 4.9.5, (7) und (13) genannten Vogelschutzmassnahmen und Tiergehege! Viele kommen bloss für einen permanenten Lehrpfad, der über eine längere Strecke führt, in Frage. Stellen wir solche Einrichtungen nur dort auf, wo sie hinpassen und ihren Zweck wirklich erfüllen. Im folgenden weisen wir auf einige weitere hin, die sich besonders dazu eignen, einen Lehrpfad zu bereichern.

6.4.1 **Einpflanzungen:** Grundsätzlich sollten wir nur Pflanzen markieren, die bereits am Lehrpfad wachsen. Fehlt indessen zum Beispiel irgendein charakteristisches Gehölz, durchbrechen wir ausnahmsweise diesen Grundsatz und setzen die Art an einem geeigneten Standort ein. Problematischer sind Einpflanzungen von Kräutern, denen die Umweltbedingungen am neuen Standort oft nicht ganz entsprechen und die nach wenigen Jahren der Konkurrenz anderer Arten erliegen. Wir sehen auf jeden Fall davon ab, Seltenheiten einzupflanzen, die wir aus naturschützerischen Gründen auch nicht markieren, wenn sie bereits an der Route vorkommen. Bei allen Einpflanzungen beachten wir das unter 4.6 und 5.8 Gesagte.

6.4.2 (42) **Geräte für die Winterfütterung von Vögeln** (vgl. auch 4.10.8): Allgemeines und weitere Details zur Winterfütterung vgl. einschlägige Literatur (38)!

Der biologische Wert der Winterfütterung ist sehr umstritten. Bestimmt brauchen die Vögel die menschliche Hilfe nur in ausgesprochenen Notlagen (während anhaltender starker Fröste, bei wochenlangem Liegenbleiben hoher Schneeschichten). Am Lehrpfad geht es aber um etwas anderes: Wir wollen mit der Futterstelle die Gefiederten anlocken, damit wir sie eingehend beobachten können.

Fettholz (a) und Futterglocke (b) füllen wir mit einer mässig erhitzten flüssigen Mischung aus Rindertalg und Kleie (1 : 1) oder aus Rindertalg und Körnern (3 : 2); als Körner kommen Hanf- und Sonnenblumensamen, Mohn und Haferflocken in Frage. Während die Masse sich abkühlt, erstarrt sie; jetzt können wir die Geräte an einem katzensicheren Ort aufhängen.

Futterautomaten (d) füllen wir mit einer guten Körnermischung (aus Hanf, Sonnenblumenkernen, Mohn, Lein, Rübsen, Spitzsamen und Weisser Hirse). Weiter legen wir halbierte Kürbis- und Melonenkerne, Buchnüsschen und Nussstücke aus, für Weichfresser Rosinen, getrocknete Beeren aller Art, Kerne von Äpfeln und Birnen, angefaultes Obst, in Fett geröstete Haferflocken, mageres Hackfleisch.

Mögliche Futtergäste:
Fett: Meisen, Kleiber, Baumläufer, Spechte

Sämereien, Körner: Meisen, Kleiber, Spechte, Finken, Hänflinge, Zeisige, Kernbeisser, Gimpel, Ammern, Sperlinge, Tauben

Weichfutter: Amseln, Drosseln, Star, Rotkehlchen, Goldhähnchen, Braunellen

Allesfresser: Krähenvögel

Futterregeln:

- Futter vor Nässe schützen.

- Futtergäste vor Räubern (Katzen, Mardern, Greifvögeln) schützen: Durch Aufhängen der Futtergeräte oder Anbringen auf Pfählen; durch Anbieten einer nahen Deckung (Fichtendickicht, Dorngestrüpp).

- Vor allem Naturfutter verwenden, kein stark gesalzenes oder ausgefallenes Futter wie Käse, Butter oder Kuchen, keine gärenden Küchenabfälle.

- Massvoll, aber regelmässig füttern (Angewöhnen der Vögel an den Futterplatz).

- Beginn Ende Oktober, Schluss Ende März (Ausnahme: Notlagen).

- Einstellen der Fütterung bei Auftreten von Infektionskrankheiten wie Salmonellose (vgl. Herumliegen von toten Vögeln).

6.4.3 (43) Futtertisch für Greifvögel

- Das Futterbrett wird am besten auf einen 2 m hohen Pfahl genagelt; so können Katzen, Füchse, Marder usw. weder das Fleisch noch die Futtergäste erreichen.

- Wir stellen den Futtertisch nicht in Siedlungsnähe auf, da Greifvögel meist scheu sind. Der Betreuer muss den Platz aber gut erreichen können.

- Wir wählen am besten eine grössere offene Fläche in der Nähe von hohen Bäumen (z.B. ein an den Waldrand grenzendes Feld), die 150 bis 200 m von einem Fahrweg entfernt liegt.

- Wir verwenden als Futter Abfallfleisch. Vermischen wir dieses mit Tierhaaren oder Kleie, bilden die Greifvögel ihre normalen Gewölle.

- Wir gewöhnen die Futtergäste (Mäusebussard, Turmfalke) einige Wochen vor dem zu erwartenden Eintreten der Kälteperiode an die Futterstellen (regelmässiges Auslegen kleinerer Futterportionen).

- Wir füttern jeden Morgen, um zu verhindern, dass das Fleisch steinhart gefriert.

42 Geräte für die Winterfütterung von Vögeln

d) Futterautomat
an Ringschrauben hängend
oder stehend auf glattem
Eisenrohr aufgeschraubt
Brettdicke 15 mm

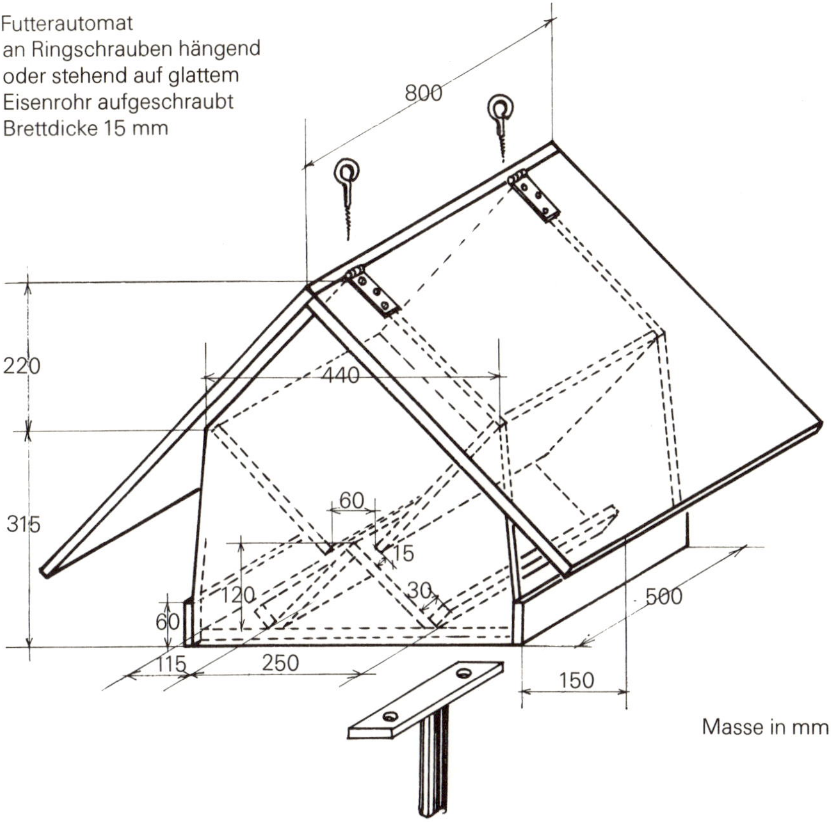

Masse in mm

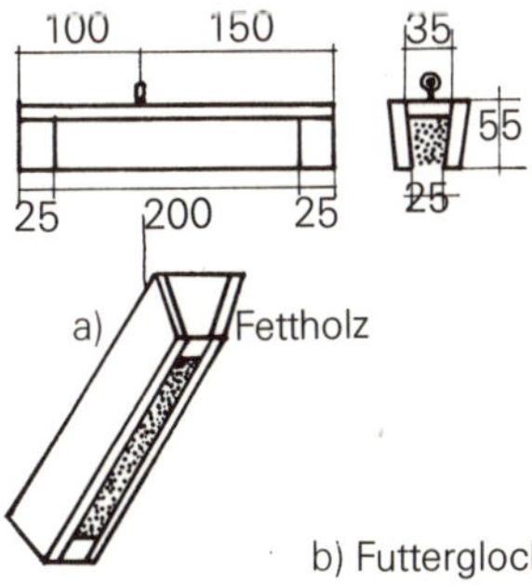

a) Fettholz

b) Futterglocke
aus
Blumentopf ⌀ 80 mm
und Rundstab

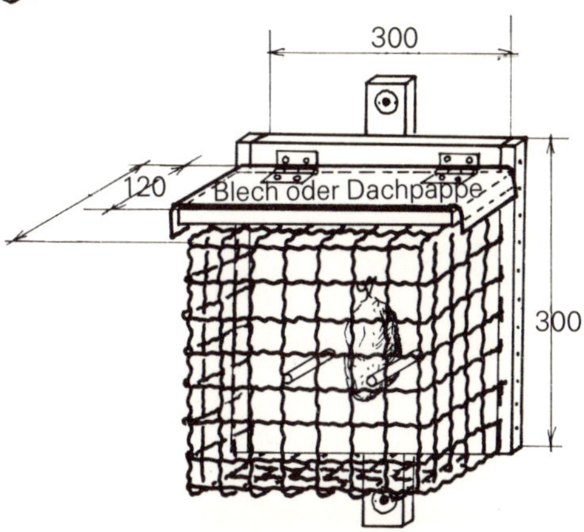

c) Gitterkasten aus Maschendraht
⌀ 40 mm
für Schweinenabel

6.4.4 (44) Sitzstangen für Greifvögel

- Wir schmieden das eine Ende des senkrechten Eisenrohres zu einer Spitze. Auf das gegenüberliegende schweissen wir ein Flacheisen mit zwei Schraubenlöchern zum Befestigen der hölzernen Sitzstange. Als Tritt zum Einstecken und Griff zum Herausziehen wird über der Spitze ein Winkeleisenstück angeschweisst. Anstelle der Sitzstange können wir im Winter auch einen Futtertisch montieren (vgl. 6.4.3). Variante: Statt Eisenrohr Holzpfahl.

- Wir stellen die Sitzstangen in baumlosen Feldern auf, wo sie verschiedenen Wartenjägern (Mäusebussard, Turmfalke, nachts Eulen) das Beuteschlagen erleichtern. Günstig sind sonnige, früh apere Hänge oder Borde, wo sich gerne Mäuse aufhalten.

6.4.5 (45) **Vogeltränke - Vogelbad:** Nach Skizze 45 lässt sich mit einem längs aufgeschnittenen Autopneu eine gefällige Vogeltränke schaffen, in der Gefiederte aller Art auch gerne baden. Hier bieten sich sehr gute und vielfältige Beobachtungsmöglichkeiten. Denselben Zweck erfüllen kleinere Weiher (vgl. 5.6) oder käufliche Vogelbäder. Wir beachten:

- Geringe Wassertiefe (5–10 cm), flach auslaufende, aufgerauhte Ufer.

- Keine glitschigen Wände; einige Steine im Wasser dienen als «Haltepunkte».

- Die Ränder des Beckens sollen nicht über den Boden ragen.

- Wir erneuern das Wasser alle paar Tage; in Wasser, das länger als 12 Tage stehen bleibt, entwickeln sich meist Stechmückenlarven.

- Die unmittelbare Umgebung der Tränke soll frei von hochwüchsigen Pflanzen sein, damit die Vögel nahende Raubtiere rechtzeitig erkennen.

- Ein 10 bis 15 m entferntes Dongebüsch soll den Trink- und Badegästen bei Gefahr (Greifvögel) Deckung bieten.

- Vogeltränken mit genügend breiten waagrechten Rändern können auf Pfählen (katzensicher!) angebracht werden.

6.4.6 (46) **Futterfloss für Enten, Möwen, Rallen:** Wir zimmern nach Skizze 46 aus Brettern und Dachlatten eine 1 bis 2 m^2 grosse Plattform, die wir mit Plastikseilen oder Metallbändern auf zwei ausgediente Benzinfässer montieren. Die Tiere sollen rings um das Futterbrett bequem stehen können (Futterbrett abnehmbar zum Reinigen; Ränder ringsum rund 40 cm breit). Wir achten darauf, dass das Futter nicht zu lange liegen bleibt; verdorbene, saure Nahrung schadet den Vögeln. Als Futtermischungen kommen nach Krumbiegel (39) in Frage:

Enten: Eicheln; gekochte, zerstampfte und mit Kleie vermengte Kartoffeln; Reste von Obst, Fisch und Fleisch; eingeweichtes Brot und Körner (Mais, Korn usw.).

43 Futtertisch für Greifvögel

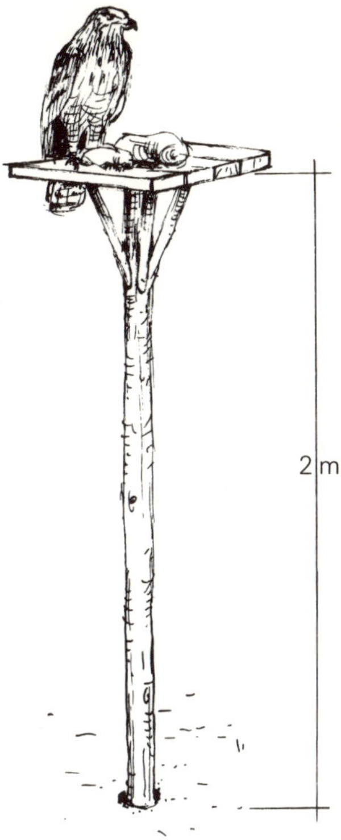

44 Sitzstangen für Greifvögel

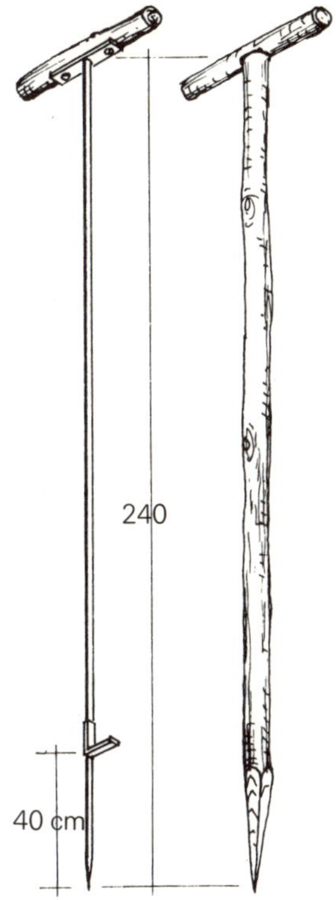

45 Vogeltränke – Vogelbad

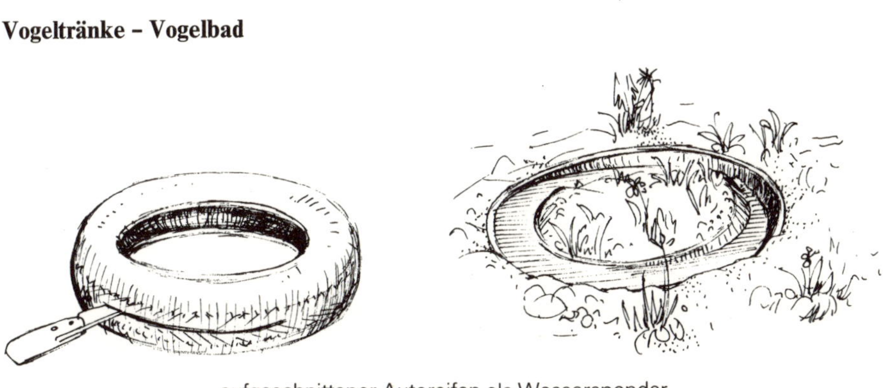

aufgeschnittener Autoreifen als Wasserspender

Möwen: Fisch, Fleisch, Brot und Nahrungsreste aller Art.

Bless- und Teichralle: Hackfleisch, eingeweichtes Brot, gekochter Reis oder gekochte Teigwaren.

6.4.7 (47) **Wildfutterstellen** nach Behnke (40): Über den biologischen Wert der Wildfütterung lässt sich ungefähr das Gleiche sagen wie über die Winterfütterung der Vögel (vgl. 6.4.2). Ihre Nachteile (Ansteckungsherd für Infektionskrankheiten; Konzentration von Wild mit Schäden an Wald und Kulturen nach dem Aussetzen der Fütterung) können so stark überwiegen, dass namhafte Wildbiologen sie ganz ablehnen. Futterstellen am Lehrpfad verbessern und vermehren aber die Beobachtungsmöglichkeiten (z.B. in Verbindung mit einem Versteck, vgl. 4.10.7.). Nach den Skizzen basteln wir aus Rundhölzern, Halbhölzern, Brettern, Pfählen, Schilfmatten und Reisig verschiedene Modelle, die wir an geeigneten Plätzen aufstellen und vor allem im Winter mit Futter beschicken:

Rehwild: Heu, Haferspreue, Rüben, Obst, Kastanien, Eicheln

Niederwild (Hase, Wildkaninchen): Heu, Kohlstrünke, Rüben

Hühner (Fasan, Rebhuhn): Getreide, Dreschabfälle, Körnermischung für Haushühner, Obst, Gemüseabfälle.

6.4.8 (48) **Salzlecken:** Eine Salzlecke sollte nicht in der Nähe einer Wildfutterstelle (vgl. 6.4.7), sondern mindestens 200 m von dieser entfernt liegen; andernfalls nascht das Wild Salz, statt ein natürliches Bedürfnis zu stillen. Eine Lecke wird mit Salzsteinen, nicht mit Kristallsalz beschickt. Auch sie schafft günstige Gelegenheit für Wildbeobachtungen.

(46) **Futterfloss für Enten, Möwen, Rallen**

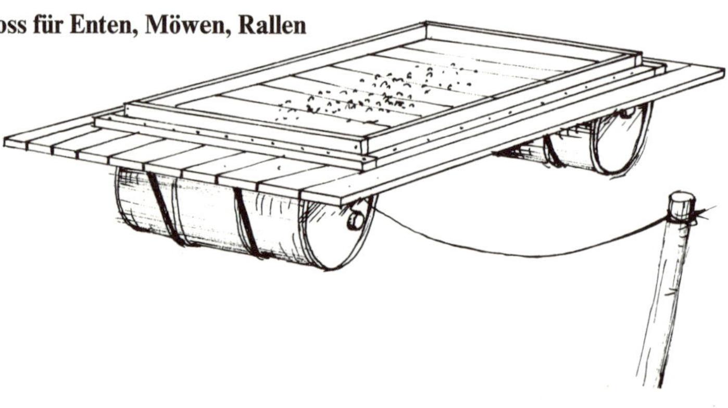

47 Wildfutterstellen

Niederwildraufe

Rehwildtrog

Rehwildraufe

Fasanenschütte
mit Schilfdach

Fasanenschütte
mit Reisigdach

6.4.9 **Gedenkstätten:** An einem geeigneten Ort (z.B. an einem baumumstandenen Platz mit Sitzbänken, auf einer erhöhten Kuppe usw.) erinnern wir mit einer Tafel, einem behauenen Stein usw. an ein historisches Ereignis, an Naturkatastrophen (Überschwemmung, Windfall, Bergsturz, Kältewelle, Trockenheit), an wirtschaftliche oder politische Massnahmen (Aufforstung, Bachkorrektion, Weiherbau, Schutzverordnung), an verdiente Persönlichkeiten usw.

6.5 Erschliessungs- und Erholungseinrichtungen

(z. T. nach Ohrtmann, 41)

6.5.1 Parkplätze

Wir beachten:

- Anlage am Start und Ziel des Lehrpfades (z.B. am Waldeingang), allenfalls an den weiteren Einstiegsmöglichkeiten (vgl. 6.2.7).
- Genügende Grösse und Möglichkeit der Erweiterung.
- Wahl eines trockenen, ebenen und schattigen Platzes (allenfalls raschwüchsige Bäume anpflanzen).
- Gewässerschutzvorschriften (allenfalls Platz asphaltieren, Benzin- und Ölabscheider anbringen).
- Verkehrssicherheit (keine gefährlichen Einmündungen auf stark befahrene Strassen).

6.5.2 Wege

Wir beachten:

- Nach Möglichkeit bestehende Wege benutzen (vgl. 6.2.6).
- Vermeiden gefährlicher oder beschwerlicher Stellen wie Steilabfälle, sumpfige und glitschige Partien, starke Steigungen.

---

48 Salzlecken

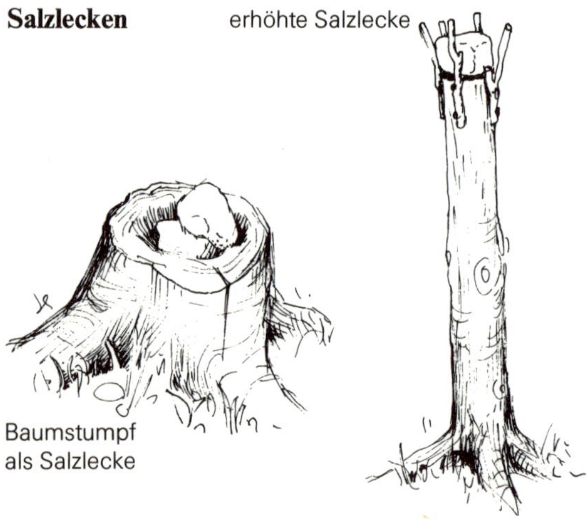

- Vermeiden von Strassen mit starkem Verkehr; Bevorzugen von Wanderwegen.

- Regelmässiges Instandstellen der Wege (Beschottern, Löcher auffüllen, Abfall beseitigen).

6.5.3 **Geländer, Treppen, kleine Brücken:** Diese an und für sich reinen Zweckeinrichtungen werden zur eigentlichen Zierde des Lehrpfades, wenn wir sie aus Naturholz erstellen, zum Beispiel:

Geländer, kleine Brücken: aus sauber entastetem und entrindetem Rundholz mit Schutzanstrich (Geländerhöhe ab Boden 80–100 cm), aus Nadelholz- oder Eichenstangen (Durchmesser 6–12 cm).

Treppen, Stufen: aus Kanthölzern oder - eine originelle, dauerhafte und billige Lösung - aus ausgedienten eichenen Eisenbahnschwellen.

6.5.4 **Abfallkörbe**

käufliche aus Metall oder Kunststoff;
selbst gebastelte aus Brettern, Latten, halbierten Stangen, Maschendraht mit Holzrahmen.

Wir beachten:

- Unauffällig, aber gut sichtbar aufstellen.

- Bei Bänken, Rast- und Spielplätzen, Brunnen, Schutzhütten, Parkplätzen usw. aufstellen.

- Nicht an Bäumen befestigen, sondern an Pfählen oder Banklehnen.

- Abnehmbare oder kippbare Behälter verwenden.

- Behälter regelmässig entleeren.

6.5.5 **Sitzbänke, Hocker, Tische:** Aus Stammstücken (Bänke und Tische längs, Hocker quer geschnitten); aus Pfählen und Stangen (rund oder halbiert); aus Brettern und Latten.

Wir beachten:

- Sitzhöhe 40–45 cm über Boden.

- Sitzlehne nach hinten um rund 70 Grad abwinkeln.

- Bänke und Tische gut im Boden verankern, allenfalls Füsse einbetonieren.

- Geeignete Stellen: abgesetzt vom Pfad an schönen Aussichtslagen oder an Orten mit guten Beobachtungsmöglichkeiten; bei Park-, Rast- und Spielplätzen.

6.5.6 **Brunnen, Wasserrad:** Eine gefasste Quelle, ein fliessender Brunnen oder ein Bächlein mit einem laufenden Wasserrad ziehen nicht nur Kinder, sondern auch viele Erwachsene wie Magnete an. Wir gestalten

Quellfassungen aus Natursteinen, Brunnentröge aus einem ausgehöhlten Baumstamm oder Felsblock (z.B. Findling).

Wir beachten:

- Gute Zugänglichkeit für wasserholende Besucher.
- Hinweistafel auf Wassergüte «Trinkwasser», «Kein Trinkwasser».
- Mögliche Verbindung mit einem Rast- oder Spielplatz (vgl. 6.5.9).

6.5.7 **Feuerstelle:** Das Grillieren und Würstebraten in freier Natur ist zur beliebten (Un-)Sitte geworden. Wenn wir einige feste, gut ausgestattete Feuerstellen errichten, tragen wir dazu bei, dass die Sommerfrischler nicht allüberall Feuer entfachen, dass sie nicht so viele hässliche Brandwunden in der Landschaft hinterlassen und keinen Waldbrand verursachen.

Wir beachten:

- Errichten von massiven, brandsicheren Feuerstellen aus Natur- und Ziegelsteinen; Einmauern von Gitterrosten.
- Bereitstellen von Brennmaterial (trockenem Reisig zum Anfeuern, Holzstücken).
- Regelmässiges Wegräumen von Asche und Kohleresten, Ergänzen des Holzvorrates.
- Verbieten des Feuermachens ausserhalb der vorgesehenen Orte (Aufstellen von Verbotstafeln).

6.5.8 **Schutzhütten, WC-Anlagen:** Wir lassen uns von Fachleuten (Architekt, Förster, Sanitär) beraten. Als Baumaterialien empfehlen wir Natursteine und Rundhölzer (allenfalls Fachwerkbau oder Blockhütte), zum Verkleiden Schindeln oder Rinde. Die Schutzhütte überdacht in der Regel einen grösseren oder kleineren Raum, der mit einem Tisch und Sitzbänken ausgestattet ist und der sich auf eine Seite bzw. zwei oder drei Seiten öffnet (Achtung auf Wetterseite und Ausblick!). Im rückwärtigen Teil können wir einen abschliessbaren Geräteraum (vgl. 4.11.2) und eine WC-Anlage einplanen.

6.5.9 **Rast-, Picknick- und Spielplätze:** Sind gut zugängliche und gut ausgestattete (vgl. Schutzhütte, WC, Brunnen, Feuerstelle, Sitzbänke, Hocker, Tische, Abfallbehälter) Plätze vorhanden, konzentriert sich ein grosser Teil des Publikums auf ihnen. Die übrige Landschaft wird so weniger mit Lärm, Abgasen oder Abfall belastet.
Als besondere Einrichtungen für Spielplätze kommen in Frage: Sand- und Steinhaufen, Holzstücke zum Bauen; Klettergelegenheit (Holzklafter, Stangenpyramide, Kletterbaum mit waagrechten Ästen); einfache Schaukeln und Rutschbahnen; Gelegenheit, einen Bach zu stauen.

Wir beachten:

- Wahl eines trockenen und windgeschützten Platzes (z.B. Waldeingang).

- Nähe einer Siedlung, eines Autoparkplatzes.
- Regelmässige Betreuung (Beseitigen des Abfalls, Instandstellen der Einrichtungen).

6.6 Markierungen

Wie bei den anderen Einrichtungen des Naturlehrpfades wählen wir auch hier dauerhaftes, gegen Beschädigungen widerstandsfähiges Material, das wir diebstahlsicher anbringen. Alle Markierungen sollten einerseits unauffällig, anderseits aber gut erkennbar sein.

6.6.1 Route

Farbmarkierung: Wir bringen an Mauern, Pfählen, Bäumen, grossen Feldsteinen usw. Farbkleckse oder Richtungspfeile an. Wir stimmen die Farbe mit der Markierung lokaler Wanderwege ab, damit keine Verwechslungsmöglichkeiten entstehen.

Wegweiser: Wir befestigen an Pfählen, Mauern, Gebäuden, nicht aber an Bäumen grössere oder kleinere Richtungspfeile (allenfalls mit Aufschrift oder Signeten).

Material: Holz, Metall (z.B. kleine gestanzte Blechdreiecke), Guss, Kunststoff.

Farbe: Verschiedene Farben können verschiedene Routen (vgl. Abkürzungen, Erweiterungen 6.2.7) markieren.

Schriften, Symbole, Signete: Verschiedene Buchstaben oder Nummern, Schlagwörter (z.B. Lokalnamen, Tier- und Pflanzennamen), Signete und Symbole (z.B. Fuchs, Dachs, Hase, Frosch) können verschiedene Routen kennzeichnen.

6.6.2 Objekte

Farbmarkierung: Wir malen mit Schablonen einen Buchstaben oder eine Zahl direkt auf das Objekt (z.B. Baumstamm). Verschiedene Farben markieren verschiedene Gruppen von Objekten (z.B. Gehölze gelb, Kräuter rot). Mit einer unauffälligen Grundierung (weiss oder gelblich) bringen wir Zahlen, Buchstaben, Zeichen usw. besser zur Geltung.
Vorteil: rasche und billige Methode.
Nachteil: wenig dauerhaft.

Nummern-, Buchstabenpfähle: Wir stellen unmittelbar vor oder neben das Objekt einen Pfahl aus Holz oder Metall, der ein Buchstaben- oder Nummernschild aus Holz, Blech, Guss oder Kunststoff trägt. Verschiedene Farben können verschiedenartige Objekte kennzeichnen (z.B. grün = Hinweis auf Pflanze, rot = Hinweis auf Tiere). Wenn nötig, markieren wir das Objekt zusätzlich mit einem Farbklecks oder verbinden es durch ein farbiges Plastikseil mit dem Nummernpfahl. Liegt das Objekt nicht direkt am Weg, nehmen wir einen Richtungspfeil zu Hilfe.

Namen- und Hinweisschilder, Texttafeln: Wir befestigen diese Markierungen in Augenhöhe (gute Lesbarkeit!), am besten wie die Nummern- und Buchstabenschilder an Pfählen oder dann direkt am Objekt (z.B. Aufschrauben auf ein Holzbrettchen, das wir vorher mit Weichmetallstiften auf einen Baumstamm genagelt haben).
Als Materialien kommen in Frage: massives Holz (nicht zu dünn; gelagerte Brettstücke mit gleichförmiger Maserung, mit farblosem, wetterfestem Schutzanstrich), Sperrholz oder Holzplatten (am besten mit schützendem Blechdach und Rahmenleisten, mit wetterfestem Schutzanstrich), Blech mit Hartlacküberzug, eloxiertes Aluminium, Kunststoff.

49 Beispiele für das Befestigen von Tafeln

Beim Anbringen der Schrift bieten sich folgende Möglichkeiten: Aufmalen, Einritzen, Einbrennen, Aufheften von Dymo-Bändern, Verwenden von Anreibfolien, Eingravieren. Bei längeren Texten wechseln wir mit grosser und kleiner Schrift ab, was die Übersicht erhöht.

6.6.3 **Material-Hinweise:**

Wenig geeignet: Emailliertes Eisenblech (zu wenig stossicher). Papier und Karton (zu wenig wetterfest).

Massives Holz:
Vorteil: leicht zu behandeln, preiswert, dauerhaft, stossfest, natürlich. *Nachteil:* bildet Risse, verbiegt sich, eine dauerhafte Beschriftung ist aufwendig.

Sperrholz- und Holzplatten:
Vorteil: leicht zu bearbeiten, preisgünstig, stossfest, naturnah, leicht zu beschriften. *Nachteil:* wenig wetterfest.

Blech mit Hartlacküberzug:
Vorteil: dauerhaft, wetterfest, farbbeständig; in jeder Grösse, Farbe und Schrift erhältlich. *Nachteil:* muss fertig gekauft werden; relativ teuer; braucht eine Unterlage (z. B. Holzbrett); naturfremd.

Eloxiertes Aluminium:
Vorteil: dauerhaft, wetterfest, stossfest. *Nachteil:* muss fertig gekauft werden; teuer, nicht in allen Farben und Schriften erhältlich, wenig farbbeständig; braucht eine Unterlage; naturfremd.

Kunststoff:
Vorteil: relativ preisgünstig, dauerhaft, wetterfest, stossfest. *Nachteil:* Die Selbstanfertigung erfordert den Kauf einer verhältnismässig teuren Prägemaschine; nur in bestimmten Farben und Grössen erhältlich; wenig farbbeständig; wenig geeignet für grosse Formate; braucht Unterlage; naturfremd.

6.6.4 **Holzpfähle:** In der Regel verwenden wir sowohl für das Markieren der Route wie der Objekte (vgl. 6.6.1 und 6.6.2) Holzpfähle. Massive imprägnierte Pfähle aus Nadelholz (Durchmesser 5–7 cm) versehen ihren Dienst auf Jahre hinaus; Eichenpfähle sind sozusagen unbeschränkt haltbar. Alle Pfähle müssen - je nach Unterlage - 30 bis 50 cm tief in den Boden geschlagen, in lockerem Erdreich mit Vorteil einbetoniert werden, sonst reissen Vandalen sie aus. Ihre Länge (100–300 cm) richtet sich nach der zu erfüllenden Aufgabe. Bei Nummern- und Buchstabenpfählen genügt es in der Regel, dass sie rund einen halben Meter aus dem Boden ragen. Nageln wir die Schilder bündig oben auf den Pfahl, schützen wir das darunterliegende Holz. Ein pultartiges Abschrägen des oberen Pfahlendes erhöht die Lesbarkeit der Schilder.

6.6.5 **Allgemeines:** Sorgen wir dafür, dass die Markierungen sich in die Natur einfügen. Wählen wir keine aufdringlichen Farben, keine übergrossen marktschreierischen Schriften. Achten wir auf Klarheit, gute Lesbarkeit und diskrete Formen. Bei Tafeln wählen wir vorwiegend das schlichte Rechteck oder - wenn ein Dach vorhanden - das Fünfeck. Der Naturlehrpfad soll das Gelände, durch das er führt, nicht in einen Tafel- und Schilderwald verwandeln. Wir persönlich ziehen es vor, wenn die Objekte - statt mit Namensschildern oder Texttafeln - nur mit Nummern- oder Buchstabenschildern markiert werden. Diese Lösung bietet folgende Vorteile:

- Sie ist einfacher und billiger.
- Sie ist weniger auffällig, damit ästhetischer und naturfreundlicher.
- Sie bietet mehr Spannung: Der Besucher muss Namen und Eigenheiten der Objekte zuerst ausfindig machen.
- Sie eignet sich besser für den Unterricht (vgl. Erkennungsübungen, Tests usw.).

49 Beispiele für das Befestigen von Tafeln

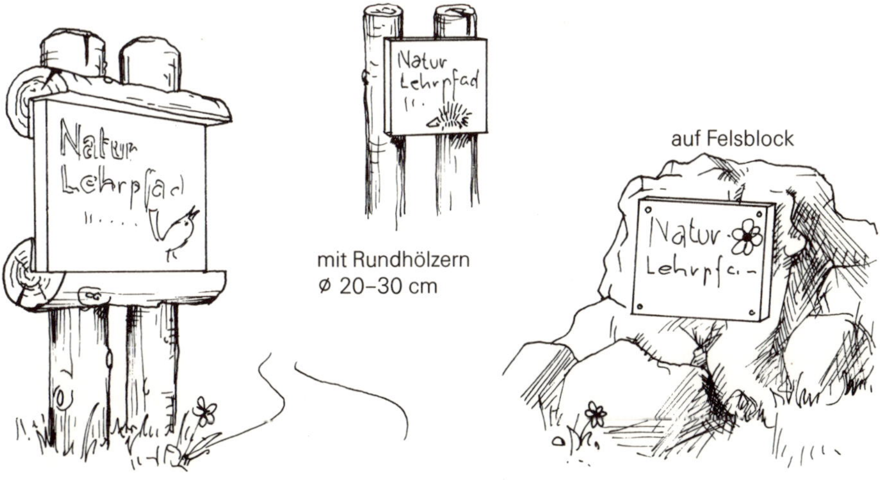

Wie alles hat sie auch einen Nachteil: Sie erfordert das Vorhandensein eines Schlüssels oder Führers (vgl. 6.7.4 und 6.7.5).
Die Reihenfolge der Nummern (bzw. Buchstaben) kann berücksichtigen:

- Die örtliche Anordnung der Objekte (Standorte) entlang dem Pfad. Vorteil: gute Übersicht; Nachteil: Bei Verschwinden des Objektes muss an der gleichen Stelle oder in unmittelbarer Nähe für Ersatz gesorgt werden.

- Die systematische Stellung des Objektes. Vorteil: Möglichkeit, die gleiche Nummer (denselben Buchstaben) zu Repetitionszwecken mehrmals aufzustellen (z. B. Nummer 1 einmal bei einer jungen, dann zum zweitenmal bei einer alten Fichte); Möglichkeit, Pfahl bei Verschwinden des Objektes (z. B. eines Pflanzenvorkommens) beliebig an eine andere günstige Stelle entlang dem Pfad zu versetzen. Nachteil: Die Nummern folgen sich längs des Pfades in unübersichtlichem Durcheinander; grössere Wahrscheinlichkeit, eine einzelne Nummer zu übersehen.

6.7 Information

Auf Tafeln, in Schaukästen und mit Drucksachen informieren wir das Publikum über den Lehrpfad (Route, Zweck) und dessen Objekte (Namen, Eigenheiten, Bedeutung).

Wir beachten:

- Die Information soll sachlich und wissenschaftlich einwandfrei sein (Beiziehen von Fachspezialisten).

- Sie soll vor allem das Typische und Wesentliche über ein Objekt hervorheben.

- Die Texte sollen allgemein verständlich, gut, treffend und kurz formuliert werden (Beiziehen eines Journalisten oder Sprachlehrers).

- Bildliche Darstellungen (Skizzen, Graphiken) bilden wertvolle Ergänzungen zum Text (vgl. Veranschaulichung).

- Die Art der Präsentation soll nicht lehrhaft, aufdringlich oder kitschig, sondern lehrreich, einprägsam und künstlerisch sein (Beiziehen eines Graphikers, eines Malers).

- Wir vermeiden oder umschreiben veränderliche Angaben wie Preise, Alter usw. nach Möglichkeit (z. B. nicht «Alter des Weihers 25 Jahre», sondern «Bau des Weihers 1959»).

- Wir lockern den informativen Teil des Textes mit Fragen und Beobachtungsaufgaben auf (Lösungen auf der Rückseite der Texttafeln oder am Schluss des gedruckten Führers).

6.7.1 **Allgemeine Tafeln:** Beachte die Möglichkeit, die verschiedenen Tafelarten zu kombinieren!

Übersichtsplan (vgl. Skizzen 38–41):
Er orientiert am Start und Ziel, allenfalls an den weiteren Einstiegsmöglichkeiten (vgl. 6.2.7) über den Standort des Besuchers, über den Lehrpfad (Namen, Länge, interessante Halte), Parkierungsmöglichkeiten, Geländeteile (Wald, Bach, Weiher, Wegnetz, Tobel, Steinbruch, Aussichtspunkt) und markante Stellen (Hütte, Schloss, Ruine, Gasthaus, Tierpark usw.).

Begrüssungstafel (am Start), hier eine mögliche Variante:

Waldlehrpfad Seldwyla

Start

Lesen Sie bitte die Tafeln!
Sie erfahren Wissenswertes über
Wald, Waldbau und die Natur.
Die Natur kennen,
heisst sie lieben und schützen.
Schonen Sie Pflanzen,
Tiere und unsere Anlage!

Viel Freude
und Erholung wünscht Ihnen

Der Gemeinderat

Hinweistafeln (mit Geboten und Verboten), einige Vorschläge zum Auswählen:

Bitte keine Pflanzen abreissen, abschneiden oder ausgraben!

Bitte keine Tiere fangen oder beunruhigen!

Nehmt keine lebenden Tiere mit nach Hause!

Lasst Jungwild (Hasen, Rehe) und Jungvögel dort, wo sie sind!

Bitte Ruhe, Wildeinstand!

Hunde sind an der Leine zu führen!

Tötet nicht mutwillig Tiere! Auch Schnecken, Spinnen, Raupen und Käfer haben ein Recht, zu leben.

Wanderer, schütze Tiere und Pflanzen!

Abfälle bitte in die aufgestellten Behälter werfen oder mitnehmen! Herzlichen Dank!

Bitte den Weg nicht verlassen! Danke!

Achtung, Waldbrandgefahr! Jedes Feuermachen ist untersagt. Bitte keine brennenden Streichhölzer fortwerfen!

Picknicken und Feuermachen nur auf den dafür bezeichneten Plätzen gestattet.

Schlusstafel, hier ein Beispiel:

Naturlehrpfad «Schulerslehn»

Ende

Wir hoffen gerne,
dass der Besuch für Sie ein Genuss
war und dass Sie neue interessante
Dinge erfahren haben.

Bis zum nächsten Mal
grüssen wir Sie freundlich

Natur- und Vogelschutzverein Wil

Zuführende Tafeln (zum Start): Wir verwenden genügend grosse und auffällige Hinweistafeln mit dem Vermerk:

Zum Naturlehrpfad Fuchsried

Diese Richtungspfeile weisen den Weg zum Start ab Bahnhof, Rathausplatz, Einkaufszentrum, Schulhaus, Autoparkplatz.
Weitere Möglichkeit: Wir hängen den Übersichtsplan (vgl. am Anfang dieses Abschnittes) in Wartsälen, im Tram, im Autobus, in Wartezimmern (von Ärzten, Zahnärzten), beim Coiffeur, auf der Post oder Bank, in Verkaufslokalen, in Gasthäusern und im Verkehrsbüro auf.

6.7.2 Objekttafeln, Gedenktafeln

Es folgen einige Musterbeispiele:

Weisstanne (Tanne). Bestes Gedeihen in Voralpen und Jura; maximale Höhe 50–60 m; tiefe, herzförmige Wurzeln; Zapfen aufrecht, nach der Reife zerfallend; Pflanze leidet unter Wildverbiss und starken Frösten.

Stechpalme (Ilex aquifolium)
Vorderseite der Tafel: Immergrün; kann mehrere hundert Jahre alt werden; steht unter Naturschutz.
Welche Farbe haben die reifen Beeren?
Warum tragen nicht alle Stechpalmen-Bäumchen Beeren?

Rückseite der Tafel: Die reifen Beeren sind rotorange.
Die Pflanze ist zweihäusig, das heisst ein einzelnes Bäumchen trägt entweder nur männliche (Staub-) Blüten oder dann weibliche (Stempel-) Blüten.

Frostrisse: Im Spätherbst oder im Frühling treten besonders bei Eichen und Eschen im Holz Spannungen auf, wenn starker Frost Einzug hält: Die Stämme reissen auf. Später überwuchert der Baum diese Wunden mit Zellgewebe. Frostrisse vermindern den Wert des Holzes.

Rotfäule: Bei dieser Weisstanne fällt die flaschenförmig verdickte untere Stammpartie auf. Hier ist der Baum im Innern rotfaul. Das Holz hat kaum mehr einen Wert. Die Rotfäule wird durch einen Pilz verursacht.

Nistkästen: für Blau-, Hauben-, Sumpf- und Tannenmeise; Flugloch-durchmesser 28 mm; Holzbeton. Meisen besorgen die biologische Schädlingsbekämpfung!

Rote Waldameise («Waldheiste»): Lebt in Staaten; baut grosse Haufen; Männchen und Weibchen sind geflügelt, die Arbeiterinnen flügellos; die Tierchen spritzen zur Abwehr und zum Lähmen der Beute Ameisensäure aus einer Drüse; wichtige Waldpolizisten, die Forstschädlinge fressen; stehen unter Naturschutz (Das Sammeln von Puppen ist daher verboten!).

Diesen Ring junger **Winterlinden** pflanzte die Schuljugend von **Wangenried** im Herbst 1954	Zum Gedenken an **Rolf Meier** 1880–1947 den Schöpfer dieses Pfades den Kämpfer für Natur- und Umweltschutz

6.7.3 Schaukasten

Modelle: käufliche, Metallrahmen, wetterfest, abschliessbar, mit bruchsicherer Plastikscheibe. Selbstbau, zum Beispiel aus Pfählen, weissen Pavatex-Platten und Blechdach.

Aufstellungsort: bei Einzelobjekten, am Start und Ziel, auf Park-, Rast- und Spielplätzen.

Ausstellungsgut: entweder permanent oder wechselnd; Text, Bilder und Objekte.

Themen: Vorstellen eines bestimmten Objektes, eines Standortes oder eines Sachzusammenhanges, zum Beispiel «Waldschädlinge»: Blattgallen, Frassbilder von Borkenkäferarten, Holzstück mit

Hallimaschbefall, entweder in natura an die Ausstellungswand geheftet und mit Dymo-Band beschriftet oder in Text und Bild hinter Glas (vgl. auch 6.2.4).
Allgemeine Fragen, Berichte und Mitteilungen, zum Beispiel «Erholung im Walde», Zeichenwettbewerb «Kinder erleben den Naturlehrpfad», «Goethe und die Natur», «Wald und Malerei» usw. (vgl. auch 4.11.2 und 4.11.3).

Vorteile: besonders geeignet für Bilder, Tabellen, Zusammenstellungen, für Erklärungen von allgemeinen Zusammenhängen, für das Vorstellen von Objekten, die nur zu bestimmten Zeiten am Lehrpfad zu sehen sind (z. B. Frühblüher, Pilze).

Nachteile: naturfremd, erinnern an Museum oder Ausstellungshalle.

6.7.4 **Der Nummernschlüssel:**

Er nimmt Bezug auf die Nummernschilder im Gelände und enthält:

- Namen des Lehrpfades

- Namen des Herausgebers (Verein, Gemeinde, Staat), des Initianten

- Nummern mit den entsprechenden Artnamen oder den entsprechenden Bezeichnungen des markierten Objektes (z. B. 1 = Fichte, 2 = Fegeschutz)

- Je nach Platz noch Kurzangaben wie Verhaltensregeln für die Besucher (vgl. 6.7.1), Ergänzungen zu den Artnamen (bzw. Objektbezeichnungen) wie Blütezeit, Hinweise auf Herkunft oder Schutz (z. B. * = Exot, ** = unter Naturschutz), Hinweise auf Benützung des Lehrpfades (Markierungen, Länge), Hinweise auf weiterführende Literatur.

Format: nicht grösser als A5, am besten ein beidseitig beschriebenes A6-Blatt (Platz für rund 100 Nummern) oder ein A5-Blatt, das in der Mitte zu zwei A6-Blättern gefaltet wird (Platz für rund 100 Nummern und zusätzliche Informationen).

Ausführung: Einfache billige Variante: mit Schreibmaschine auf Umdruckermatrize, dann auf gewöhnliches Papier polykopiert.
Gefälligere und dauerhaftere Variante: Offset- oder Buchdruck auf starkes Papier oder Halbkarton mit graphischem Schmuck (z. B. mit Gemeindewappen, mit Lehrpfad-Signet).

Abgabe: gratis durch Auflegen am Start, zum Beispiel in einem wetterfesten Holzkasten.
Verkauf am Start, beispielsweise durch einen Automaten, oder Auf-

Markierungen der Route
Oben links: In Holzpfahl eingelassene Kunststoffdreiecke bezeichnen die Richtung, hier zwei verschiedenfarbige verschiedene Routen; Wegkreuzung (Sihlwald)
Unten links: Gleiches System; Routen verlaufen ein Stück weit gemeinsam (Sihlwald)
Oben rechts: Richtungspfeil aus Guss (Wildegg)
Unten rechts: Routenmarkierung mit Symbolen und Zahlen; 1 = Hase, kürzere Route; 2 = Fuchs, längere Route (Sihlwald)

1
2

legen in einem Kasten mit Preisschild, kombiniert mit einer Kasse zum Einwerfen des Geldes.
Gratisabgabe oder Verkauf durch offizielle Stellen (Schulrektorate, Gemeindekanzlei, Forstämter, Gemeindepolizei, Verkehrsbüro) oder Private (Buchhandlung, Papeterie, Tabakladen).

Allgemeines: Gratis aufgelegte Schlüssel werden, wie die Erfahrung zeigt, oft zu Dutzenden mitgenommen, zu Schnitzeljagden verwendet oder wieder achtlos fortgeworfen nach dem Motto «Was nichts kostet, ist nichts wert». Erheben wir eine bescheidene Schutzgebühr von 20 bis 50 Rappen, verhindern wir in den meisten Fällen, dass die Leute das Material derart verschleudern. Da Automaten verhältnismässig teuer im Ankauf und oft recht reparaturanfällig sind, erweist sich meistens der Verkauf der Schlüssel durch eine der erwähnten offiziellen Stellen als die beste Lösung. Allenfalls kommen ausgediente Postkartenapparate der PTT in Frage.

Beispiele:
a) Nummernschlüssel als Buchzeichen, Format 14 x 6 cm, farbiger Halbkarton, Offsetdruck, enthält die Artnamen von 50 Gehölzen, Reihenfolge der Nummern wie im Gelände.

Vorderseite

Waldlehrpfad
«Bergli»
Gopfikon
herausgegeben vom Verkehrs- und Verschönerungsverein

1 Rottanne (Fichte)
2 Weisstanne (Tanne)
3 Douglasie
4 Salweide
5 Kanada-Pappel
6 Espe (Zitterpappel)
7 Gemeiner Schneeball
8 Wolliger Schneeball
9 Schwarzerle
10 Weisserle (Grauerle)

11 Nussbaum
12 Weymouthkiefer
13 Waldföhre
14 Schwarzföhre
15 Wacholder
16 Bergföhre
17 Hängebirke (Weissbirke)
18 Bergulme
19 Robinie (Falsche Akazie)
20 Stechpalme

Rückseite

21 Haselstrauch
22 Hagebuche (Weissbuche)
23 Rotbuche (Buche)
24 Stieleiche
25 Traubeneiche
26 Roteiche
27 Berberitze
28 Pfaffenhütchen
29 Heckenkirsche (Besenstrauch)
30 Waldgeissblatt

31 Vogelbeere (Eberesche)
32 Esche
33 Liguster
34 Heckenrose
35 Süsskirsche
36 Traubenkirsche
37 Bergahorn
38 Spitzahorn
39 Feldahorn
40 Efeu

41 Eibe
42 Lärche
43 Sommerlinde
44 Winterlinde
45 Schwarzdorn
46 Weissdorn
47 Traubenholunder
48 Schwarzholunder
49 Hartriegel (Hornstrauch)
50 Gemeiner Kreuzdorn

b) Nummernschlüssel als Faltprospekt, Format A5, quer gefaltet (zweimal Format A6), starkes Papier, Buchdruck, enthält die Artnamen von 53 Gehölzen und 50 Kräutern mit ergänzenden Kurzangaben, Reihenfolge der Nummern nach der Verwandtschaft (systematisch); vgl. Nummernschlüssel «Naturlehrpfad Staatswald Baan» unter 7.2.2!

6.7.5 Führer

Allgemeines: Ein Lehrpfad-Führer kann als erweiterter Nummernschlüssel betrachtet werden. Daher gilt für ihn weitgehend das unter 6.7.4 Gesagte. Allerdings werden wir Format und Umfang etwas grösser wählen. Doch sorgen wir dafür, dass die Schrift noch in die Tasche des Wanderers passt (nicht grösser als Format A5).

Inhalt (Text und Bilder):
- Übersichtsplan des Pfades (vgl. 6.7.1)
- Aufbau des Pfades (Markierungen, Nummern, Halte)
- Sinn und Zweck des Pfades
- Benützung, methodische Anleitungen (vgl. 6.8.1)
- Verhaltensregeln für Besucher (vgl. 6.7.1)
- Nummernschlüssel (vgl. 6.7.4)
- ergänzende Angaben zu den Objekten, zum Beispiel

a) Pflanzen:
weitere Namen (Volksnamen, wissenschaftliche Namen), Familie, Blütezeit, Wuchsform (Höhe, Verzweigungen), Beschreibung (Stengel, Blatt, Blüte, Früchte), Bestäubung, Samenverbreitung, Standortansprüche (Boden, Licht, Wasser, Exposition), geographische Verbreitung, Schutz, ökologische und wirtschaftliche Bedeutung.

b) Tiere:
weitere Namen, Verwandtschaft, Fortpflanzungszeit, Zahl der Jungen, Grösse, Aussehen, Merkmale, Jugendentwicklung, Bewegung, Nahrung, Atmung, Spuren, Biotopansprüche, lokale und globale Verbreitung, Schutz, ökologische Bedeutung, Bedeutung für den Menschen, Zusammenhang Flora–Fauna.

c) andere Objekte:
Ausführungen je nach dem markierten Objekt (vgl. 6.2.4), zum Beispiel Texte, Bilder, Skizzen über Geologie, Geographie, Heimatkunde, Lokalgeschichte, Verlauf der Gemeindegrenze, ehemalige und heutige Bewirtschaftungsarten.

d) biologische Grundvorgänge:
Assimilation bei Pflanzen, sekundäres Dickenwachstum der Bäume, Wasser- und Saftleitung in einem Baumstamm, Metamorphose bei Insekten und Lurchen usw.

e) ökologische Zusammenhänge:
Wohlfahrtswirkungen des Waldes (6.1.2), Nahrungsketten, Pflan-

zengesellschaften und Bodenbeschaffenheit, Stockwerke des Waldes, Natur- und Umweltschutzmassnahmen usw.

- Fragen, Beobachtungsaufgaben (vgl. 6.8.4)
- Testkarten, Arbeitsblätter (vgl. 6.8.2, 6.8.3 und 7.2.1)

Beispiele: Weitere Ideen finden wir in bereits gedruckten Führern (30–34), Unterlagen für Texte in der Fachliteratur (45). Nachstehend folgen einige Kostproben aus Führern zu Objekt- und Standortpfaden. Für Standortpfade sind geschickt verfasste Führer besonders wichtig (vgl. auch Beispiel eines Arbeitsblattes unter 7.2.1).

a) **Aus «Waldlehrpfade der Stadt Zürich»** (30)/Objektpfad

Nr. 23 *Birke* (mit Tuschskizzen von einem beblätterten Zweig, von männlichen und weiblichen Blüten)
Hängebirke, Harzbirke, Weissbirke/Betula pendula
Mittelgrosser, bis 25 m hoher Baum. Flachwurzler. Lichte Krone mit feinen, hängenden Zweigen («Peitschen»). Junge Triebe mit zahlreichen weisslichen Harzdrüsen.

Rinde: weiss, in dünnen, schmalen Querbändern sich ablösend; im Alter an den Wurzelanläufen schwarzfleckige, dicke Borke.

Blätter: dreieckig, zugespitzt, gezähnt, kahl, Grund ganzrandig; auf Blattfläche feine, weissliche, klebrige Harztüpfel.

Blüten: April–Mai, mit Blattausbruch; männliche und weibliche Kätzchen am gleichen Baum.

Früchte: kleine, braune, walzenförmige Zäpfchen, im Herbst von der Spitze her zerfallend. Same: kleines Nüsschen mit zwei dünnen seitlichen Flügeln.

Holz: hell, rötlich-gelb, zäh, elastisch.

Verwendung: Wagnerei, Drechslerei, Schnitzerei, Furniere, Möbel, Skis, Parkett, Cheminéeholz.

b) **Aus «Oftringer Waldlehrpfad»** (42)/Objektpfad

Nr. 26 *Linde* (Tilia)
Laubbaum mit meist herzförmigen Blättern. Blütenstand mehrblütig, mit einem flügelartigen Hochblatt verwachsen. Einheimisch: Winterlinde mit kleineren, Sommerlinde mit grösseren Blättern und Früchten. Bastarde sind häufig. Die Lindenblüten werden medizinisch gegen Erkältungskrankheiten verwendet. Sehr geschätzt ist der Lindenblütenhonig. Das Holz ist weich, dicht und fein. Die Linde war seit alter Zeit Lieblingsbaum germanischer und slawischer Völker und Mittelpunkt des Brauchtums. Holzverwendung: beliebtes Schnitzlerholz, Modellbau, Reissbretter. Blütezeit: Juni–Juli.

c) **Aus Naturlehrpfad «Church Wood»** (43)/Standortpfad
(aus dem Englischen übersetzt)

Halt 3: Links ist der Boden feucht. Hier wachsen vor allem Erlen, die solche Standorte lieben. Das wohl feste, aber weiche Erlenholz eignet

sich zum Schnitzen und Drechseln. Die kleinen Erlenzäpfchen enthalten Samen, die gerne von Meisen, Erlen- und Birkenzeisigen gefressen werden. Im Winter und Frühjahr halten sich hier Schwärme dieser Vögel auf.
Rechts wachsen einige Eschengruppen. Wir erkennen diese Bäume an den schwarzen, konischen Knospen, den grauen Zweigen und - im Herbst - an den Büscheln von Flügelfrüchten, die an ihnen hängen. Im Frühling treibt die Esche oft als einer der letzten Bäume ihre Blätter aus. Ihr zähes Holz ist elastisch (Herstellung von Werkzeugen, Sportgeräten, Wagenrädern).
Zilpzalp und Fitis können hier im Sommer gehört und gesehen werden. Diese Laubsänger - beides kleine, schmale, olivgrüne Vögelchen - gleichen sich so sehr, dass wir sie im Feld nur an ihren Gesängen sicher unterscheiden können. Der Zilpzalp trägt eine monotone zweisilbige Strophe vor, der Fitis ein wohlklingendes, an den Buchfinken erinnerndes Lied.

d) **Aus Naturlehrpfad «The Lodge»** (44)/Standortpfad
(aus dem Englischen übersetzt)

Halt 10: Rechts vom Pfad wächst ein grosser Hartriegelbusch. Beachten Sie die blutroten Zweige und - im Frühling - die weissen Blütendolden. Die geraden Äste bestehen aus hartem Holz; sie wurden früher zu Dolchen und Fleischspiessen verarbeitet.
Die Waldföhren erzeugen jedes Jahr einen Quirl von neuen Ästen. Durch Zählen der Quirle können wir das Alter des Baumes bestimmen. Schätzen Sie das Alter des jungen Exemplares links vom Pfad!
An der Ecke unterhalb der jungen Waldföhre stehen Robinien (Falsche Akazien). Die Heimat dieser Bäume mit den gedrehten Stämmen und den dornigen Zweigen liegt in Nordamerika. Rechts entdecken wir einen alten Birkenstumpf, auf dem Fruchtkörper eines Baumschwammes sitzen. Diese Pilzart befällt nur Birken. Ihr in getrocknetem Zustand zähes, korkiges Fleisch diente früher zum Schärfen von Klingen.

6.8 Unterricht am Lehrpfad

Wie Schulreservat und Schulweiher bietet der Naturlehrpfad reiche Möglichkeiten, mit den Schülern in freier Natur zu arbeiten.

6.8.1 Methodische Anleitungen

Objektpfad:

- Ausfindigmachen der Namen der numerierten Objekte (vgl. auch 6.3.1)
- Vertiefen der Artenkenntnis mit Testkarte (vgl. 6.8.2)
- Kurzreferate von Schülern über bestimmte Objekte an Ort und Stelle aufgrund des Textes im Führer; Vergleich Text-Objekt

- Stellen von Beobachtungsaufträgen wie

a) Welche Laub-(Nadel-)Baumarten, welche Dorn-(Beeren-)Sträucher wachsen am Lehrpfad? Eintragen der Standorte auf einer Planskizze.

b) Notiere die Standorte der markierten Lippen-(Körbchen-)Blütler!

c) Beschreibe verschiedene Standorte der Schwarzerle entlang dem Pfad! Was haben sie gemeinsam?

d) Notiere alle Standorte des Waldspringkrautes (bzw. einer anderen Art) entlang dem Pfad und trage sie auf dem Plan 1:5000 ein! Was haben die verschiedenen Standorte gemeinsam?

e) Welche markierten Pflanzen (Gehölze, Kräuter) blühen (fruchten) heute (Datum der Exkursion)?

f) Welche markierten Gehölze verzeichnen heute (Datum der Exkursion) bereits Laubfall? Notiere: Namen, Herbstfarbe des Laubes, Anteil des bereits heruntergefallenen Laubes an der ganzen Krone!

g) Vergleiche Wuchsform, Knospen und Rinde der acht wichtigsten Laub-(Nadel-)Bäume im Winter. Sammle von den am Pfad markierten Arten je ein Zweiglein und versuche, einen Bestimmungsschlüssel zu verfassen!

h) Vergleiche die Blüten-(Frucht-)Zeiten verschiedener verwandter Pflanzenarten (der gleichen Art an verschiedenen Standorten, zum Beispiel im Wald, ausserhalb des Waldes)! Protokolliere und stelle im Herbst einen Blüte-(Frucht-)Kalender zusammen (Voraussetzung: alle 1–2 Wochen eine Exkursion am Lehrpfad).

i) Nimm an verschiedenen Standorten längs des Pfades eine Liste der Pflanzen (Kräuter und Gehölze) auf, die zusammen mit dem Echten Waldmeister vorkommen. Welche Pflanzennamen erscheinen immer wieder (vgl. Pflanzengesellschaften)?

k) Berücksichtige auch Zufallsbeobachtungen (beschreibe, erzähle, zeichne)!

Standortpfad:

- Entdecken der Objekte anhand der Beschreibungen oder Abbildungen im Führer oder auf dem Arbeitsblatt (Gruppenaufträge)

- Vorstellen der Objekte durch Gruppensprecher (Vorzeigen im Gelände, Kurzreferate anhand des Textes im Führer oder auf dem Arbeitsblatt)

- Vergleich der Beschreibungen und Abbildungen im Führer (bzw. auf dem Arbeitsblatt) mit den Objekten; Diskussion

- Erarbeiten von Zusammenhängen zwischen Standort–Pflanzen–Tieren, Diskussion von Natur- und Umweltschutzfragen im Gelände (Beobachtungsaufträge, Zählungen, Messungen, Informationen aus dem Führer und durch den Lehrer)

- Sammeln von bestimmten Objekten, Erstellen des Exkursionsprotokolls, Festhalten der erfahrenen Tatsachen und Erkenntnisse im Tagebuch.

6.8.2 **Tests** Mit Testfragen (auf Texttafeln, im Führer, auf besonderen Blättern oder Karten) kontrollieren wir das auf dem Lehrpfad vermittelte Wissen und das logische Denken der Besucher. Je nach Lehrpfad bieten sich uns die verschiedensten Möglichkeiten. Wir beschränken uns hier auf zwei Beispiele:

a) **Kontrolle der Artenkenntnis** (aus «Waldlehrpfade der Stadt Zürich»)

Auf einem zweiten Gang über den Lehrpfad müssen die Besucher ohne den Nummernschlüssel die zu den Namen gehörenden Nummern ausfindig machen und diese auf der Testkarte eintragen. Gestalten wir den Test als Wettbewerb, flechten wir noch eine Stichfrage (z. B.: Wieviele Meter misst der Baum mit der Nummer 32?) ein, damit wir die Ränge von punktgleichen Teilnehmern gegeneinander absetzen können.
Format A6, Halbkarton, Offsetdruck

Vorderseite

Stadtforstamt Zürich

Testkarte

Stichfrage

Punkte

Rang

Name Vorname

Nadelbäume

______ Fichte (Rottanne)
______ Tanne (Weisstanne)
______ Waldföhre
______ Lärche
______ Eibe
______ Schwarzföhre
______ Weymouthföhre
______ Arve
______ Douglasie

Laubbäume

______ Buche
______ Eiche
______ Hagebuche (Hainbuche)
______ Bergahorn
______ Spitzahorn
______ Feldahorn
______ Esche
______ Ulme

Rückseite

______ Linde
______ Birke
______ Schwarzerle
______ Weisserle
______ Aspe (Zitterpappel)
______ Pappel
______ Weide
______ Vogelbeerbaum
______ Mehlbeerbaum
______ Elsbeerbaum
______ Kirschbaum
______ Nussbaum
______ Robinie (Falsche Akazie)
______ Platane

Sträucher

______ Haselnuss
______ Weissdorn
______ Schwarzdorn
______ Stechpalme
______ Pfaffenhütchen
______ Traubenkirsche
______ Faulbaum
______ Gemeiner Seidelbast
______ Lorbeer-Seidelbast
______ Hartriegel
______ Liguster
______ Waldgeissblatt
______ Schwarzholunder
______ Traubenholunder
______ Gemeiner Schneeball
______ Wolliger Schneeball

b) **Kontrolle des allgemeinen Wissens, der Zusammenhänge**
(aus Naturlehrpfad «Church Wood», aus dem Englischen übersetzt)

Am Schluss des Rundganges muss der Besucher sieben Testfragen beantworten, die auf der vorletzten Seite des gedruckten Führers stehen. Die Antworten dazu finden sich auf der letzten Seite.

Fragen: Wir hoffen, dass Sie Ihren Besuch im «Church Wood» genossen und dass Sie neue interessante Dinge erfahren haben. Prüfen Sie Ihr Wissen und beantworten Sie folgende Fragen:

1. Warum duften die Blüten des Waldgeissblattes am Abend stärker?

2. Wie erkennen Sie, dass Grauhörnchen, Baumläufer, Kleiber und Spechte das Revier bewohnen, ohne die Tiere direkt zu beobachten?

3. Welche Sträucher im «Church Wood» erzeugen Beeren, die im Winter durch Vögel verzehrt werden?

4. Auf welchen Bäumen finden die Grauhörnchen Nüsse?

5. Warum blühen so viele kleine Waldpflanzen zeitig im Frühjahr?

6. In welcher Beziehung unterscheidet sich die Lärche von allen anderen europäischen Nadelbäumen?

7. Welche Bedeutung für die Vögel haben Pilze, die Bäume befallen und diese schliesslich zum Absterben bringen?

Antworten:
1. Der Duft der Blüten soll vor allem Nachtschmetterlinge (Schwärmerarten) anlocken, die mit ihren langen Rüsseln in die tiefen Kronröhren eindringen können und dabei die Blüten bestäuben.

2. Grosse Nester (Kobel) aus Zweigen und Blättern verraten die Anwesenheit der Grauhörnchen. Kleine rundliche Schlafmulden in der Rinde der Wellingtonien stammen von den Baumläufern. Der Kleiber hat das Loch des Nistkastens Nr. 121 mit gelblichem Lehm zugekleistert. In vielen Bäumen sind die runden Eingangslöcher von Spechthöhlen zu sehen.

3. Brombeere, Holunder, Weissdorn, Efeu, Stechpalme, Waldgeissblatt.

4. Grauhörnchen fressen Baum- und Haselnüsse, Buchnüsschen und Eicheln.

5. Im Frühling – vor dem Spriessen der Blätter – dringt mehr Licht auf den Waldboden, das die Kräuter für die Assimilation benötigen.

Objektmarkierungen
Oben links: Nummernschild aus Blech, waagrecht auf Holzpfahl genagelt (Zofingen)
Oben rechts: Nummernschild aus Guss, auf abgeschrägtem Holzpfahl befestigt (Wildegg)
Unten links: Nummernschild aus Kunststoff auf kleinem Pfahl (Oftringen)
Unten rechts: Blechschild/Buchstaben als Standortmarkierung auf Holzpfahl kombiniert mit Blechdreieck/Routenmarkierung (Zofingen)

18

77

21

K

Später beschattet das Blätterdach der Bäume den Unterwuchs sehr stark.

6. Die Lärche verliert im Winter ihre Nadeln.

7. Im toten Holz wohnen viele Insekten (Nahrung). Zudem können hier die Spechte mit geringem Aufwand Höhlen zimmern; andere Löcher entstehen durch Herausfaulen (Wohnung).

6.8.3 **Arbeitsblätter** (Teil des Führers oder Separata)

Im Zusammenhang mit einem markierten Naturlehrpfad lässt sich eine Reihe von wertvollen Arbeitsblättern anfertigen. Diese sollen neben informativem Text und Abbildungen vor allem Fragen und Beobachtungsaufträge enthalten, um die Pfadbesucher zu eigenem Tun und Denken zu veranlassen. Wir gehen immer von den vorhandenen Objekten und Standorten aus (vgl. 6.2.4). **Der Bogen N des Naturlehrpfades «Staatswald Baan, Zofingen»** (vgl. 7.2.1), eines der 20 Arbeitsblätter im schon erwähnten Führer (34), zeigt eine der vielen Gestaltungsmöglichkeiten auf:

a) *Allgemeines:* Die auf den Arbeitsblättern abgebildeten und beschriebenen Objekte finden sich in der Regel im näheren Umkreis der betreffenden Markierungspfähle; ist dies nicht der Fall (z. B. bei den Themen «Geologie», «Waldinsekten»), steht im Text ein entsprechender Hinweis. Wer Vögel, Wild, Fährten und Spuren beobachten will, muss natürlich auf dem ganzen Pfad seine Augen offen halten!

b) *Text:* Die Lektüre des Textes setzt in der Regel keine besonderen Kenntnisse voraus. Der mehr allgemein Interessierte überspringe bei den einzelnen Pflanzen- und Tierarten die eingehenden Beschreibungen bis zum Gedankenstrich. Der besseren Lesbarkeit wegen wurde auf Abkürzungen bewusst verzichtet; hingegen sind aus Platzgründen gewisse Abschnitte im «Telegrammstil» verfasst. Die Abschnitte über Pflanzen- und Tierarten sind zum grossen Teil nach folgendem Schema aufgebaut:

- Allgemeine Einführung in eine bestimmte Pflanzen- oder Tierfamilie (bzw. Ordnung oder Klasse); nur dort, wo mehrere nah verwandte Arten behandelt werden.

- Deutscher, internationaler und – wo bekannt – Volksnamen des Objektes, ferner seine Zugehörigkeit zu einer bestimmten Familie (höhere Pflanzen, Vögel) bzw. Ordnung (niedere Pflanzen, Insekten, Lurche, Säuger); Mittelschüler, Studenten und interessierte Laien werden die Angabe der internationalen Namen zu schätzen wissen.

- Grösse, genaue Beschreibung und allgemeines Vorkommen des Objektes. Die genaue Lektüre dieses Abschnittes – verbunden mit ständigem Vergleichen mit dem Objekt und der Abbildung – bildet u. a. eine gute Vorübung zum systematischen Pflanzenbestimmen (Erarbeiten und Einprägen der in Bestimmungsbüchern verwendeten Begriffe): Der Pfadbenützer suche zuerst anhand der Abbildungen eine bestimmte Pflanzenart und mache sich anhand der Beschreibungen mit den verwendeten Begriffen vertraut (umgekehrtes Vorgehen wie beim systematischen Pflanzenbestimmen, wo diese Begriffe vorausgesetzt werden).

- Allgemeine Angaben über: Vorkommen am Lehrpfad und in der Gegend; Standortansprüche; Blütenbau, Bestäubung, Verbreitung (bei Pflanzen); Paarungszeit, Fortpflanzung, Nahrung (bei Tieren); wirtschaftliche Bedeutung für den Menschen, Schutz.

- Besondere Angaben über ökologische Fragen (Wasserhaushalt, Pflanzengesellschaften, Schadenverhütung usw.) und Naturschutzprobleme (Landschaftsschutz, Wildschutz, Vogelschutz, Heckenschutz, Erholung).

c) *Bilder:* Tafeln mit Tuschskizzen von 6 bis 10 Objekten, nach der Natur gezeichnet.

d) *Aufgaben, Fragen:* 4–10, je nach Thema; sie sollen den Pfadbenützer anregen
zum Beobachten (Beobachtungsaufträge im Gelände, am Objekt);
zum Überlegen (Erkennen von Zusammenhängen, von Gesetzmässigkeiten);
zu eigenem Forschen (Lösung selbstgestellter Aufgaben).

e) *Antworten:* Sie stehen am Schluss des Führers (nicht auf den Arbeitsblättern), um die Spannung nicht vorwegzunehmen. Hier haben wir Gelegenheit, das im Haupttext Gesagte zu vertiefen und weitere Informationen einzubauen. Die Antworten zu den Fragen unseres Musterblattes N (vgl. 7.2.1) lauten:

1. –.–

2. Waldmistkäfer, Rosskäfer (Geotrupes silvaticus); ähnlich den Skarabäen fertigt er aus Mist für jedes einzelne Ei eine Brutpille.

3. Das Geflecht gewisser Waldpilze umgibt die Wurzeln von Waldbäumen (Mykorhizza); die Fruchtkörper der Pilze entspriessen dem Geflecht; ihre oft kreisförmige Anordnung widerspiegelt die Form des Wurzelstockes.

4. Genussmittel: Hefepilze; sie vergären Zucker in Alkohol.
Heilmittel: Mutterkornpilz; krampferzeugend; Geburtshilfe. Hefen; reich an Vitaminen; gegen Rachitis und Hautkrankheiten. Schimmelpilze; töten mit ihren Ausscheidungen zum Teil Krankheitserreger; Antibiotika wie Penizillin.

5. Blätterpilze: z.B. Schnecklinge; Trichterlinge; Hallimasch; Ritterlinge; Wulstlinge (Knollenblätterpilze, Fliegenpilz, Perlpilz); Schirmlinge; Champignons; Tintlinge; Täublinge; Milchlinge (Reizker, Brätling).
Röhrenpilze: z. B. Maronenröhrling; Steinpilz; Birkenröhrling; Butterröhrling.

6.8.4 **Fragen, Beobachtungsaufträge:** In verschiedenen Abschnitten (vgl. 6.7.2, 6.7.5, 6.8.2 und 6.8.3) haben wir darauf hingewiesen, wie wichtig es ist, die Pfadbesucher zu aktivieren. Dort finden sich auch Beispiele von Fragen und Beobachtungsaufträgen. Im folgenden unterbreiten wir eine Anzahl weiterer Vorschläge (Wissensfragen für Tests, Überlegungsfragen und Beobachtungsaufträge); weitere Ideen vgl. Fachliteratur (45)!

Thema Weiher:

- Die Früchtchen der Rohrkolben tragen Haare, die der Windverbreitung dienen. Zähle weitere Pflanzen auf, die diese Einrichtung kennen! (Z. B. der Löwenzahn mit seinen Fallschirmchen.)

- Wie nennt der Botaniker die Stellung der Blätter beim Tannenwedel; kennst du Pflanzen mit der gleichen Blattstellung? (Quirlständig; vgl. die anderen Begriffe wie wechsel- und gegenständig; quirlständige Blätter haben u. a. die Labkrautarten und der Waldmeister.)

- Was bedeuten die Begriffe «Artenschutz» und «Biotopschutz» bei der Seerose?
(Artenschutz: Verbot, Seerosen zu pflücken, abzuschneiden, auszugraben, zu verkaufen. Biotopschutz: Schutz des ganzen Lebensraumes, z. B. durch Gründen eines Weiherreservates.)

- Welche Merkmale erlauben uns, nicht blühende Exemplare der See- und Teichrose zu unterscheiden? (Seerose: Blätter im Umriss rundlich; Adern verzweigter, reichen bis an den Blattrand; Teichrose: Blätter im Umriss mehr elliptisch; Adern weniger verzweigt, reichen nicht bis zum Blattrand.)

- Ab März/April beleben Hunderte von Kaulquappen das Wasser des Weihers. Was gibt es wohl aus ihnen? (Vor allem Grasfrösche und Erdkröten.)

- Gut ein Dutzend Vogelarten ist im Sommer rund um den Weiher zu sehen. Welche von ihnen entdeckst du? (U. a. kommen in Frage: Bachstelze, Gartenrotschwanz, Mönchsgrasmücke, Gartengrasmücke, Trauerschnäpper, Grauschnäpper, Sumpfrohrsänger, Amsel, Fitis, Kohl- und Blaumeise, Kleiber, Star, Buch- und Grünfink, Girlitz, Haus- und Feldsperling, Rabenkrähe, Stockente.)

- Welche Gehölze wachsen zwischen dem Weiher und dem Fussweg am Nordufer? (U. a. Schwarzerle, Grauerle, Hagebuche, Haselstrauch, Hartriegel.)

- Warum gedeiht die Schwarzerle nicht auf abfallenden Hügel- und

Information
Oben links: Hinweistafel zum Start (Oftringen)
Oben rechts: Hinweistafel mit Verboten (Naturlehrgebiet Ettiswil LU)
Mitte links: Pfahl mit Beschriftungsschild/Schrift auf Dymo-Band (Oftringen)
Mitte rechts: Pflanzenschutzplakat am Start (Wildegg)
Unten links: Startmarkierung mit Hinweistafel und Routenplan (Wildegg)
Unten rechts: Orientierungs- und Verbotstafel am Eingang in das Naturschutzgebiet (Maschwander Allmend)

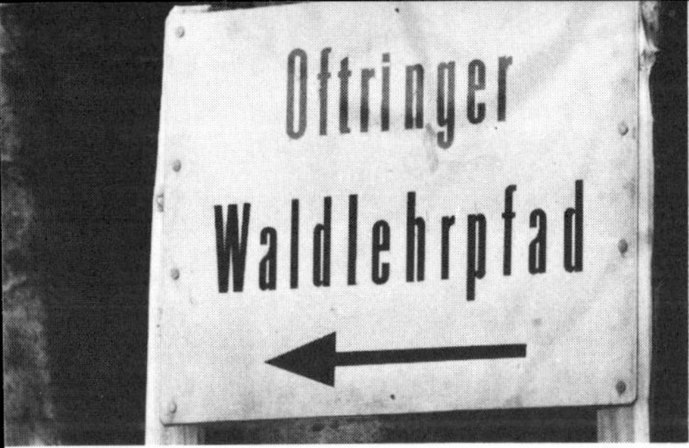
Oftringer
Waldlehrpfad

NATUR - LEHRGEBIET
Amtliches Verbot
Auf Verlangen der Familienstiftung Steiner, Einsiedlerhof, Ettiswil, als Eigentümerin des kantonalen Natur-Lehrgebietes Buchwald bei Schloss Wyher, Ettiswil, wird auf diesem Gebiet amtlich verboten: Jede Beschädigung und Veränderung der Anlage, das Entfachen von Feuer, das Laufenlassen von Hunden, die Wegnahme von Gestein und Kies, die Benutzung des Terrains für sportliche Betätigung sowie die Ablagerung von Schutt und Unrat.
Zuwiderhandlungen werden gemäss § 8 EG STGB mit Haft oder Busse bestraft.
Willisau, den 20. Juli 1970
Der Amtsgerichtspräsident von Willisau
Wiprächtiger

FAULBAUM

Pflanzenschutz
Kestenberg

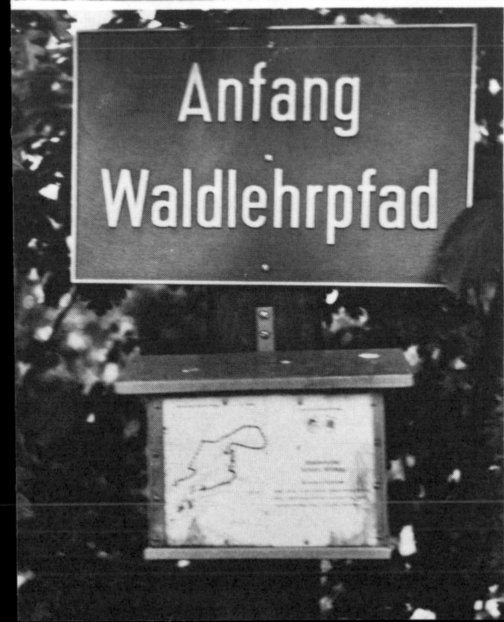
Anfang
Waldlehrpfad

NATURSCHUTZGEBIET
Das mit roten Pfählen kenntlich gemachte Gebiet ist gemäss Regierungsratsbeschluss vom 7. März 1947 Naturschutzgebiet.
Im Naturschutzgebiet sind verboten:
1. Das Belästigen, Fangen oder Töten aller Tierarten.
2. Feuern, Zelten und Campieren.
3. Jegliches Pflücken und Ausgraben von Pflanzen.
4. Jegliches Fliegenlassen von Modellflugzeugen.
Hunde sind an der Leine zu führen.
Besucher haben sich an die markierten Wege zu halten.
Zuwiderhandlungen werden gemäss §37 des Polizeistrafgesetzes des Kantons Zug bestraft.

Bergkuppen? (Sie liebt feuchte Standorte; auf Kuppen läuft das Wasser ab.)

- Mit welchem Körperteil nimmt der auftauchende Gelbrandkäfer Sauerstoff auf? (Mit dem Hinterende; mit dem letzten Segment des Abdomens.)

- Womit schwimmen die Kaulquappen, womit die erwachsenen Frösche und Kröten? (Mit dem Schwanz, der oben und unten von einem Flossensaum umgeben ist. Mit den Beinen, vor allem mit den kräftigeren und längeren Hinterbeinen; Schwimmhäute verbinden die Zehen.)

- In welcher Hinsicht (vgl. Körperbedeckung, Fortpflanzung) unterscheidet sich der Molch von der ähnlich aussehenden Eidechse? (Molche-Amphibien: Haut feucht, ohne Schuppen; gallertige Eier - Kiemenlarven - Jungtiere. Eidechse-Reptilien: Haut trocken, mit Hornschuppen und -schildern; trockenhäutige Eier - Jungtiere, kein Larvenstadium.)

Thema Kräuter, Farne, Schachtelhalme, Pilze, Moose, Flechten:

- Welche Gewächse ausser den Schachtelhalmen pflanzen sich durch Sporen fort? (Algen, Pilze, Flechten, Moose, Farne, Bärlappe.)

- Die Blüten von Ruprechtskraut und Sauerklee sind recht ähnlich gebaut. Zähle die gleichen Merkmale auf! (Beide fünfzählig; beide freikronblättrig).

- Die Früchte des Hexenkrautes tragen Hakenborsten; betrachte diese mit einer Lupe! Was haben die Borsten wohl für eine Aufgabe? (Tierverbreitung; bleiben im Pelz von Waldtieren oder in den Kleidern von Menschen hängen.)

- Der Efeu ist immergrün und eine Liane (Kletterpflanze). Kennst du andere einheimische Pflanzen, die a) immergrün, b) Lianen sind? Welche davon wachsen am Lehrpfad? (Immergrün: Nadelbäume ohne Lärche, Stechpalme; Lianen: Hopfen, Gemeine Waldrebe, Brombeere, Waldgeissblatt; alle kommen am Lehrpfad vor.)

- Auf welcher Stammseite klettern die Efeuranken? (In der Regel auf der dem Hauptlichteinfall entgegengesetzten Stammseite.)

- Der Ackerschachtelhalm ist eine Heilpflanze. Wozu wird er verwendet? Wirkstoff? (Zum Reinigen des Blutes; die vorhandene Kieselsäure wirkt harntreibend, zudem auch blutstillend.)

- Untersuche die Stellung der Blättchen des Goldenen Frauenhaares, wenn diese a) feucht, b) trocken sind. Was stellst du fest? (feucht: waagrecht abstehend; trocken: anliegend.)

- Auf den ersten Blick könnten wir den Baldrian als Doldengewächs ansprechen. Was spricht dagegen? (Doldenblütler: Blätter wechselständig; Blütenstand eine echte Dolde, das heisst alle Strahlen gehen von einem Punkt aus; Blüten freikronblättrig. Baldrian: Blätter gegenständig; Blütenstand eine Doldenrispe, das heisst verästelte Seitenzweige, zu zweien, nicht von einem Punkt ausgehend; Blüten verwachsenkronblättrig.)

- Warum wächst die Brennessel gern in der Nähe von Miststöcken? (Sie liebt nährstoffreichen Boden mit viel Stickstoff.)

- Im Brunngraben wächst eine Reihe typischer Bachbegleitpflanzen, die zum Teil ganze Bestände bilden. Nenne die wichtigsten Arten! Nimm den Führer und den Nummernschlüssel zu Hilfe! (Wechselblättriges Milzkraut, Gemeine Brunnenkresse, Wald-Springkraut, Berg-Kerbel, Bachbungen-Ehrenpreis, Kohldistel.)

- Untersuche die Krone der Blüten von Johanniskraut und Braunwurz! Nenne die grundlegenden Unterschiede abgesehen von Form, Farbe und Zahl der Kronblätter! (Johanniskraut: Blüte freikronblättrig/choripetal, sternförmig/strahlig. Braunwurz: Blüte verwachsenkronblättrig/sympetal, Kronröhre zweiseitig/monosymmetrisch.)

- Vergleiche den Verlauf der Adern auf den Blättern von Maiglöckchen und Waldvögelein einerseits, Berg-Weidenröschen und Pestwurz anderseits! Welcher Unterschied besteht? Worauf deutet er hin? (Maiglöckchen und Waldvögelein: Adern verlaufen mehr oder weniger parallel, unverzweigt; beides sind einkeimblättrige Pflanzen. Berg-Weidenröschen und Pestwurz: Adern verlaufen netzartig, verzweigt; beides sind zweikeimblättrige Pflanzen.)

- Brombeere, Himbeere und Erdbeere sowie der Kirschbaum gehören zu den Rosengewächsen; welche weiteren Pflanzen dieser wichtigen Familie wachsen am Lehrpfad? (Apfel- und Birnbaum; Vogelbeer- und Mehlbeerbaum; Eingriffliger Weissdorn; Gänse-Fingerkraut und Tormentill; Gemeine Nelkenwurz; Gemeiner Frauenmantel; Hagrose; Schwarzdorn.)

- Welcher Unterschied besteht zwischen den Blättern der Himbeere und der Brombeere? (Himbeere: Blätter 5–7zählig gefiedert, seltener 3zählig, Teilung in der Regel von mehreren Punkten ausgehend. Brombeere: Blätter 3–5–7zählig, finger- oder fussförmig zusammengesetzt, Teilung von einem Punkt ausgehend.)

- Bei welchen Pflanzen, die am Lehrpfad wachsen, erscheinen die Blüten wie beim Kirschbaum vor den Blättern? (Bei den Kätzchenblütlern Weiden, Erlen und Hasel, beim Schwarzdorn und bei der Esche; in Gärten und Parkanlagen bei der Chinesischen Zaubernuss, beim Duftenden Schneeball und bei den Forsythien.)

- Wie kannst du im Wald bei bedecktem Himmel ohne Kompass die Himmelsrichtung bestimmen? (Auf der Westseite der Baumstämme finden sich in der Regel viel mehr Flechten und Moose/feuchtere Seite wegen des Westwindklimas.)

- Welche Merkmale lassen darauf schliessen, dass die Buschsimse weder ein Echtes Gras noch ein Scheingras ist? (Die Blüte hat einen vollständigen Satz von 3 äusseren und 3 inneren Perigonblättern, die bei Gräsern und Scheingräsern fehlen; ferner hat sie zwei Kreise von je 3 Staubblättern, einen dreiteiligen Fruchtknoten und damit einen ähnlichen Bau wie die Tulpenblüte; doch sind ihre Perigonblätter klein, spelzenartig; vgl. auch Buschsimse = Windblütler = Binsengewächse; Tulpe = Insektenblütler = Liliengewächse.)

Thema Gehölze:

- Kennst du andere Pflanzen, die wie die Schwarzerle mit Knöllchenbakterien den Stickstoff der Luft binden? (Viele Schmetterlingsblütler/Hülsenfrüchte wie Luzerne, Kleearten oder Gartenbohne.)

- Welche Vogelarten fressen die Früchte des Vogelbeerbaumes? (Z.B. Amseln, Drosseln, Seidenschwänze.)

- Mit welchen Obstsorten ist der Weissdorn (der Schwarzdorn) am nächsten verwandt? Untersuche die Blüten und die Früchte! (Weissdorn: mit dem Kernorbst/Quitte, Apfel, Birne. Schwarzdorn: mit dem Steinobst/Aprikose, Pfirsich, Mandel, Pflaume, Zwetschge, Kirsche.)

- Welche Gehölze am Lehrpfad gehören neben dem Schwarzholunder zu den Geissblattgewächsen? (Traubenholunder, Gemeiner und Wolliger Schneeball, Waldgeissblatt, Rote Heckenkirsche.)

- Welche Kleinpflanzen tragen am Buchenstamm zur Färbung und zum Muster der Rinde bei? (Vor allem Flechten - eine Lebensgemeinschaft aus Algen und Pilzen -, dann auch Algen und Moose.)

- Betrachte an gefällten Stämmen Rinde, Borke, Splint- und Kernholz, die Jahrringe! Wie sind diese entstanden? Versuche zu bestimmen, welche Baumart die Stämme geliefert hat! (Jahrringe entstehen durch ungleich schnelles Wachsen während der Jahreszeiten: Frühling/Sommer rasch; Herbst/Winter verlangsamt oder stillstehend.)

- Vergleiche die Wuchsform von verschiedenen Bäumen der gleichen Art im Wald und auf freiem Feld! (Die Kronen der freistehenden Bäume sind ausladender, ihre Äste waagrechter als die der im Verband wachsenden Waldexemplare.)

- Welche Organe fehlen den grossen weissen Randblüten des Gemeinen Schneeballs? Was haben diese wohl für eine Aufgabe? (Staubblätter und Fruchtblätter/Stempel; die sterilen/unfruchtbaren Blüten locken Insekten zur Bestäubung an.)

- Warum ist der Boden unter Birken weitgehend ohne Vegetation? (Das Blätterdach der Birke lässt wenig Licht durch; ferner bildet im Herbst das Fallaub des Baumes eine für viele Kräuter und Gräser fast undurchdringliche Decke.)

Oben: Objektmarkierung durch Nummer und Namen auf eichener Tafel; Hinweis auf Schutz (Wattwil)
Unten: Informationstafeln mit Bild und Text, Aluminium dunkelgrau eloxiert, Schrift weiss, geätzt (St. Katharinenbrunnen, Balzers)

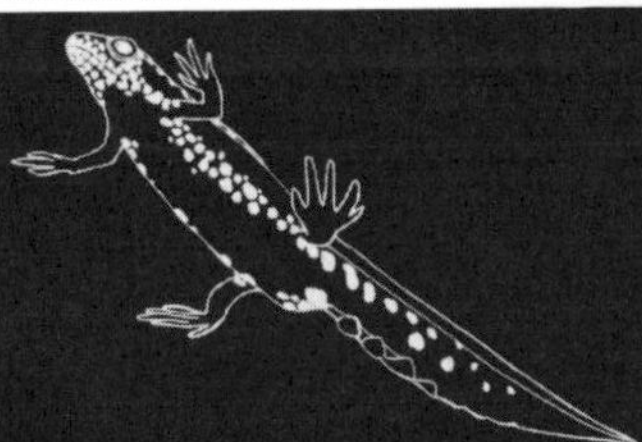

Bergmolch - Tritus alpestris
Herrlich blau und orange ist die Farbe des Bergmolchmännchens im Frühjahr. Zur Eiablage presst das etwas grössere Weibchen mit den Hinterbeinen Blätter von Wasserpflanzen im spitzen Winkel zusammen und legt in die Krümmung je ein Ei. Die Molche besitzen ein erstaunliches Regenerationsvermögen und können nach Verlust eines Körperteils diesen wieder neu aufbauen.

Weisse Seerose - Nymphaea alba
Unsere wilde Seerose war einst in vielen Riedgräben heimisch. Sie bewohnt stehende oder langsam fliessende Gewässer mit einer Wassertiefe von 50 cm bis 2 m und treibt die Blütenknospen vom Juni bis in den September.

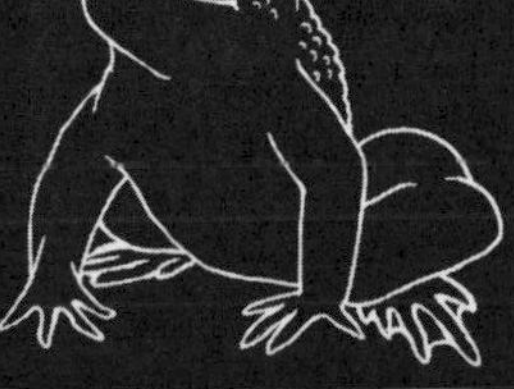

Erdkröte - Bufo bufo

Viele Vorurteile ruhen auf der nützlichen Schädlingsvertilgerin. Das Jahr verbringt sie in Feld und Wald und jagt in der Nacht. Nur im Frühjahr zieht sie in Scharen ans Wasser und legt dort Tausende von Eiern in dünnen Schnüren um die Wasserpflanzen.

– Welcher einheimische Nadelbaum ist zweihäusig? (Eibe; die einen Bäume tragen die Kätzchen mit den gelblichen Staubblüten, die anderen die Stempelblüten, aus denen sich beerenartige rote Früchte entwickeln.)

Thema Tiere:

– Welches Tier bohrt Haselnüsse mit kleinen kreisrunden Löchern an? (Haselnussbohrer/Curculio nucum; 6–9 mm langer Rüsselkäfer.)

– Wieviele Beine hat ein Käfer, eine Spinne, ein Tausendfüssler? (Käfer 6; Spinne 8; Tausendfüssler/häufigste einheimische Art 30, das heisst 15 gegliederte Beinpaare.)

– Wie heissen die verschiedenen Entwicklungsstadien eines Schmetterlings? Was ist eine Gürtelpuppe? (Ei, Raupe, Puppe, Imago; Gürtelpuppe: im Gegensatz zur Stürzpuppe Kopf oben, Hinterleib unten; Hinterleibsende ähnlich wie bei Stürzpuppe an Unterlage geheftet; eine seidige Schlinge/«Gürtel» um Körper und Pflanzenstengel hält die Puppe aufrecht.)

– Welche einheimischen Dornsträucher eignen sich zum Anpflanzen für Heckenbrüter (Schaffen von geschützten Niststätten)? (Zweigriffliger und Eingriffliger Weissdorn, Brombeere, Hagrose, Schwarzdorn.)

– Vergleiche das Verhalten sitzender Gartenrotschwänze und Trauerschnäpper! Unterschied? (Gartenrotschwanz: Körperachse schief bis waagrecht; Trauerschnäpper: Körperachse schief bis senkrecht. Beide Vogelarten wippen oft mit dem Schwanz/Schwanzzucken.)

– Amseln und Stare suchen oft auf dem Boden Nahrung; notiere die Unterschiede in bezug auf Gang, Haltung, Schwanzlänge und Körperumriss! (Amsel: Gang meist hüpfend, Körperachse mehr waagrecht, langer Schwanz, Körper länglich. Star: Gang meist trippelnd, Körperachse mehr aufrecht, Schwanz verhältnismässig kurz, Körper gedrungen.)

– Wie heisst die nordische Vogelart, die in guten Buchnüsschenjahren oft zu Zehntausenden in unseren Wäldern überwintert? (Bergfink; naher Verwandter unseres einheimischen Buchfinks.)

– Eichhörnchen und Waldmaus hinterlassen an Fichtenzapfen verschiedene Frassbilder. Kannst du den Unterschied begründen? (Die Waldmaus hat kleinere und feinere Zähne; da die Schuppen gegen das obere Ende der Spindel kleiner werden, vermag das Eichhörnchen mit seinem «gröberen Werkzeug» hier die Samen nicht mehr herauszulösen und hinterlässt so den grösseren Rest als die Maus.)

– Woran erkennen wir, dass der Fuchs vorwiegend ein Nachttier, das Reh hingegen ursprünglich ein Tagtier ist? (Fuchs: Pupille/Sehloch gespalten, schlitzartig; vgl. Katze! Reh: Pupille/Sehloch rund; vgl. Hund!)

- Welche einheimischen Wildtiere fressen Eicheln? (Taubenarten, Buntspecht, Kleiber, Eichelhäher u. a. Rabenvögel; Eichhörnchen, Siebenschläfer, Haselmaus und Mäuse; Dachs, Wildschwein, Reh, Rothirsch.)

Thema Geologie, Naturschutz:

- Woran erkennen wir Nagelfluh? (Gerundetes Material/Sand und Kies, betonartig verkittet.)

- Wie unterscheiden wir Granit und Gneis? (Granite: gekörnt; Gneise: feine Schichtung des Glimmers.)

- Uhu und Wanderfalke sind in unserer Gemeinde ausgestorben; der Habicht zeigt sich nur noch selten. Nenne Gründe für den Rückgang dieser schönen Vogelarten! (Abschuss bis zum vollständigen Artenschutz im Jahre 1962; Unruhe im Brutgebiet durch Erholungssuchende; stärkere Durchforstung der Wälder; Anreicherung von Giftrückständen, die die Fruchtbarkeit der Altvögel beeinträchtigen.)

- Hecken lassen sich gut den Gewässern entlang (vgl. Ufergehölze) pflanzen. Welche anderen Stellen kämen für diese wichtigen Landschaftselemente auch in Frage? (Unwirtschaftliche Restparzellen, Hanglagen, Böschungen, Dämme, Rutschungen, Gräben, Kiesgruben, Waldränder, Parzellengrenzen, Gabelungen sowie Ränder von Wegen und Strassen.)

- Worauf müssen wir beim Aufhängen von Nistkästen achten? Wie schützen wir sie und die Nester von Freibrütern vor Katzen, Mardern und Eichhörnchen? (Aufhängen von Nistkästen:

a) Festnageln [-schrauben] mit Eichenleiste; nur an wirtschaftlich minderwertigen Bäumen nach Absprache mit dem Förster.

b) Aufhängen mit Drahtbügel oder Plastikseil an einem rund 12 cm langen Aststumpf oder frei im Gezweig.

c) Allgemeines: Kasten leicht nach vorn neigen, Flugloch nicht gegen die Wetterseite, im Waldesinnern gegen die Seite mit dem grössten Lichteinfall; zum leichten Reinigen am besten entlang von Wegen, Lichtungen und Schneisen; rund 15 Kästen auf die Hektare, wobei nicht besetzte Brutstätten als Schlafhöhlen dienen; Höhe über Boden 3-4 m, Eulen- und Falkenkästen mindestens 5 m; grössere Vögel wie Waldkauz und Turmfalke brauchen freien Anflug, kleinere lieben Büsche und Astwerk, wo sie Schutz vor Feinden finden.
Schutz vor Nesträubern:
Wahl sicherer Standorte, zum Beispiel an glatten, senkrechten Stammpartien ohne benachbarte Verzweigungen; Freihang des Kastens im Geäst oder an einem rund 40 cm vom Stamm abstehenden Drahtbügel bzw. Holzgalgen; Anbringen von Abwehrkränzen aus Metall, dornigen Ästen oder Tannenreisig oberhalb und unterhalb der Bruthöhle rings um den Stamm herum; grobmaschiges Drahtgeflecht, das den ganzen Kasten und eine Stammpartie umgibt.)

- Wie gross muss der Bauabstand zum Wald nach kantonalem Recht sein? Wie wird er gemessen? Prüfe, ob dieser Vorschrift in unserer Gemeinde nachgelebt wird!
(Lösung je nach Kanton und Land verschieden; der entsprechende Paragraph des Aargauischen Baugesetzes lautet:

1 Gegenüber Wäldern gelten folgende Abstände:

a) für Gebäude, gebäudeähnliche Bauten, Tankstellen, oberirdische Tanks und dergleichen mindestens 20 m;

b) für Kies- und andere Gruben, Steinbrüche und unterirdische Tanks mindestens 10 m.

2 Die Gemeinden können grössere Waldabstände vorschreiben.

3 Die Waldabstände werden ab Stockgrenze gemessen und sind mit allen Bauteilen, ausgenommen denjenigen, welche die Baulinien überschreiten dürfen, einzuhalten.

Leider werden diese Minimalabstände vielerorts unterschritten; vgl. Ausnahmebewilligungen!)

- Welche Säugetierarten sind in unserem Land in historischer Zeit ausgerottet worden? (Biber, Luchs, Wolf, Braunbär, Elch, Rothirsch, Steinbock, Wisent, Ur; Biber, Luchs, Rothirsch und Steinbock sind von Naturfreunden wieder eingebürgert worden; der Rothirsch ist zudem zum Teil aus Grenzgebieten wieder zugewandert.)

- Welche Säugetierarten stehen in der Schweiz unter vollständigem Schutz? (Laut Bundesgesetz über Jagd und Vogelschutz: Steinwild; Bären, Luchse, Wildkatzen, Fischotter, Biber und Igel. Laut dem Bundesgesetz über Natur- und Heimatschutz: Fledermäuse.)

6.9 Betreuung

Wie ein Schulreservat oder ein Schulweiher bedarf auch ein Naturlehrpfad der ständigen Betreuung. Eine verantwortliche Person sollte die laufenden Arbeiten erledigen oder veranlassen.

6.9.1 Wege, Plätze

Im Frühling: Instandstellung wie neu Beschottern, Entkrautung, Ersetzen von defekten Treppenstufen und Geländern.

Im Herbst: Mähen der Ränder.

Im Winter: Zurückschneiden störender Baumäste, Ausräumen der Strassengräben.

Ganzes Jahr: Beseitigen des Abfalls.

Oben: Übersichtstafel über Natur- und Erholungsanlage Haberfeld (Vaduz)
Unten: Informationstafeln mit Bild und Text, Aluminium, hell eloxiert, Schrift schwarz (Haberfeld, Vaduz)

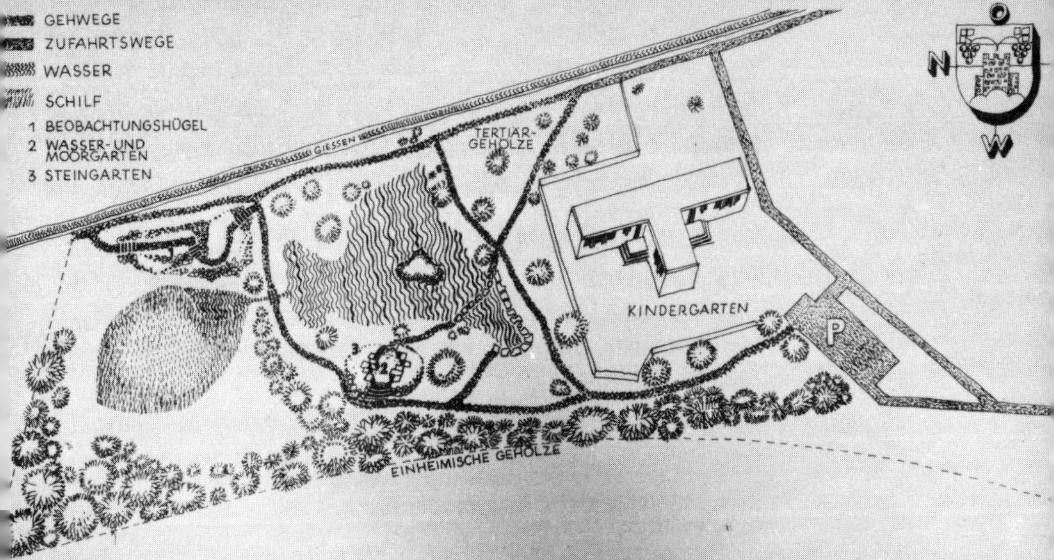

tur- und Erholungsanlage Haberfeld
r haben hier einen Weiher als bensraum für bedrohte Tiere und anzen angelegt. Auf kleinster che trifft man bald viele zugehörige bewesen. Wir stellen Ihnen einige ser Bewohner in Bild und Text vor.

Die Grünanlage besteht vor allem aus Pflanzen, die einst in einer wärmeren Epoche – in der Tertiärzeit – also vor über 600000 Jahren, bei uns im Rheintal heimisch waren. Im Westen begrenzen unsere einheimischen Gehölze die Anlage. Sie sind nach den wichtigsten Waldgesellschaften gruppiert. In den Wasser- und Moorbecken wie auch Steingarten können Sie einige in- ur ausländische Raritäten des Pflanzen reiches betrachten.

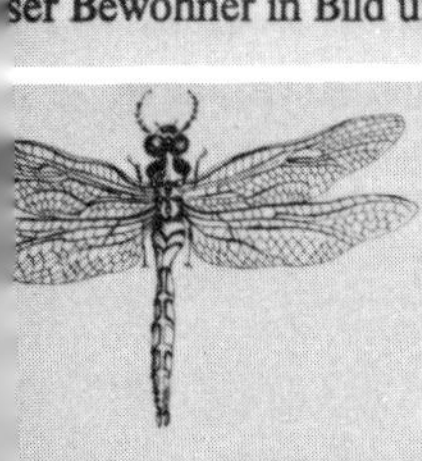

Libellen
Libellen sind wahre Meister der Flugkunst. Mehr als 40 km pro Stunde können sie im geraden Schnellflug zurücklegen und dann fast bewegungslos an einer Stelle verharren. Sie gelten als altertümliches Geschlecht. In früheren Erdzeitaltern erreichten sie gar riesige Ausmaße. Libellen sind räuberische Tiere. Auch die Larven, die gar keine Ähnlichkeit mit den geflügelten Libellen haben, erhaschen mittels einer Fangmaske ihr Beutetier unter Wasser.

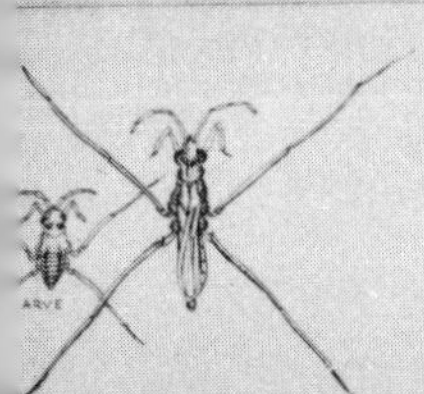

Gemeiner Wasserläufer – Gerris lacustris
Die Fähigkeit, auf der Wasseroberfläche laufen zu können, gelingt nur wenigen Spinnen, und vor allem dem Wasserläufer. Seine Beine sind so gestaltet, daß sie die Oberflächenspannung des Wassers nicht durchbrechen. Diese Landwanze, deren Vorderbeine zu Fangorganen umgestaltet sind, lebt räuberisch von Insekten, die vom Wind auf die Wasseroberfläche geweht werden.

Große Schlammschnecke – Lymnaea stagnalis
Posthornschnecke – Planorbis corneus
Sie beide gehören zu den Wasserlungenschnecken. Das heißt, sie müssen zum Atmen an die Wasseroberfläc kommen. Beide Schnecken leben vorwiegend von pflanzlicher Nahru doch fressen sie auch tote Tiere un erfüllen so die Funktion als Gesun heitspolizisten.

Gelbbrandkäfer – Dytiscus marginalis
Er wird bis zu 4 cm lang und ist der gefährlichste Feind aller Wassertiere. Kaulquappen, Molche und kleine Fische sind seine bevorzugte Beute. Zum Atmen muß der Käfer an die Wasseroberfläche. Dort streckt er den Hinterleib heraus und saugt sein Tracheensystem voll Luft.

6.9.2 Markierungen, Hilfs-, Erschliessungs- und Erholungseinrichtungen

Im Vorfrühling: Kontrolle auf Vollzähligkeit, allenfalls Ersetzen und Reparieren; Erneuern von Schutz- und Farbanstrichen.

Im Sommer: Begiessen der Neuanpflanzungen.

Im Oktober: Kontrolle und Reinigung der Nistgeräte.

Im Winter: Beschicken und Reinigen der Futtergeräte (Wild, Vögel).

Zwei- bis dreimal während der Vegetationsperiode: Freilegen der Markierungen, vor allem der niedrigen Nummernpfähle von überwuchernden Pflanzen.

Ganzes Jahr: Entleeren der Abfallbehälter (am besten jeden Montag), Beschicken von Vogeltränken (Wasser), Salzlecken (Salzsteine), Feuerstellen (Brennmaterial); Reinigen von Feuerstellen (Wegführen von Asche und Kohleresten).

6.9.3 Objekte

Im Vorfrühling: Kontrolle auf Vollzähligkeit, allenfalls Ersetzen des Objektes (z. B. Neupflanzung) oder Versetzen der Markierung zu einem gleichartigen Objekt; Zurückdrängen überwuchernder Pflanzen (z. B. bei geologischen Aufschlüssen).

Zwei bis dreimal während der Vegetationsperiode: Zurückschneiden oder Aushacken bzw. Ausreissen von unliebsamen Pflanzen, die die markierten Arten zu stark konkurrenzieren (vgl. Licht, Nährstoffe) oder die beim Bestimmen zu Verwechslungen führen könnten.

6.9.4 Information

Es kommen in Frage:

- Nachfüllen der Automaten (mit Nummernschlüsseln, Führern) bzw. der aufgestellten Kästen; Einsammeln des Geldes.

- Auswechseln des Ausstellungsgutes in Schaukästen und Wechselrahmen.

- Organisieren und Leiten von Führungen (Schulen, Erwachsenenbildung, Vereine).

- Periodische Artikel in der Presse, die auf Sehenswürdigkeiten am Lehrpfad aufmerksam machen.

7 Anhang

7.1 Schulreservat

7.1.1 Planung: Muster für Eingabe an Behörden (Beispiel Grube «Esteracker», Gemeinde Beinwil a.S./AG)

Grundidee: Die alte Kiesgrube ‹Esteracker› liegt im Süden der Ortschaft Beinwil, am Hang und in der Nähe des Waldrandes ob der Landstrasse Aarau–Luzern. Westlich der Grube ist eine Quelle, die in einen vom Walde herkommenden Bach mündet, welcher seinerseits sich in einem Tobel in den Hallwilersee ergiesst. Zwischen der Grube und der Landstrasse sind in den letzten Jahren Rutschungen aufgetreten.
Die Ränder der Grube sind spärlich bewachsen, am stärksten mit allerlei Büschen in der Südwestecke. Der Grubenboden ist versumpft (Regenlöcher, Binsen); in der Nordecke finden sich ansehnliche Reste eines Teiches mit einigen Wasserpflanzen. Dieser Teich bildet schon jetzt einen beachtlichen Biotop für Amphibien (Kröten, Frösche, Molche).
Mit wenig Aufwand liesse sich die Grube zu einem Naturreservat umgestalten, das zu einem einzigartigen Anschauungsobjekt für Schulen, Vereine und Naturfreunde würde. Vor allem müsste die Wasserfläche des Teiches vergrössert und sein Wasserstand durch einen Zufluss gesichert, dann das ganze Gebiet angepflanzt werden. Im folgenden sind die nötigen Arbeiten angeführt; die Zahlen und Buchstaben in Klammern beziehen sich auf den Gestaltungsplan M 1:500 (siehe Beilage).

Umfriedung, Grösse des Schutzgebietes: Die Grube liegt nahe des südlichen Ortsrandes. Um der Tierwelt eine gewisse Ruhe zu sichern und eine wirksame Kontrolle und Betreuung zu erreichen, ist eine Einfriedung unumgänglich. Diese soll aber das Gebiet nicht hermetisch von der Umwelt abschliessen; Kleintiere und Vögel sollen unbehindert ein- und ausgehen können. Wir schlagen vor: Deutliche Abgrenzung des Reservates durch Holzpfähle plus drei Drahtbahnen in ca. 50 cm Abstand; entlang dieser Einfriedung sind allerlei Büsche zu pflanzen, die später auf natürliche Art den künstlichen Hag ersetzen. Die Abgrenzung (1) umfasst ca. 15 Aren Fläche. Oberhalb der Grube verläuft ein 2 m breiter Streifen (Kontrollen, Platz für Lebhag); auf dem Grubenboden sind Sicherheitsabstände zum Wasser und zu den Büschen (Ruhe für die Tiere) von 10 m bzw. 5 m eingehalten. Das Eingangstor befindet sich bei (1a). 2–3 Orientierungstafeln (1b) sind für das Publikum bestimmt (Betretverbot; Hinweis auf Führungen; Hinweis auf Sehenswürdigkeiten; Hinweis auf richtiges Verhalten).

Weiher: Der heutige Grubenboden ist absolut wasserdicht, sonst würde sich das Wasser trotz der Verdunstung nicht so lange an verschiedenen Stellen halten. Aus diesem Grunde raten wir von einem Aushub ab. Wir schlagen vor: Entfernen des Unrates, oberflächliches Abtragen des Faulschlammes (von Hand), Erschliessen eines kleinen Zuflusses, Aufstau mittels eines kleinen Dammes am Süd-/Südostrand auf ca. 1 m Wassertiefe, Abdichtung des Innenrandes des Dammes und der höher gestauten Uferpartie mit einer Lehmauflage (ca. 20 cm).

Wasserfläche: Variante 2a ca. 1 Are, Minimalfläche!, Variante 2b ca. 1,5 Aren, Optimalfläche. Das Süd-/Südostufer sollte flach ansteigen (Bepflanzung Seggen, Froschlöffel, Gelbe Iris), dasjenige entlang dem Fuss der Grubenwand relativ steil verlaufen (Schilf, Rohrkolben, evtl. einzelne See- und Teichrosen).

Zufluss: Mit Plastikrohr von der Quelle (2f)* im Westen, je nach Variante 2a oder 2b, Eintiefung und genauer Verlauf je nach Gelände (Gegensteigung!). Die Quelle liefert eine relativ kleine, aber konstante Wassermenge, die genügen dürfte, um die Verdunstung im Sommer auszugleichen. Wo die Quelle den Bach quert, sollte ein Schieber (2g)* eingebaut werden (Umleitung des Wassers in den Bach, z. B. bei Absenkung des Wassers im Weiher für Kontrollarbeiten, bei zu hohem Wasserstand). Der Ausfluss des Plastikrohres aus der Grubenwand wird als natürliche Quelle gestaltet, der Einfluss in den Weiher wie ein natürliches Bächlein (Schale aus kleinen Naturbruchsteinen, in Magerbeton verlegt).

* Im Plan S. 188 nicht mehr enthalten.

Abfluss: Gemauerter Überlauf mit je 1 m Flügelmauer (Beton) auf jeder Seite (2c), Abfluss in projektierten Schacht (2d) der geplanten Sickerleitung (2e), genauer Verlauf je nach Bauvorhaben der Gemeinde.

Föhrenwald (3): Der relativ trockene sonnige Südhang ist ein guter Standort für *Waldföhren;* Pflanzen von je 3–4 Jungföhren in mehreren Gruppen, unschematisch auf die Fläche 3 verteilt. Später könnten Föhrenwaldbegleitpflanzen aus dem Jura eingebürgert werden.

Trockenwiese (4): Das vordere Bord und der Grubenrand bleiben den schönen Pflanzen der Trockenwiese vorbehalten; evtl. gezieltes Einpflanzen. Kein Düngen!

Blockhalde: Eine grobe Schüttung von Steinblöcken ergibt einen Ödlandbiotop (5); man verwende möglichst grobes, eckiges Material; evtl. Schaffen von zusätzlichen Unterschlüpfen durch Eingraben von Drainageröhrchen (Ton, leicht nach oben ansteigend, damit das Wasser abläuft). Die Blockhalde bietet oben (trockener Teil) Eidechsen, Schlingnattern und interessanten Insekten, unten (feuchter Teil) Blindschleichen, Erdkröten und Molchen Lebensraum; zudem finden hier die Pflanzen des Ödlandes eine letzte Zufluchtsstätte.

Fichtendickicht (6): Die Fläche wird mit kleinen Fichten dicht bepflanzt; diese werden ab ca. 1 m Höhe immer wieder geköpft; so entwickeln sie sich zu richtigen ‹Verbisstannen› (undurchdringliches Gestrüpp), die sich sehr gut als Brutstätten für Heckenbrüter (Grasmücken, Zaunkönig usw.) eignen.

Gebüschzone (7): Bereits machen sich hier Brombeeren breit, die wir zum Teil belassen (Nahrung, Brutgelegenheiten); hingegen sind die am Fusse der Grubenwand wachsenden Goldruten nach Möglichkeit zu bekämpfen (überhandnehmend, stammen aus Gärten!). Im nördlichen Teil (7a) sollte dichtes Dorngestrüpp entstehen (Pflanzen von Schwarz- und Weissdorn; Tolerieren der Brombeere), im südlichen (7b) ein Buschland mit Beerensträuchern (Gemeinem und Wolligem Schneeball, Holunder, Pfaffenhütchen, Heckenkirsche; Zurückdrängen der Bombeere).

Laubbäume (8): Stieleiche, Hagebuche, Vogelbeere, Hasel.

Laubbäume (9): Bestehende Büsche plus Schwarzerle, Esche, Hasel.

Birkengruppe (10): mehrere Gruppen von 3 bis 4 Weissbirken.

Vorgelände (11): niedrige Büsche, vor allem Weiden (Weiherrand), Hartriegel, Traubenkirsche.

Nasser Grubenboden (12): Im grossen ganzen sich selbst überlassen! Evtl. Ausgraben einiger Regenwasserlöcher (Wasserinsekten) von geringer Tiefe, Aufführen einiger Steinhaufen, Aufschichten einiger Reisighaufen (Nähe Grubenwandfuss, Abdecken mit Dornranken; Heckenbrüter!), allenfalls Pflanzen von einigen Besenginsterbüschen und Besenheide (‹Erika›), vor allem dort, wo am meisten Schatten (gegen Flächen 10 und 9).

Nistkastenpark: Sobald die gepflanzten Bäume hochkommen, könnten verschiedene Nistkastenmodelle aufgehängt werden (siehe Broschüre ‹Wohnungsnot – auch bei Gefiederten›). Mit Spezialhöhlen fördern wir vor allem seltenere Arten.

Betreuung, Pflege

Ein Reservat ohne stetige Betreuung entfremdet sich bald dem ursprünglichen Zweck. Der Gemeinderat muss eine Person (Lehrer, Funktionär des Natur- und Vogelschutzvereines, geeigneten Naturkenner) als Hauptverantwortlichen bezeichnen; zur Ausführung der eigentlichen Arbeiten können Vereinsmitglieder, Schüler, Jugendgruppen usw. beigezogen werden.

Weiher: Offenhalten der freien Wasserfläche, Wasserstandskontrollen, Wahrung des freien Einblickes (Zurückschneiden der Pflanzen), Zurückdrängen unerwünschter Pflanzen, Schnitt von Seggen, Schilf und Rohrkolben in zweijährigem Turnus (Kampf gegen Verlandung), periodisches Wegführen des Schnittgutes.

Büsche, Gehölze: Zurückschneiden, nötigenfalls Auslichten (alle 3 bis 5 Jahre, vgl. Broschüre ‹Heckenschutz›). Begünstigen der wertvollen Arten (sinnvolle Durchforstung zugunsten einer vielfältigen Tierwelt).

Trockenwiese: Jährlicher Grasschnitt im Spätherbst nach dem Versamen der Kräuter (kein Abbrennen; Kampf gegen Verwaldung).

Blockhalde: Jährliches Jäten, Verhindern des Überwachsens, Freihalten steiniger Partien (keine chemischen Unkrautbekämpfungsmittel verwenden). Wir dulden nur ausgesprochene Schuttpflanzen.

Nistkastenpark: Kontrolle und Reinigung jedes Jahr im Spätherbst.

Überwachung, Kontrollen: Vor allem an Sonn- und Feiertagen, schulfreien Nachmittagen; Wegweisen von Unbefugten, Entfernen von Unrat (vgl. Strassenrand).

Führungen, Aufklärung: Begehungen mit Behörden, Vereinen, Schulen, Erklärung von Sinn und Zweck, Hinweis auf Sehenswürdigkeiten. Nur wenn ein Reservat bei der Bevölkerung bekannt und geschätzt ist, kann es auf lange Sicht erhalten werden!

Weitere Auskunft, Beratung: Schweiz. Zentrum für Umwelterziehung, SZU, Rebbergstrasse, 4800 Zofingen.

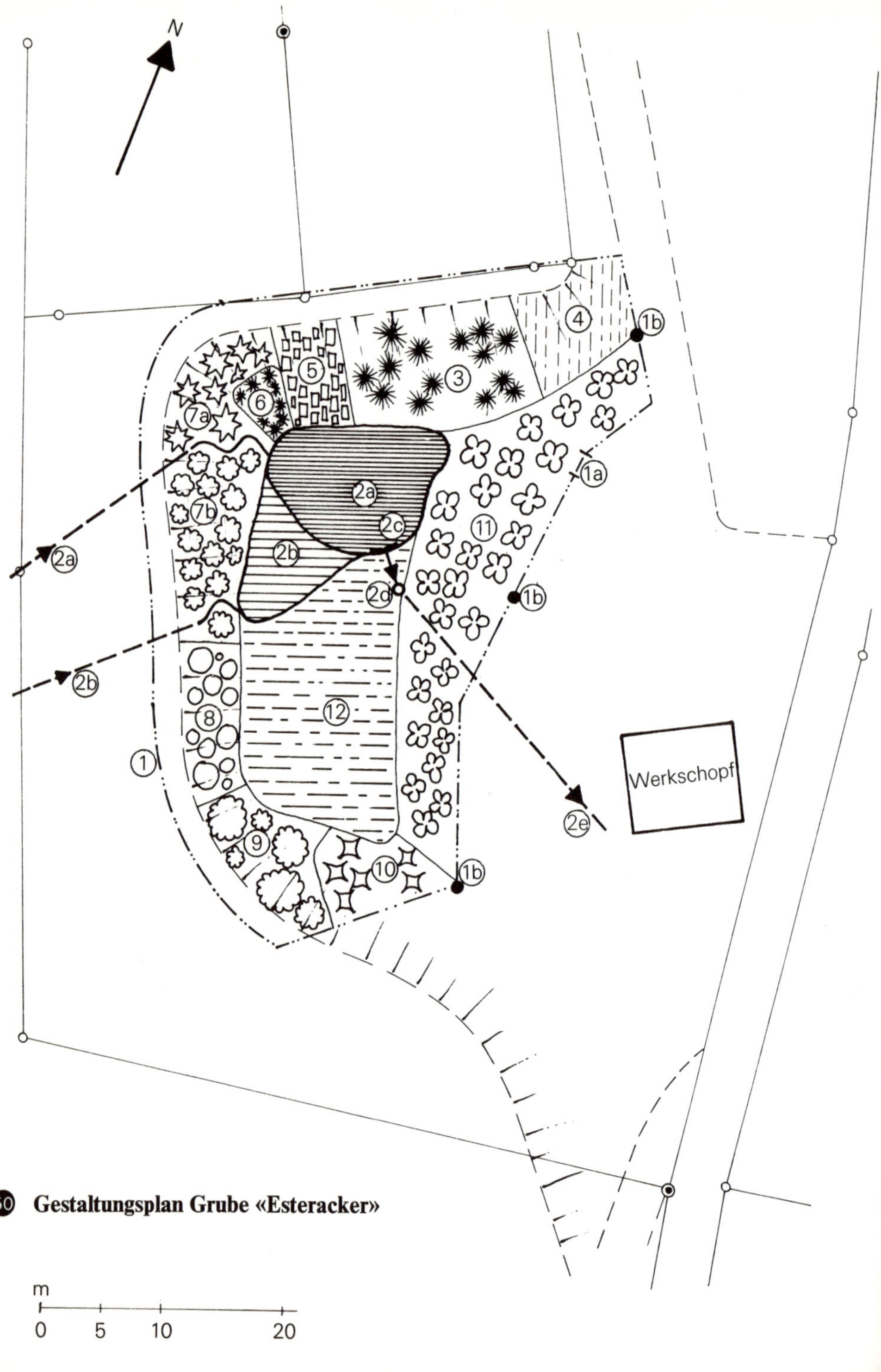

50 Gestaltungsplan Grube «Esteracker»

7.1.2 **Einfache Schutzverordnung** (Muster «Haldenweiher», Zofingen)

Laut Gemeinderatsbeschluss vom 5. Juni 1915 steht der Haldenweiher als Naturdenkmal unter Schutz. In den Jahren 1965 bis 1968 wurde er unter beträchtlichem Aufwand an Zeit und Geld zu einem Schulreservat ausgebaut. Eine Umzäunung schützt die Anlage, insbesondere die seltenen Sumpfpflanzen und die Brutvögel, vor Störungen und Beschädigungen durch Menschen oder Hunde. Eine gewisse Ruhe im Gebiet und eine Kontrolle aller Begehungen sind für das Gedeihen von Fauna und Flora unerlässlich. Das Publikum geniesst vom hart an der Anlage vorbeiführenden Spazierweg aus ungehinderten Einblick auf den Weiher und das Freilandterrarium. Vereine, Schulen, Private können sich zwecks Führungen an das Konrektorat der Bezirksschule wenden.
Die Stadtbehörden empfehlen der Bevölkerung den Schutz der schönen Anlage. Insbesondere ist unter Androhung von Busse untersagt:

- das Eindringen von Unbefugten in das Gebiet innerhalb der Umzäunung.

- das Beschädigen von Pflanzen (wie Blumenpflücken, Ausreissen, Abreissen von Ästen vom Spazierweg aus usw.).

- das Beunruhigen von Tieren in der Anlage, speziell auf dem Weiher und im Freilandterrarium (wie Aufscheuchen, Berühren mit Stöcken usw.); Hunde sind an der Leine zu führen.

- das Werfen von Steinen, Holzstücken, Unrat usw. in die Anlage.

Zofingen, den 30. Dezember 1968 Der Gemeinderat

7.1.3 **Ausführliche Schutzverordnung** (Muster «Reckholderhubel», Reitnau)

GEMEINDE REITNAU / AG

Schutzverordnung betreffend alte Kiesgrube, Trockenwiesen und Wäldchen auf dem ‹Reckholderhubel›
Gestützt auf §§ 3 und 6 der kantonalen Verordnung über den Natur- und Heimatschutz vom 24. Januar 1914, § 159 des Baugesetzes des Kantons Aargau vom 2. Februar 1971, § 5 des aargauischen Gesetzes über Wildschutz, Vogelschutz und Jagd vom 25. Februar 1969 und § 11 der aargauischen Verordnung über den Schutz der einheimischen Pflanzenwelt vom 20. März 1970 erlässt die Gemeindeversammlung Reitnau folgende Verordnung:

1. Naturschutzgebiet ‹Reckholderhubel›
Das Gebiet des ‹Reckholderhubel› auf der gemeindeeigenen Parzelle Nr. 610, Katasterplan 13, GB Nr. 768, im Halte von 124,72 Aren soll als Pflanzen- und Tierschutzgebiet erhalten bleiben. Es wird unter Schutz gestellt. Die örtliche Abgrenzung des Reservates ist aus dem beiliegenden Plan 1:500 ersichtlich, der einen Bestandteil dieser Verordnung bildet.

2. Gebote und Verbote
Im genannten Gebiet ist jegliche Beeinträchtigung der Pflanzen- und Tierwelt untersagt. Im besonderen gelten folgende Bestimmungen:

a) Es dürfen nur die bestehenden Fusswege betreten und begangen werden.

b) Auf dem ganzen Gelände ist jegliches Lagern, Picknicken und Feuermachen untersagt, desgleichen jegliche Ablagerung von Schutt oder Abfall.

c) Das Pflücken, Einsammeln, Abreissen oder Ausgraben von Pflanzen oder derer Teile ist untersagt. Im Interesse der reichhaltigen Flora der Trockenwiesen und des Föhrenwäldchens muss jegliche Düngung unterbleiben.

d) Die Lehrkräfte der Reitnauer Schulen dürfen einzelne Tiere und deren Entwicklungsstadien sowie Pflanzen oder deren Teile zu Lehr- und Demonstrationszwecken behändigen, soweit sich dies mit den eidgenössischen und kantonalen Bestimmungen über den Natur- und Heimatschutz sowie mit den Schutzzielen des Reservates vereinbaren lässt. In jedem Fall ist vorher der Betreuer des Reservates zu verständigen.

3. Schutzziele

a) Erhaltung des geologischen Aufschlusses mit Granitblöcken in der Schotterterrasse.

b) Erhaltung der Trockenvegetation entlang der Strasse, am Grubenrand und im Föhrenwald mit ihren interessanten Kräutern wie Orchideen- und Enzianarten (vgl. beiliegende Bestandesaufnahme).

c) Erhaltung des an Gehölzarten reichen Wäldchens (vgl. Bestandesaufnahme) im rückwärtigen Teil des Reservates.

d) Förderung der Brutvögel, Kleinsäuger, Reptilien, Amphibien, Schmetterlinge und anderer Insekten.

4. Nutzung

a) Das Reservat dient in erster Linie den Schulen von Reitnau als vielfältiges Anschauungsobjekt für den Naturkundeunterricht. Durch Beizug der Schüler für praktische Pflegearbeiten (siehe unten) kommen die jungen Menschen direkt in Kontakt mit der Natur und den Problemen des Naturschutzes.

b) Die forstwirtschaftliche Nutzung des Gebietes wird fortgeführt. Allfällige Arbeiten (Durchforsten, Holzschlag usw.) sind mit dem Reservatsbetreuer vorher zu besprechen (Art und Weise, Ausmass, Zeitpunkt); die Anzeichnung der zu fällenden Bäume erfolgt direkt durch den Kreisoberförster.

c) Jegliche Nutzung des Reservates darf die oben festgelegten Schutzziele nicht beeinträchtigen.

5. Pflege

Um die gesetzten Schutzziele zu erreichen, sind insbesondere die folgenden Pflegearbeiten nötig:

a) Freihalten des geologischen Aufschlusses durch Beseitigen der ihn überwuchernden Vegetation.

b) Freihalten der bestehenden Fusswege im Interesse einer geordneten Begehung.

c) Herbstliche Mahd der Trockenwiesen (Verhinderung der Verwaldung) und Abfuhr des Schnittgutes (Verhinderung der Humusierung).

d) Durchforstung:
im vorderen Teil (Südseite): Begünstigen der Waldföhren,
im hinteren Teil (Nordseite): Begünstigen der weniger häufigen Arten (Schwarzdorn, Weissdorn, Gemeiner Schneeball) und einzelner alter Hochstammbäume (Eichen, Eschen, Feldahorn); Schaffen von Lichtfenstern für Seidelbast, Waldvögelein, Weisswurz.

e) Anlage, Unterhalt und Kontrolle (herbstliche Reinigung) eines Nisthöhlenparkes für Vögel und Fledermäuse.

f) Anlage und Kontrolle von Nistquirlen, Nisttaschen, Reisighaufen für Freibrüter sowie von Steinhaufen für Amphibien, Reptilien und Kleinsäuger.

6. Betreuung

Gemeinderat und Schulpflege wählen einen verantwortlichen Reservatsbetreuer, nach Möglichkeit einen naturkundlich interessierten Lehrer. Das Pflichtenheft des Betreuers umfasst:

a) Überwachung: Aufklärung und allfälliges Verzeigen von Fehlbaren, Fortweisen von Unberechtigten, Feststellen und Beheben von Schäden, Beseitigen von Abfall.

b) Kontrollen: Jährliche Erhebungen über das Vorkommen seltener Pflanzen und Tiere (Orchideen, Enziane, Brutvögel).

c) Pflege: Durchführung bzw. Anordnung und Überwachung der oben aufgeführten Pflegearbeiten. Diese werden nach Möglichkeit zusammen mit Schulklassen ausgeführt und in Zusammenarbeit mit den Forstorganen (Förster oder Kreisoberförster) oder mit der Sektion Natur- und Landschaftsschutz der Abteilung Raumplanung des Kantonalen Baudepartements.

d) Beratung: Durch Hinweise, Führungen usw. macht der Betreuer Lehrkräfte und andere Interessierte mit den Besonderheiten und Schönheiten des Reservates bekannt.

7. Allgemeine Bestimmungen

a) Der Vollzug dieser Verordnung obliegt dem Gemeinderat.

b) Gegen seine getroffenen Verfügungen kann in Anwendung dieser Verordnung innert 20 Tagen beim Regierungsrat Beschwerde geführt werden.

c) Übertretungen dieser Verordnung können gemäss § 9 der kantonalen Verordnung über den Natur- und Heimatschutz vom 24. Januar 1914 und den Strafbestimmungen der andern eingangs genannten Erlasse geahndet werden.

d) Diese Schutzverordnung betreffend den ‹Reckholderhubel› wurde von der Gemeindeversammlung vom 1. Dezember 1972 beschlossen und tritt mit der Genehmigung durch den Regierungsrat in Kraft.

5057 Reitnau, den 4. Dezember 1972.

Vom Regierungsrat genehmigt
Aarau, den 2. April 1973
Der Staatsschreiber

Namens des Gemeinderates:
Der Vize-Gemeindeammann:
sig. R. Aeschbach
Der Gemeindeschreiber:
sig. W. Morgenthaler

7.1.4 **Benützungsreglement** (Muster «Haldenweiher», Zofingen)

SCHULRESERVAT HALDENWEIHER

Betrifft: Zutritt und Abgabe von Schlüsseln

I. *Im Besitz von Schlüsseln sind*

a) besonders interessierte Fachlehrer für Naturkunde
1. E. Zimmerli, Bezirkslehrer, Birkenweg 2, Zofingen
Obmann des Reservates

2. H. Frey, Bezirkslehrer, am Hubersbergli 4, Zofingen
1. Stellvertreter des Obmanns

3. Dr. H. Hunziker, Seminarlehrer, Rebberg, Zofingen
2. Stellvertreter des Obmanns

b) der Brunnenmeister der Stadt Zofingen
R. Frösch, Hägelerstrasse 5, Zofingen

c) die Bauverwaltung der Stadt Zofingen

II. *Aufsicht, Betreuung, Zutritt*

a) Die drei erstgenannten Fachlehrer sind verantwortlich für die Überwachung und Betreuung des Reservates. Allfällige Meldungen über Schäden, Nichtbefolgen der Vorschriften usw. sind an sie zu richten.

b) Der Brunnenmeister überwacht den Wasserstand des Weihers und die Förderpumpe.

c) Schulklassen und Privatpersonen, die das Reservat betreten möchten, wenden sich rechtzeitig an den Obmann, bei Nichterreichen an einen der Stellvertreter.

III. *Allgemeines*

Für das Gedeihen der Pflanzen und das Aufkommen von Vogelbruten ist ein geordneter Betrieb und ein Maximum an Ruhe unerlässlich.
Wir verweisen darauf, dass das Publikum vom Fussweg her einen guten Einblick auf Weiher und Freilandterrarium geniesst.
Ein Überklettern der Umzäunung ist jedermann strengstens untersagt. Nach Verstreichen der Toleranzfrist werden Uneinsichtige zur Anzeige gebracht.

Zofingen, 12. Mai 1969 — Gemeinderat und Schulpflege

7.1.5 **Betreuung: Verzeichnis der Arbeitsgeräte**

Spaten
Hauen (verschiedene Grössen)
Brecheisen
Locheisen
Schaufeln
Pickel
Schubkarren
Beil (verschiedene Grössen)
Gertel (Hippe)
Sichel
Draht, Drahtspanner
Plastikseile, Schnüre
Nägel, Schrauben, Agraffen
Wetzstein
Netz (verschiedene Grössen von Planktonnetz bis Kescher)
Hakenstange
Blech- und Plastikkessel
Gabeln (verschiedene Grössen)
Rechen (verschiedene Grössen)

Sense
Gartenschere
Baumschere
Sägen (verschiedene Grössen, eine mit Stangengriff)
Hämmer (versch. Grössen)
Holzhammer (zum Einschlagen von Pfählen)
Zange (verschiedene Grössen)
Wasserpumpenzange
Schraubenzieher (verschiedene Grössen)
Laubbesen
Reisigbesen
Schraubenschlüssel («Engländer»)
Setzholz
Spachtel
Gartenschnur
Doppelmeter, Meterband
Erste-Hilfe-Box

7.2 Naturlehrpfad

7.2.1 (51) **Arbeitsblatt/Führer** (Muster Naturlehrpfad «Staatswald Baan», Zofingen)
Antworten zu den Fragen vgl. 6.8.3!

Halt N Stiftswald Ost

Waldinsekten (zu den Abbildungen; Allgemeines über Insekten siehe Blatt Halt F)

Wie im Feldbau können sich auch im Wald – besonders in einförmigen Beständen – gewisse Insektenarten übervermehren und ernsthaften Schaden stiften. Sie und die weiter unten beschriebenen Pilzkrankheiten sind natürlich nicht alle bei Halt N zu beobachten. Es gilt daher, die Augen entlang dem ganzen Lehrpfad offenzuhalten!

Grüne Fichtengallenlaus (Chermes viridis); Fichtenläuse. – Die an den Knospen junger Fichten überwinternden Läuse legen Eier. Als Folge ihres Saugens an den Knospen entstehen im Frühling an den Zweigen grüne, grossschuppige, ananasförmige 2–3 cm grosse Gallen. An deren Spitze wächst der Trieb normal weiter. Im Juli–August öffnen sich die Kammern der reifen Galle. Die 2–4 mm langen schwärzlichen Jungläuse fliegen auf junge Lärchen (Wirtswechsel!). Ihre Nachkommen saugen, von weissen Wachsflocken überdeckt, an den Nadeln. Sie überwintern auf der Rinde. Im darauffolgenden Frühling verursachen sie auf den Lärchennadeln, die an den Saugstellen umknicken, Verfärbungen und Verkrümmungen. Sie wechseln im Mai auf die Nadeln der Fichte zurück (Wirtswechsel!). Der Kreislauf dauert in der Regel zwei Jahre. Unter Umständen erfolgt die Entwicklung auch innert einem Jahr ohne Wanderung ausschliesslich auf Lärche oder Fichte. Bei starkem Befall kann sich bei den Lärchen eine Wachstumshemmung einstellen. Bekämpfung: Vermeiden einer Fichten-Lärchen-Mischung.

Gemeine Eichengallwespe (Diplolepis quercus-folii): Gallwespen. – Ab dem Monat Juni wachsen auf der Unterseite von Eichenblättern grosse, kugelige, fleischige rötliche Galläpfel. Bis zum Herbst entwickeln sich in der einkammerigen Galle eingeschlechtliche, 4 mm lange schwärzliche Wespen, die im frühen Frühjahr in die noch unentwickelten Eichenknospen Eier ablegen. Aus den Knospengallen schlüpfen im Mai–Juni die Tiere der Geschlechtsgeneration (Generationswechsel), welche in den Blattrippen der jungen Eichenblätter ihrerseits Eier plazieren. Wenn wir eine Blattgalle aufschneiden, finden wir darin die madenähnliche Larve. Ist diese ausgewachsen, verpuppt sie sich. Die ausgeschlüpfte Wespe muss sich einen Weg in die Freiheit nagen. Forstwirtschaftlich gesehen ist der Befall durch die Eichengallwespe im allgemeinen ohne Bedeutung.

Buchenspringrüssler (Orchestes fagi); Rüsselkäfer. – Die Frassspuren des kleinen nur 2–2,5 mm langen Käfers fallen im Frühjahr am jungen Buchenlaub auf. Das pechschwarze Kerlchen durchlöchert die Buchenblätter und legt seine Eier einzeln an der Unterseite in die Mittelrippe. Die ausgeschlüpfte Larve frisst zunächst einen sogenannten Minengang, der in der Spitzenhälfte des Blattes endet. Nach dreiwöchigem Fressen verpuppt sie sich. Nach weiteren 10 Tagen schlüpft der Jungkäfer, der Blätter, Blattstiele und Fruchtansätze der Buche benagt. Er überwintert in der Bodendecke. Infolge des Frasses entsteht ein gewisser Zuwachsverlust bzw. eine Minderung der Buchenmast (Nüsschenproduktion). Doch ist dieser Schaden kaum von Bedeutung. Der vom Frass ausgehöhlte Blatteil verfärbt sich; daher fallen uns die Frassstellen auf. Wir dürfen diese Spuren nicht mit Frostschäden verwechseln!

Buchdrucker, Grosser Achtzähniger Fichtenborkenkäfer (Ips typographus); Borkenkäfer. – Der 5 mm lange dunkle Käfer schwärmt Mitte April bis Mai, bei schönem Wetter noch im Juli–August. Als Kennzeichen hat er jederseits am Absturz der Flügeldecken vier Zähnchen. Er befällt fast nur Fichten, besonders kränkelnde, primär geschädigte 80–100jährige Bäume. Er bohrt sich durch die Borke und frisst von einer Rammelkammer aus 2–3armige Muttergänge mit Luftlöchern (vgl. Abbildung); in

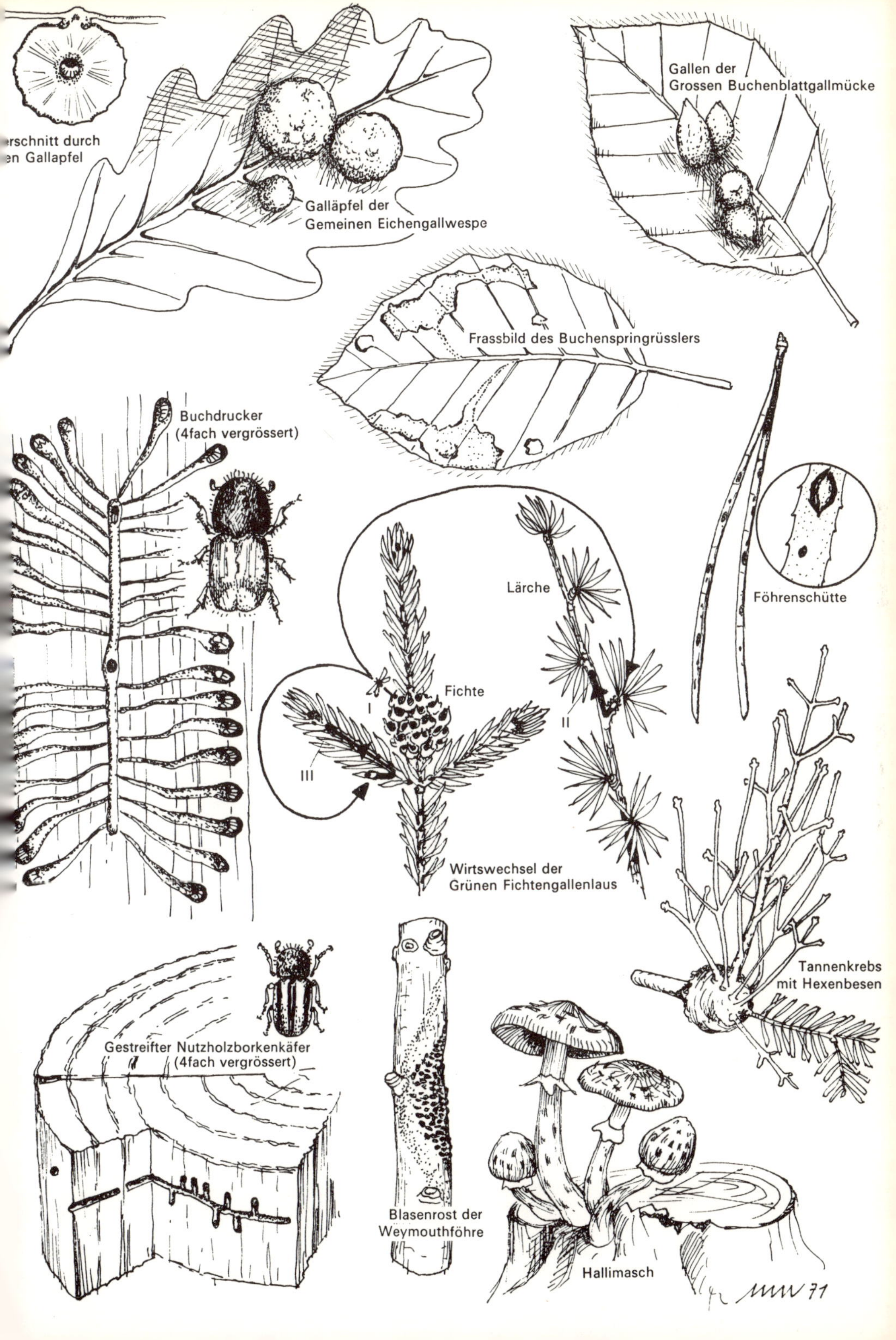
erschnitt durch
en Gallapfel
Galläpfel der
Gemeinen Eichengallwespe
Gallen der
Grossen Buchenblattgallmücke
Frassbild des Buchenspringrüsslers
Buchdrucker
(4fach vergrössert)
Lärche
Fichte
I
II
III
Föhrenschütte
Wirtswechsel der
Grünen Fichtengallenlaus
Tannenkrebs
mit Hexenbesen
Gestreifter Nutzholzborkenkäfer
(4fach vergrössert)
Blasenrost der
Weymouthföhre
Hallimasch

diese legt er die Eier. Nach 10–14 Tagen schlüpfen die weissen Larven; jede von ihnen frisst einen rechtwinklig abzweigenden kurzen, mit Bohrmehl verstopften Gang. An dessen Ende verpuppen sie sich in einer breiten Wiege. Der Jungkäfer miniert ein kreisrundes Flugloch nach aussen. Starker Befall bringt durch Zerstören des Bastes die Fichten zum Absterben. Bohrmehl an der Borke, auf Blättern und in den Spinnweben am Stammfuss verrät die Anwesenheit der Tiere. Später blättert knapp unterhalb der Krone die Borke ab. Der bei Massenvermehrung der Käfer entstehende Schaden kann verheerend sein. Dann muss der Förster alle kranken Stämme fällen. Die Rinde wird über Tüchern entfernt und verbrannt. Daneben bildet das Auslegen von «Fangbäumen» die einzig wirksame Bekämpfungsmethode.

Gestreifter Nutzholzborkenkäfer (Xyloterus lineatus); Borkenkäfer. – Der 3–4 mm lange Käfer schwärmt im März–April, dann im Juli. Er hat Flügeldecken mit gelben Längsstreifen. Er sucht frisch gefälltes Nadelholz heim. Er bohrt eine 1–2 cm tiefe Eingangsröhre und meist zwei Quergänge, die vorwiegend einem Jahrring folgen; in diese legt er die Eier. Die ausgeschlüpften Larven fressen nach oben und unten kurze Quergänge (Leitergänge, vgl. Abbildung). Diese färben sich unter dem Einfluss eines den Larven als Futter dienenden Pilzes (Ambrosiapilz) später schwarz. In den Larvengängen erfolgt die Verpuppung. Die Jungkäfer gelangen durch den Muttergang ins Freie. Wir erkennen den Befall an den unter den Stämmen liegenden gut sichtbaren Bohrmehlhäufchen. Um wertvolles Holz vor starker Entwertung im Splint zu bewahren, muss es vor der Schwärmzeit der Käfer aus dem Wald abgeführt werden. Eine chemische Bekämpfung ist schwierig und aus Umweltschutzgründen eher abzulehnen.

Grosse Buchenblattgallmücke (Mikiola fagi); Gallmücken. – Wir finden die harten, glatten, kegelförmigen, anfangs grünen, später roten und zuletzt braunen Gallen auf der Blattoberseite der Rotbuche. Im Innern wohnt eine Made. Im Herbst fällt der obere Teil der Galle mit dem Tier zu Boden. Die Larve verschliesst die entstandene Öffnung mit einem Gespinst und verpuppt sich bisweilen erst zu Ausgang des Winters. Im Frühling schlüpft die kleine Mücke, die ihre Eier auf neue Buchenblätter ablegt. Forstwirtschaftlich hat die Gallmücke keine Bedeutung.

Pilze (zu den Abbildungen)

Wie Farne und Moose (vgl. Blatt Halt H) vermehren sich Pilze durch Sporen. Sie haben keine Wurzeln, Stengel und Blätter, sondern bestehen aus einem Pilzgeflecht (Mycel) und den sporenbildenden Fruchtkörpern. Da ihnen das Blattgrün (Chlorophyll) fehlt, müssen sie ihre Nährstoffe von abgestorbenen Pflanzen und Tieren (Saprophyten) oder von lebenden Wesen (Parasiten) beziehen. Zum Teil gehen sie Lebensgemeinschaften (Symbiosen) ein. So sichern die äussern Pilzwurzeln (Mykorrhiza) vieler Waldbäume ihren Partnern die Wasseraufnahme. Bei Orchideen und Heidekrautgewächsen spielen Pilzgeflechte im Innern der Wirtszellen eine wichtige Rolle beim Keimen der grünen Pflanzen. Andere Pilze befallen als lästige Schmarotzer Mensch und Tier (z. B. Fusspilz, Fischpilz), auch Nahrungsmittel (z. B. Schimmelpilze) oder als sogenannte Infektionskrankheiten Kulturpflanzen und Waldbäume.

Föhrenschütte (Lophodermium pinastri); Scheibenpilze. – Dieser Pilz infiziert die Nadeln von ein- bis zehnjährigen Waldföhren (Sommer–Herbst). Im Frühling zeigen sich rotbraune Stellen an den Nadeln, die sich rasch völlig verfärben. Im April–Mai stossen die Bäume die Kurztriebe ab («Schütten»). Nur kräftige Pflanzen begrünen sich wieder; schwächliche oder ganz junge sterben ab, aber auch widerstandsfähigere nach mehrfachem Befall. Unsere Abbildung zeigt (im Kreis) einen vergrösserten Fruchtkörper (in Wirklichkeit etwa 1 mm lang; glänzend schwarz). Solche rufen die dunkle Querstrichelung der befallenen Nadeln hervor. Bei genügender Luftfeuchtigkeit reifen sie und entleeren durch einen Längsspalt die Sporen, die – vom Wind fortgetragen – neue Infektionen erzeugen. Besonders anfällig sind die Nadeln bei gestörtem Wasserhaushalt. Die z. T. seuchenartig auftretende Pilzkrankheit kann junge Bestände und vor allem Verschulpflanzen völlig vernichten. Bekämpfung durch Kräftigen der Jungpflanzen, durch Spritzen mit Kupferlösungen.

Tannenkrebs mit Hexenbesen (Melampsorella caryophyllacearum); Rostpilze. – Dieser Pilz befällt im Frühling die Weisstanne an den eben austretenden Maitrieben. Bis zum Herbst wuchern seine Keimschläuche in der Rinde. Sie bewirken ein Anschwellen der Sprossachse und – wenn in der befallenen Zone Knospen sitzen – die Bildung eines Hexenbesens. Dieser kann gut 20 Jahre alt werden und beträchtlich wachsen. Nach seinem Absterben vergrössert sich die Zweiganschwellung; es entstehen Krebse und Krebsbeulen, die oft die ganze Zweig- oder Stammachse umfassen. An der Krebsstelle ist die Rinde schwarz und tiefrissig. Stammkrebs führt zu starken Zuwachsverlusten und zu grosser Verminderung des Wertes des betreffenden Stückes. Zudem sind solche Stämme anfällig für Wind- und Schneebruch. Bekämpfung durch Aushieb der Stämme mit Schaftkrebsen und Absägen der nahe dem Stamm sitzenden Astkrebse.

Blasenrost der Weymouthföhre (Cronartium ribicola); Rostpilze. – Der Pilz wächst in der Rinde der Weymouthföhre (Pinus Strobus; Nadeln in 5er-Büscheln), wo er grosse hellgelbe Sporenblasen entwickelt. Der Wind überträgt die Sporen auf Ribes-Arten (Johannisbeere, Stachelbeere). Auf diesen gedeihen zwei weitere Sporengenerationen; die erste oder die zweite wechselt wieder auf die Weymouthe zurück. Das in der Rinde wachsende Pilzgeflecht zerstört allmählich das Wachstumsgewebe des Baumes; dieser dorrt im darüberliegenden Teil ab. Wir erkennen den Befall am glänzenden Harzfluss (am Stamm, oberer Teil der Krone), später am Welken und Abstehen der Nadeln. Bekämpfung durch Aushieb der befallenen Bäume (nur bedingt wirksam, da Sporen praktisch überall vorkommen können), durch Entfernen der Ribes-Sträucher aus der Nähe von Pflanzgärten (Unterbrechen des obligaten Wirtswechsels).

Hallimasch, Honigschwamm (Armillaria mellea); Armbandpilze; Hut bis 12 cm hoch, breit, anfänglich kugelig, nachher flach, bräunlich, mit dunkleren vergänglichen Schüppchen; Stiel bräunlich, faserflockig, mit häutigem Ring, mit keulig verdickter Basis; auf Stöcken und auf lebenden Bäumen. – Der Hallimasch gedeiht auf Laub- und Nadelbäumen. Sein Pilzgeflecht wächst in Wurzeln und im unteren Stammteil. Es zerstört das Wachstumsgewebe (Kambium), wächst in den Holzkörper hinein und verursacht dort Weissfäule. Bei jungen Nadelbäumen tritt dann am Stammfuss Harz aus. Die gestielten hutförmigen Fruchtkörper spriessen im Herbst. Der Pilz verbreitet sich sowohl durch Sporen wie durch sein im Boden wucherndes Pilzgeflecht, das durch Rindenwunden oder Wurzelschäden in Bäume eindringt. Infizierte Pflanzen kränkeln oder gehen innerhalb kurzer Zeit ein. Bekämpfung praktisch unmöglich; Befall immer sekundär nach Schäden an den Wurzeln von Jungpflanzen (beim Setzen), nach Dürre, Insektenfrass, Schäden beim Holzrücken usw. Der Hallimasch ist der einzige hier abgebildete Speisepilz, ein Vertreter der als «Fleisch des Waldes» geschätzten «Schwämme». Im allgemeinen verdienen essbare und giftige Pilze unseren Schutz, da sie im Gefüge des Waldes eine wichtige Rolle spielen (mit Vernunft sammeln; Fruchtkörper nicht abschneiden; alte Exemplare oder Giftpilze stehenlassen!).

Aufgaben:

1. Suche beim Halt N und in dessen näherer Umgebung Exemplare von Weisstanne, Fichte, Waldföhre, Weymouthe, Lärche, Rotbuche, Eichenarten (vgl. Blätter Halte R und U); halte Ausschau nach Spuren von Waldinsekten oder Infektionskrankheiten.
2. Wie heisst der 10—16 mm lange, schwarzviolett glänzende Käfer, den wir häufig auf Waldwegen — oft an Tierkot — antreffen?
3. Woher kommt es, dass gewisse Pilzarten am Boden mit ihren kreisförmig wachsenden Fruchtkörpern «Hexenringe» bilden?
4. Welche Pilze dienen dem Menschen beim Herstellen von Genussmitteln, in der Heilkunde?
5. Welche bekannten Hutpilze gehören zu den Blätterpilzen (Sporen in Lamellen), welche zu den Röhrenpilzen (Sporen in Röhren)?
6. Wie heissen die wichtigsten Giftpilze, die im Zofinger Wald wachsen?

Notizen:

7.2.2 (52) **Nummernschlüssel** (Muster Naturlehrpfad «Staatswald Baan», Zofingen)

Stadt Zofingen

Naturlehrpfad Staatswald Baan

Nummernschlüssel

Herausgegeben
von der
Naturschutzkommission

Bitte keine Pflanzen abreissen! Keine Tiere fangen oder beunruhigen! Hunde an der Leine führen! Abfälle in die aufgestellten Behälter werfen! Besten Dank!

A Bäume und Sträucher (gelbe Nummern)

1 Weisstanne, Tanne (R, U) 5
2 Rottanne, Fichte (R, U) 5
3 Lärche (R, U) 5–6
4 Japanlärche * 3–5
5 Waldföhre (R, U) 5
6 Bergföhre 6–7
7 Weymouthkiefer, Weymouthe * 5
8 Douglasfichte, Douglasie * 4–5
9 Riesenthuja * 4–5
10 Salweide 3–4 +
11 Prachtweide * 5
12 Espe, Zitterpappel 3–4
13 Nussbaum 5
14 Schwarzerle (E) 2–3
15 Grau-, Weisserle (E) 2–3
16 Hänge-, Weissbirke 4–5
17 Hage-, Weissbuche (E) 5
18 Haselstrauch (E) 2–3 +
19 Rotbuche, Buche (R, U) 5
20 Stieleiche 4–5
21 Traubeneiche (R, U) 4–5
22 Roteiche * 5–6
23 Bergulme 3
24 Sibirische Ulme * 4
25 Berberitze 5–6
26 Apfelbaum 5
27 Birnbaum 4–5
28 Vogelbeere, Eberesche (E) 5–6
29 Mehlbeere 5
30 Eingriffliger Weissdorn (E) 5–6
31 Hagrose 6
32 Schwarzdorn (E) 4
33 Süsskirsche, Vogelkirsche (Q) 4–5
34 Besenginster 5–6
35 Robinie * 6
36 Essigbaum * 6–7
37 Stechpalme (R) 5 +
38 Pfaffenhütchen (E) 5–6
39 Bergahorn (R, U) 4–5
40 Feldahorn (O) 5
41 Rosskastanie * 4–5
42 Faulbaum, Pulverholz 5–6
43 Winterlinde 6–7
44 Sommerlinde 6
45 Hartriegel 5
46 Esche (R, U) 4–5
47 Liguster 5–7
48 Schwarzholunder (Q) 5–6
49 Traubenholunder (Q) 4–5
50 Wolliger Schneeball (O) 5
51 Gemeiner Schneeball (S) 5–6
52 Rote Heckenkirsche, Beinholz 4–5
53 Eibe 4 +

* Fremdländische Arten (Exoten)
Grosse Buchstaben in Klammern: Diese Arten sind im gedruckten Führer abgebildet!
Arabische Ziffern: Blütezeit (Monate)
\+ Beschränkt geschützt

B Stauden und Kräuter (rote Nummern)

1 Gemeiner Waldfarn (H) 7–9
Buchenfarn (H) 6–9
Storchschnabelfarn (H) 6–9
2 Gemeiner Wurmfarn (H) 6–9
3 Stachliger Wurmfarn (H) 7–9
4 Gelappter Schildfarn 6–9
Rippenfarn (H) 7–9
5 Adlerfarn (K) 7–9
6 Ackerschachtelhalm (C) 3–5
7 Riesenschachtelhalm (B) 3–5
Breitblättriger Rohrkolben (A) 6–7 + +
Wiesenlieschgras (K) 6–7
Glatthafer (K) 6–7
Rasenschmiele (K) 6–7
Schilf (A) 8–9
Knäuelgras (K) 5–6
Grosses Süssgras (A) 6–7
8 Riesenschwingel (K) 6–8
9 Waldseegras, Lische (K) 5–6
Lockerährige Segge (S) 5–6
10 Hängesegge (B) 6
Waldsegge (S) 5–6
Drachenwurz (A) 5 + +
11 Buschsimse (S) 6–7
Maiglöckchen, Maieriisli (O) 5 +
Gelbe Schwertlilie (A) 6 + +
Rotes Waldvögelein (O) 6–7 + +
12 Hopfen 7–8
Grosse Brennessel (I) 6–9
13 Stumpfblättr. Ampfer (C) 6–8
14 Nickendes Leimkraut 5–6
Seerose (A) 6–8 + +
Teichrose (A) 6–8 + +
Kriechender Hahnenfuss (C) 5–9
15 Gewöhnl. Brunnenkresse 6–9
16 Wechselbl. Milzkraut (B) 4–6
Himbeere (Q) 5–6
Brombeere (Q) 6–8
Walderdbeere (Q) 4–6
17 Gänsefingerkraut 5–9
18 Tormentill, Blutwurz 6–9
19 Gemeine Nelkenwurz (C) 5–8
20 Hopfenklee 5–9
21 Kriechender Klee, Weissklee 5–9
22 Wiesenschotenklee 5–7
23 Süsser Tragant 6–8
24 Zaunwicke 4–6
25 Ruprechtskraut (B) 5–10
26 Gemeiner Sauerklee (B) 4–5
27 Waldspringkraut, Rührmichnichtan 6–8
28 Kleinblütiges Springkraut (C) 6–10
29 Vierflügliges Johanniskraut (K) 7–8
30 Bergweidenröschen (O) 6–8
31 Waldweidenröschen 6–8
32 Gemeines Hexenkraut (B) 6–9
Tannenwedel (A) 5–8
Efeu (B) 9–10
33 Bergkerbel (C) 5–6
34 Geissfuss 5–7
35 Brustwurz (C) 7
Heidelbeere (Q) 4–6
36 Goldnessel (B) 5–6
37 Waldziest (C) 6–8
38 Knotige Braunwurz (K) 6–7
39 Bachbungen-Ehrenpreis 5–9
40 Echter Waldmeister (S) 4–6
41 Waldgeissblatt 6–8
42 Gebräuchlicher Baldrian (I) 6–7
43 Waldwitwenblume (S) 7–9
44 Ährige Rapunzel, Weisse Teufelskralle (S) 5–6
45 Wasserdost (O) 7–9
46 Huflattich 3–4
47 Gemeine Pestwurz (O) 3–4
48 Kohldistel 6–9
Mauerlattich (O) 7–8
49 Hasenlattich 7–9
50 Waldhabichtskraut (S) 5–9

Grosse Buchstaben in Klammern: Diese Arten sind im gedruckten Führer abgebildet!

Arabische Ziffern: Blütezeit bzw. Sporenreife (Monate)

\+ + Total geschützt

\+ Beschränkt geschützt

Route des Lehrpfades
(vgl. Orientierungstafeln am Waldeingang!)

Blaue Pfeile:	kleiner Rundgang	2,3 km
Rote Pfeile:	grosser Rundgang	3,8 km
Unterbrochene Pfeile:	Abkürzungen	

Markierungen

A	Gelbe Nummern:	Bäume und Sträucher
B	Rote Nummern:	Stauden und Kräuter
C	Schwarze Buchstaben:	Interessante Orte (Halte A–U *)

* Siehe gedruckter Führer mit Bildern und Beschreibungen von Pflanzen, Insekten, Amphibien, Vögeln, Säugern, geographischen und geologischen Gegebenheiten, mit Beobachtungsaufgaben und allgemeinen Hinweisen (zu beziehen: Rektorat der Bezirksschule, Stadtpolizei, Kreisforstamt, Stadtforstverwaltung)

7.3 Bildtafeln

Tafel I: Pflanzen der Wasserzone

A Sumpf-Knöterich
B Krauses Laichkraut
C Quirliges Tausendblatt
D Wasserpest
E Verkannter Wasserschlauch
F Froschbiss
G Seerose
H Teichrose
J Kleine Wasserlinse (1/1)

Tafel II: Pflanzen der Uferzone

A Sumpf-Haarstrang
B Gelbe Schwertlilie
C Tannenwedel
D Breitblättriger Rohrkolben
E Gemeine Seebinse
F Schilf
G Gemeiner Froschlöffel
H Bachbungen-Ehrenpreis

Tafel III: Pflanzen der Kleinseggensümpfe und der Feuchtwiesen

A Besenried
B Davalls Segge
C Hosts Segge
D Schwärzliche Kopfbinse
E Fieberklee
F Blut-Weiderich
G Gemeines Fettblatt
H Gemeine Sumpfwurz
J Langblättriger Sonnentau
K Blutauge

Tafel IV: Pflanzen der Magerwiesen

A Aufrechte Trespe
B Schlaffe Segge
C Wundklee
D Feld-Thymian
E Gemeines Sonnenröschen
F Gemeine Skabiose
G Kleiner Wiesenknopf
H Futter-Esparsette
J Kleine Orchis
K Möhre

Tafel V: Gehölze 1

A Vogelbeerbaum
B Schwarzdorn
C Traubenkirsche
D Liguster
E Roter Hornstrauch, Hartriegel
F Faulbaum
G Gemeiner Schneeball
H Wolliger Schneeball
J Rote Heckenkirsche, Beinholz
K Schwarzer Holunder

Tafel VI: Gehölze 2

L Pfaffenhütchen
M Hagrose
N Eingriffliger Weissdorn
O Feld-Ahorn
P Haselstrauch
Q Sal-Weide
R Grau-Erle
S Schwarz-Erle
T Hagebuche
U Zitter-Pappel, Espe

Tafel VII: Wirbellose Tiere im Wasser

A Rückenschwimmer (1/1)
B Flohkrebs (1/1)
C Kugelwassermilbe
D Pferdeegel (1/1)
E Erbsenmuschel (1/1)
F Teichmuschel (1/1)
G Spitzschlammschnecke (1/1)
H Posthornschnecke (1/1)

Tafel VIII: Tiere im und am Bach

A Köcherfliege; Imago und Larve (1/1)
(Gespinst nicht gezeichnet)
B Köcherfliegenlarve (kein Köcher) (1/1)
C Köcherfliegenlarve (mit Köcher) (1/1)
D Zuckmücke; Imago und Larve (1/1)
E Schlammfliege; Imago und Larve (1/1)
F Wasserjungfer; Imago und Larve (1/1)
G Bachstelze
H Wasseramsel
J Wasserfrosch mit Laich (2/3)
und Kaulquappe
K Ringelnatter

Tafel IX: Süsswasserfische

A Elritze
B Laube
C Bachforelle
D Rotfeder
E Rotauge
F Hecht
G Blicke
H Schleie
J Spiegelkarpfen (häufigste Zuchtform)
K Karpfen (Wildform)
L Bitterling (♀ legt Eier in Kiemen der Teichmuschel)
M Stichling

Tafel X: Tiere der Trockenwiesen und Blockhalden

A Gemeiner Bläuling (mit Raupe) (1/1)
B Schwalbenschwanz (mit Raupe) (1/1)
C Gefleckter Schnürbock (1/1)
D Feldgrille (1/1)
E Schmetterlingshaft (1/1)
F Baumpieper
G Schlingnatter
H Zauneidechse

Tafel XI: Tiere der Kiesgruben und Steinbrüche

A Uferschwalbe
B Eisvogel
C Graugrüner Sandläufer (1/1)
D Sandwespe (1/1)
E Larve Ameisenlöwe; Imago Ameisenjungfer (1/1)
F Gelbbauchunke mit Kaulquappe (1/1)
G Kreuzkröte mit Kaulquappe (1/1)
H Geburtshelferkröte mit Kaulquappe (1/1)

Tafel XII: Tiere der Hecken und Feldgehölze

A Grosses Wiesel
B Haselmaus
C Igel
D Blindschleiche
E Rotrückenwürger
F Moschusbock (1/1)
G Trauermantel (mit Raupe) (1/1)
H Weinbergschnecke (1/1)

Wenn nicht anders vermerkt, sind die Zeichnungen ca. 1/3 der natürlichen Grösse

I

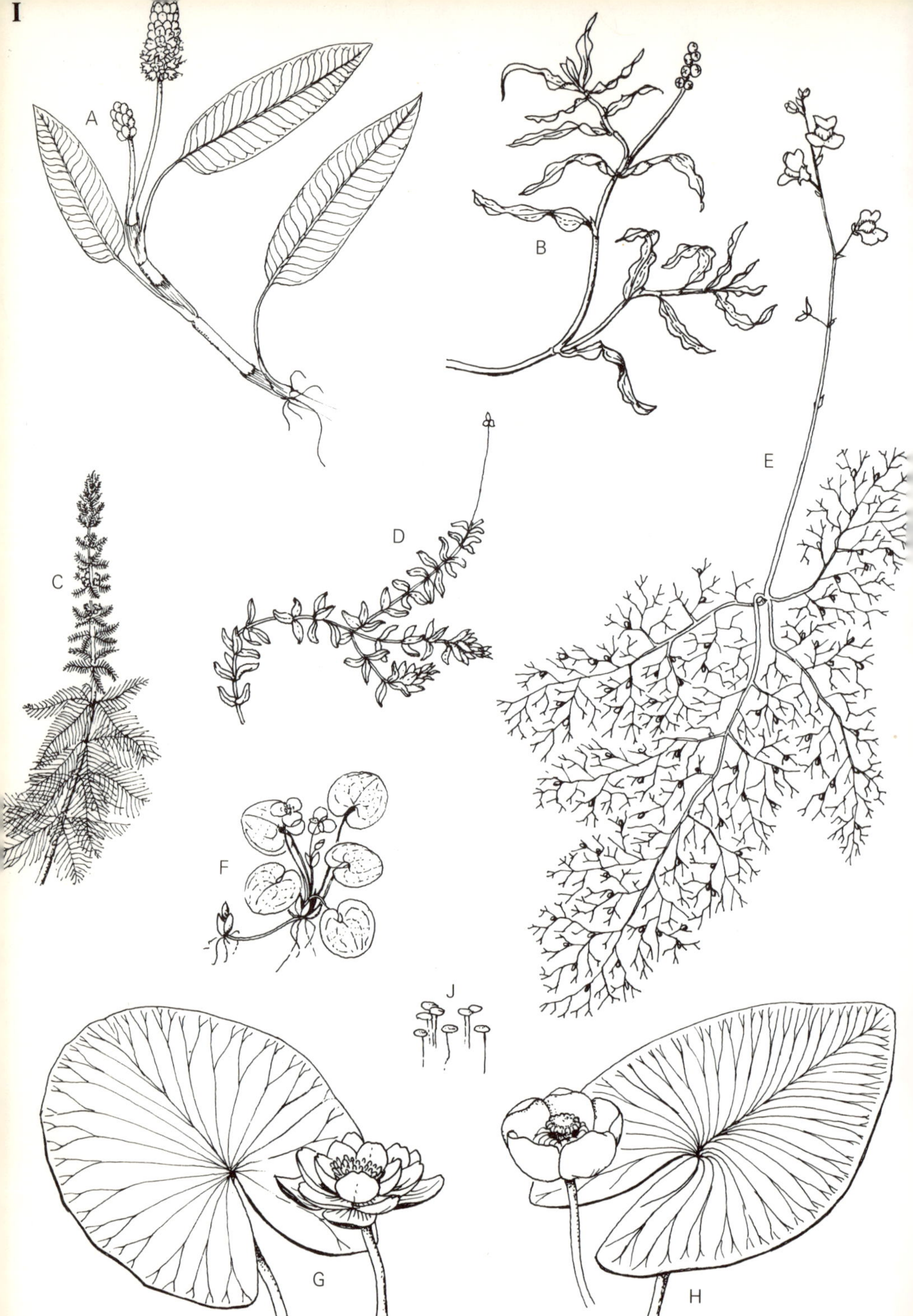

A
B
C
D
E
F
G
H

III
♂
♀
A
B
C
D
E
F
G
H
J
K

A
B
♂
♀
C
D
E
F
G
H
J
K

V
A
B
C
D
E
F
G
H
J
K

L
M
N
O
P
Q
R
S
T
U
mm74

VII

A
B
C
D
E
F
G
H
J
K

A
B
C
D
E
F
G
H
J
L
M
K

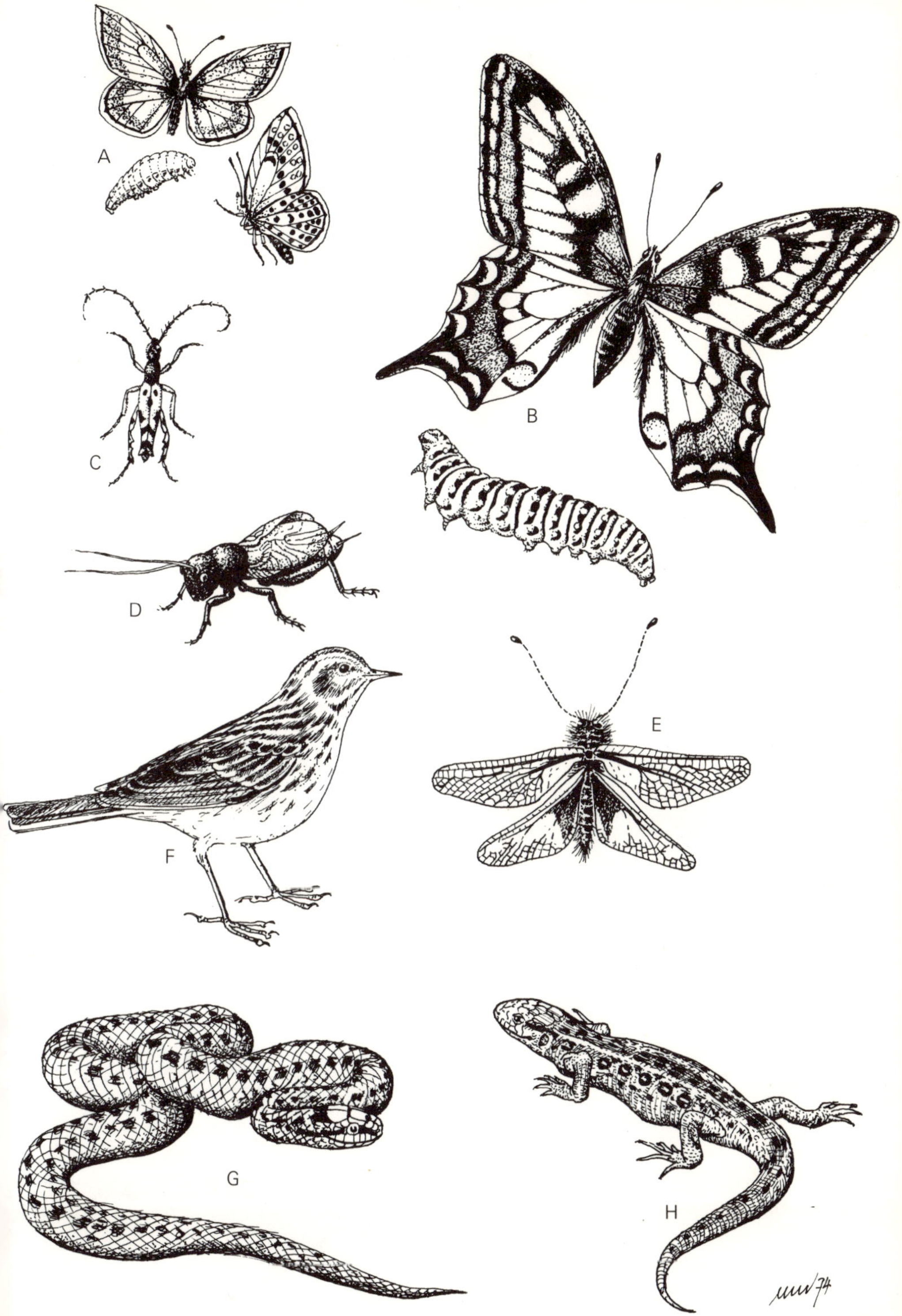
A
B
C
D
E
F
G
H

XI

A
B
C
D
♂
E
F
G
H
mw 74

7.4 Literaturverzeichnis

1 a Grupe H., 1971, Biologie-Didaktik, Aulis, Köln

b Schwarz U., 1973, Naturschutz im Siedlungsraum, Der Gartenbau 49, S. 2341–2347, Verlag «Der Gartenbau», Solothurn

2 Borisow W., 1970, Beiträge zur Klassifikation der Naturschutzgebiete, Archiv Naturschutz und Landschaftsforschung, 10, S. 93–110

3 a Knapp R., 1971, Einführung in die Pflanzensoziologie, Ulmer, Stuttgart

b Wildermuth H., 1974, Naturschutz im Zürcher Oberland, Buchdruckerei Wetzikon, Wetzikon

c Klötzli F., 1972, Weiher und Ried, S. 27–41, Lesegesellschaft Bülach, Bülach

d Zimmerli E., 1953, Einheimische Sumpfpflanzenvereine, Leben und Umwelt, 10–11/9, S. 230–240

4 Zimmerli E., 1971, Schutz von Hecken, Feld- und Ufergehölzen, Selbstverlag, Birkenweg 2, 4800 Zofingen

5 a Amiet F. et alii, 1970, Kostbarkeiten unserer Heimat, SBN, Basel

b Landolt E., 1970, Geschützte Pflanzen in der Schweiz, SBN, Basel

c Zimmerli E., 1970, Tragt Sorge zur Natur, S. 179–184, Sauerländer, Aarau

d Betr. der Originalerlasse (Gesetze, Verordnungen) wende man sich an die Eidgenössische Drucksachen- und Materialzentrale, Bundeshaus, Bern, bzw. an die entsprechende kantonale Stelle

6 Zimmerli E., 1969, Der Haldenweiher in Zofingen, Zofinger Neujahrsblatt, Zofinger Tagblatt, Zofingen

7 a Bezzel E., Verstummen die Vögel?, 1973, Ehrenwirth, München

b Henze/Zimmermann, 1964, Gefiederte Freunde in Garten und Wald, BLV, München

c Löhrl H., 1973, Nisthöhlen, Kunstnester und ihre Bewohner, DBV, Stuttgart

d Makowski Henry, 1965, Amsel, Drossel, Fink und Star, Kosmos, Stuttgart

e Pfeifer S., 1973, Taschenbuch für Vogelschutz, DBV, Stuttgart

f Zimmerli E., 1970, Wohnungsnot – auch bei Gefiederten, VSV, Hombergstrasse 15, 5032 Rohr AG

8 Pauler K., 1974, Künstliche Ansiedlung einer Uferschwalbenkolonie, Vögel der Heimat, 8/44, S. 175–178

9 Cohen E., 1969, Nestboxes, RSPB, Sandy GB

10 Jost O., 1970, Erfolgreiche Schutzmassnahmen in den Brutrevieren der Wasseramsel (Cinclus cinclus), Angewandte Ornithologie, 3/3, S. 101–108

11 a Brodmann P., 1971, Die Amphibien der Basler Region, Veröffentlichungen aus dem Naturhistorischen Museum, Basel

b Bruun B. et alii, 1971, Der Kosmos-Vogelführer, Kosmos, Stuttgart

c Danesch O., 1965, Schmetterlinge, Belser, Stuttgart

d Forcart L., Schnecken und Muscheln, Hallwag, Bern

e Graf J., 1961, Tierbestimmungsbuch, J. F. Lehmanns, München

f Guggisberg C.A.W., Vögel der Schweiz I + II, Hallwag, Bern

g Guggisberg C.A.W., Käfer und andere Insekten, Hallwag, Bern

h Guggisberg C.A.W., Schmetterlinge und Nachtfalter, Hallwag, Bern

i Guggisberg C.A.W., Tiere in Feld und Wald, Hallwag, Bern

k Higgins L.G./Riley N.D., 1971, Die Tagfalter Europas und Nordwestafrikas, Paul Parey, Hamburg/Berlin

l Janus H., Unsere Schnecken und Muscheln, 1962, Kosmos, Stuttgart

m Ladiges W./Vogt D., Die Süsswasserfische Europas, 1965, Paul Parey, Hamburg/Berlin

n Peterson R. et alii, 1973, Die Vögel Europas, Paul Parey, Hamburg/Berlin

o Sägesser H., 1969, Tabellen zur Bestimmung der schweizerischen Fische, Naturhistorisches Museum, Bern

p Steinmann P., 1948, Schweizerische Fischkunde, Sauerländer, Aarau

q Stemmler O., 1971, Die Reptilien der Schweiz, Veröffentlichungen aus dem Naturhistorischen Museum, Basel

r van den Brink F.H., 1972, Die Säugetiere Europas, Paul Parey, Hamburg/Berlin

s vgl. auch unter 26!

12 a Zimmerli E., 1970, Tragt Sorge zur Natur, Sauerländer, Aarau

b vgl. auch 5d!

13 a Kirchhofer R., 1964, Tiere im Haus, Hallwag, Bern

b Faber P., 1972, Vogelhaltung, BLV, München

c Sachs W.B., 1965, Vogelpflege – leichtgemacht, Kosmos, Stuttgart

d Schindlmayer A., 1963, Unsere Kleintiere, Kosmos, Stuttgart

e Schmidt G., 1973, Kleinsäuger, Ulmer, Stuttgart

f Stemmler-Morath C., 1946, Haltung von Tieren, Sauerländer, Aarau

g vgl. auch 23 und 39!

14 a Ebert F., 1955, Ein Freilandterrarium für den Naturkundeunterricht, Jahrbuch der Sekundarlehrerkonferenzen der Ostschweiz
b Mittelholzer A., 1956, Ein Schulgarten entsteht, Schweiz. Lehrerzeitung, 10 und 11/101
c Sachs W.B., 1953, Terrarienpflege - leichgemacht, Kosmos, Stuttgart
d Schmitz S., 1971, Terrarium, BLV, München
e vgl. auch 6!

15 Taunton J., 1969, Bird Projects for Schools, RSPB, Sandy GB

16 Kirschner G., 1961, Nistkästen am Futterhaus, Kosmos 2/57, S. 69–72

17 a Aichele D. et alii, 1974, Die Natur im Jahreslauf, Kosmos, Stuttgart
b Berthold P. et alii, 1974, Praktische Vogelkunde, Kilda, Greven
c Bishop O.N., 1973, Natural Communities, John Murray, London
d Bishop O.N., 1971, Outdoor Biology 1–4, John Murray, London
e Friedrich A., 1967, Vier Jahre Naturkunde, Zürcher Kantonale Mittelstufenkonferenz, Winterthur
f Grosse E., 1972, Biologie selbst erlebt, Urania, Leipzig/Jena/Berlin
g Grupe H., 1963, Naturkundliches Wanderbuch, Diesterweg, Frankfurt/Berlin/Bonn
h Hundt R./Kresse E., 1969, Biologie-Arbeitsgemeinschaften, Exkursionen, Volk und Wissen, Berlin
i Höhn-Ochsner W., 1972, Hinaus in die Natur, Lehrmittelverlag, Zürich
k Kälin W., 1973, Das Jahr des Waldes, Sabe, Zürich
l Kälin W., 1973, Das Jahr der Wiese, Sabe, Zürich
m Lieutaghi P., 1972, L'environnement végétal, Delachaux et Niestlé, Neuchâtel
n Lobeck K./Meincke I., 1969, Wald–Hecke–Strand, Volk und Wissen, Berlin
o Molinier R./Vignes P., 1971, Ecologie et biocénotique, Delachaux et Niestlé, Neuchâtel
p Paccaud O., 1967, A la découverte de la nature, Delachaux et Niestlé, Neuchâtel
q Perry G.A. et alii, 1968, The teacher's handbook for environmental studies, Blandford Press, London
r Reade W./Stuttard R.M., 1968, A Handbook for Naturalists, Evans Bros., London
s Rohling O., 200 biologische Versuche, F. Kamp, Bochum
t Schildmacher H., 1965, Wir beobachten Vögel, Gustav Fischer, Jena
u Schuler F., Die Abhängigkeit der Lebewesen von ihrer Umwelt, Sonderdruck «Schulpraxis», Heft 17/18, Paul Haupt, Bern
v Schuler F., 1964, Jahreskalender, Schweizer Realbogen 121, Paul Haupt, Bern
w Thomas E.A., 1964, Naturschutz-Exkursionen der Zürcher Schulsynode, Vierteljahrsschrift der Naturforschenden Gesellschaft in Zürich, Schlussheft/109
x vgl. auch 12a, 15, 22, 25, 34, 35 und 45 !

18 Heusser H., 1965, Biologische Gartenweiher, Naturforschende Gesellschaft Schaffhausen

19 Walder P. et alii, 1970, Gewässerbiologie–Gewässerschutz, Eidg. Departement des Innern, Bern

20 Anonymus, 1973, Ponds and ditches, Nature Conservancy, London

21 a Fischer H., Die Lurche der Schweiz, Selbstverlag, Wartenbergstrasse 45, 4133 Pratteln
b Kolbe H., 1972, Die Entenvögel der Welt, Neumann, Radebeul
c vgl. auch 6, 13e, 14b und 18!

22 Tschumi P.-A., 1970, Allgemeine Biologie, Sauerländer, Aarau

23 Steinbacher G., 1957, Knaurs Vogelbuch, Droemersche Verlagsanstalt, München/Zürich

24 Géroudet P. et alii, 1971, Des nichoirs pour les Harles bièvres du Léman, Nos Oiseaux 5–6/31, S. 111–116

25 Zimmerli E., 1975, Unterrichtseinheit Weiher, Dokumentationsstelle der Lehramtsschule Aargau, Windisch

26 a Aichele D. et alii, 1974, Seen, Moore, Wasserläufe, Kosmos, Stuttgart
b Aichele D./Schwegler H.-W., 1965, Unsere Gräser, Kosmos, Stuttgart
c Binz A./Becherer A., 1973, Schul- und Exkursionsflora für die Schweiz, Schwabe, Basel
d Engelhardt W., 1962, Was lebt in Tümpel, Bach und Weiher?, Kosmos, Stuttgart
e Felix J. et alii, 1972, Der grosse Naturführer, Kosmos, Stuttgart
f Garms H., 1971, Pflanzen und Tiere Europas, dtv, München
g Graber H., 1967, Gewässer, Spiegel unserer Heimat, SJW, Zürich
h Grossenbacher K./Brand M., 1973, Schlüssel zur Bestimmung der Amphibien und Reptilien der Schweiz, Naturhistorisches Museum, Bern
i Hess H., Landolt E. und Hirzel R., 1967–1972, Flora der Schweiz und angrenzender Gebiete, Birkhäuser, Basel
k Krüssmann G., 1968, Die Bäume Europas, Paul Parey, Hamburg/Berlin
l Marcet E., 1968, Unsere Gehölze im Winter, Hallwag, Bern
m Needon Ch. et alii, 1971, Pflanzen und Tiere, BLV, München
n Robert P.-A., 1959, Libellen, Kümmerly und Frey, Bern
o Rytz W., 1962, Unsere Bäume, Hallwag, Bern
p Rytz W., 1963, Unsere Sträucher, Hallwag, Bern
q Rytz W., Moorpflanzen, Hallwag, Bern

r Rytz W., 1962, Schweizerische Schulflora, Paul Haupt, Bern
s Rytz W., 1948, Wiesenblumen I + II, Hallwag, Bern
t Thommen E., 1967, Taschenatlas der Schweizer Flora, Birkhäuser, Basel
u vgl. auch unter 11!
27 Dia-Serien und Schulfunksendung «Schillernde Räuber am Teich», z. B. durch Pestalozzianum Zürich, Zürich
28 Dia-Serie, z. B. durch P. Brodmann, Lehrer, 4107 Ettingen
29 Filme, z. B. durch SZU, Rebbergstrasse, 4800 Zofingen
30 Oldani C., 1973, Waldlehrpfade der Stadt Zürich, Verschönerungsverein Zürich, Zürich
31 Anonymus, 1973, Reusstalweg Fischbach-Göslikon, Regionalplanung Rohrdorferberg-Reusstal
32 Anonymus, 1971, Naturlehrpfad Mauren-Schaanwald, Gemeindevorstehung Mauren, Liechtenstein
33 Anonymus, 1971, Waldlehrpfad Schloss Wildegg, Nummernschlüssel, Gemeinde Möriken-Wildegg
34 Zimmerli E., 1972, Naturlehrpfad Staatswald Baan, Zofingen, Naturschutzkommission Zofingen
35 Dennis E., 1972, Everyman's Nature Reserve, David & Charles, Newton Abbot GB
36 a Hanzak J., 1972, Vogeleier-Vogelnester, Kosmos, Stuttgart
b Hoeher S., 1972, Gelege der Vögel Mitteleuropas, Neumann, Radebeul
c Noll H., 1968, Bestimmungstabelle für Nester und Eier einheimischer Vögel, Wepf, Basel
37 a Bang P./Dahlström P., 1972, Tierspuren, BLV, München
b Scheibenpflug H., 1969, Fährten, Spuren, Losungen, Pinguin, Innsbruck
c Usinger A., 1954, Fährten, Spuren und Geläufe, F. C. Mayer, München
38 a Zimmerli E., 1971, Winterfütterung - ja oder nein?, Vögel der Heimat, 3/42, S. 45-46
b vgl. auch 7b, d und e!
39 Krumbiegel I., 1965, Wie füttere ich gefangene Tiere?, DLG, Frankfurt a. M.
40 Behnke H., 1969, Hege und Jagd im Jahreslauf, BLV, München
41 Ohrtmann J. et alii, 1963, Wald und Schule, Sonderdruck Allgemeine Forstzeitschrift, BLV, München
42 Dossenbach M. et alii, 1973, Oftringer Waldlehrpfad, Gemeinde Oftringen AG
43 Anonymus, RSPB Nature Trails Nr. 3, Church Wood Hedgerley, RSPB, Sandy
44 Anonymus, RSPB Nature Trails, The Lodge, RSPB, Sandy
45 a Aulich K., 1973, Pflanzenkunde, Sauerländer, Aarau
b Autorenkollektiv, 1972, Unterrichtshilfen, Biologie 6.-10. Klasse, Volk und Wissen, Berlin
c Chanson M./Egli K., 1962, Pflanzenkunde, Lehrmittelverlag, Zürich
d Bopp P. et alii, 1973, Tierkunde, Paul Haupt, Bern
e Gloor H./Graber H., 1954, Tierkundliche Skizzen, Logos, Zürich
f Graber H., 1971, Naturkunde für Realschulen, Lehrmittelverlag, Zürich
g Graber H./Zollinger H., 1969, Tierkunde, Lehrmittelverlag, Zürich
h Heiligmann W. et alii, Biologie für Gymnasien, verschiedene Bände, Klett, Stuttgart
i Kruse E./Stengel E., Das Leben, Biologie für Realschulen und ähnliche Anstalten, mehrere Bände, Klett, Stuttgart
k Schönmann W., 1972, Tierkunde, Sabe, Zürich
l v. Frisch, 1952, Biologie, 2 Bände, Bayerischer Schulbuch-Verlag, München
m Wegmüller S., 1971, Pflanzenkunde, Paul Haupt, Bern
n Wüst W., 1965, Tierkunde, 2 Bände Wirbeltiere, Bayerischer Schulbuch-Verlag, München
o Biologie in der Schule, Monatszeitschrift, Volk und Wissen, Berlin
p Der Biologieunterricht, Vierteljahrszeitschrift, Klett, Stuttgart
q vgl. auch 12, 17, 22, 25, 26, 34 und 35!

7.5 Verzeichnis der Bildautoren

Abt Paul, Kleindöttingen, *16, 112* unten, *128*
Broggi Mario F., Vaduz, 179 unten, 183
Gassner Heinrich, Wattwil, 179 oben
Göttschi Fritz, Teufenthal, 23 oben
Hui Dr. Paul A., 39
Lierath Willi, Bad Gandersheim, 50 oben links
Pletscher René, Brittnau, 127 oben
Ruoss Engelbert, Emmenbrücke, *33*
Siegrist Bruno, Oftringen, *112* oben, *113*
Weber Herbert, Rohr AG, *17, 32,* 127 unten, *129*
Wernli Willi, Adliswil, 23 unten
Wildhaber Josef F., Sempach, *Titelbild,* 31, 50 unten, 67, 109 oben, 125, 171 unten links, 175 oben links
Zbären Ernst, St. Stephan, 50 oben rechts, 121
Zimmerli Ernst, Zofingen, 19, 63, 79, 93, 109 unten, 111, 139, 143, 163, 171 oben und unten rechts, 175 oben rechts, Mitte und unten

Die Zahlen bezeichnen die Seiten, auf denen die Schwarzweissfotos stehen, die *kursiv*gedruckten die Seiten, die den entsprechenden Farbbildern gegenüberliegen.

7.6 Alphabetische Register

7.6.1 Sachwörterverzeichnis

Kursive Seitenzahlen und römische Tafelnummern weisen auf Abbildungen hin

Kursive Seitenzahlen und römische Tafelnummern weisen auf Abbildungen hin

Kursive Seitenzahlen und römische Tafelnummern weisen auf Abbildungen hin

7.6.2 Verzeichnis der Pflanzennamen

(nach Binz A./Becherer A., 1973, Schul- und Exkursionsflora für die Schweiz, Schwabe, Basel)

Kursive Seitenzahlen und römische Tafelnummern weisen auf Abbildungen hin

Kursive Seitenzahlen und römische Tafelnummern weisen auf Abbildungen hin

Kursive Seitenzahlen und römische Tafelnummern weisen auf Abbildungen hin

Kursive Seitenzahlen und römische Tafelnummern weisen auf Abbildungen hin

7.6.3 Verzeichnis der Tiernamen

Kursive Seitenzahlen und römische Tafelnummern weisen auf Abbildungen hin

Kursive Seitenzahlen und römische Tafelnummern weisen auf Abbildungen hin

Kursive Seitenzahlen und römische Tafelnummern weisen auf Abbildungen hin